互联网司法治理典型案例丛书

互联网典型案件

裁判思维与规则治理

○民事卷○

北京互联网法院○编　赵长新○主编

知识产权出版社
全国百佳图书出版单位
—北京—

图书在版编目（CIP）数据

互联网典型案件裁判思维与规则治理. 民事卷/北京互联网法院编；赵长新主编. —北京：知识产权出版社，2023.8

（互联网司法治理典型案例丛书）

ISBN 978-7-5130-8842-8

Ⅰ.①互… Ⅱ.①北… ②赵… Ⅲ.①互联网络—民法—案例—中国 Ⅳ.①D923.05

中国国家版本馆CIP数据核字（2023）第137780号

责任编辑：程足芬　　**责任校对**：潘凤越

封面设计：研美设计　　**责任印制**：刘译文

互联网典型案件裁判思维与规则治理·民事卷

北京互联网法院　编

赵长新　主编

出版发行：知识产权出版社有限责任公司　　**网　　址**：http://www.ipph.cn

社　　址：北京市海淀区气象路50号院　　**邮　　编**：100081

责编电话：010-82000860转8390　　**责编邮箱**：chengzufen@qq.com

发行电话：010-82000860转8101/8102　　**发行传真**：010-82000893/82005070/82000270

印　　刷：三河市国英印务有限公司　　**经　　销**：新华书店、各大网上书店及相关专业书店

开　　本：720mm×1000mm　1/16　　**印　　张**：15

版　　次：2023年8月第1版　　**印　　次**：2023年8月第1次印刷

字　　数：252千字　　**定　　价**：76.00元

ISBN 978-7-5130-8842-8

编　委　会

主　编　赵长新

副主编　孙铭溪　裴　炜

编　务　吴小文

执笔人（按姓氏笔画排序）

毛春联　孔一维　曲湘意　朱　阁　朱艳茹

刘　邢　刘书涵　刘融菠　孙芙蓉　孙铭溪

李　珂　李俊良　杨　扬　杨　光　吴　娇

冷冠润　汪　倩　张　帆　张　欣　张　博

张乃毓　张亚光　张连勇　张怀文　张钰晗

孜力努尔·再比不拉　陈梦梦　周文博

孟丹阳　赵长新　赵晓畅　俞　露　袁　心

夏晶晶　徐　钦　高　雅　曹　爽　龚　娉

崔亚君　崔丽萍　崔晓光　寇耀元　董学敏

曾智湄　靳英芳　颜　君　薛静雯　冀晓青

序

当前，以数字化、网络化、智能化为核心特征的新一轮科技革命大规模快速发展，大数据、云计算、人工智能等颠覆性科技的深度应用，引发了网络隐私安全、智能机器伦理以及网络黑灰产治理等新问题、新挑战。一方面，算法的泛化能力越来越强，通过对海量数据的学习和输出，在提高人们的工作和生活质量的同时，也造成诸如侵害用户隐私和个人信息权益、算法歧视、信息茧房等一系列困境，个体以及弱势群体的权益受到极大的损害。另一方面，网民规模不断扩大，尤其是青少年网民占比较大，网络的实时性、互动性和开放性，使个人的行为影响被无限放大，人们因相似的年龄、教育背景、职业等因素聚集起来，常常因为对社会感知的观点看法、兴趣爱好相近而进行交流，逐渐形成强大的群体极化效应。例如，粉丝群体化、网络化、组织化催生网络空间亚文化与新生态，产生了“黄牛”“私生饭”等新兴角色，继而引发了一系列社会问题。

北京互联网法院自 2018 年 9 月成立以来，始终站在互联网司法审判的前沿阵地，解决了大量新型案件，创造了诸多颇具影响力的典型案例。在当今数字时代，利用网络侵害人格权纠纷多发，大量侵权行为以更为隐蔽的方式出现，网络放大效应导致侵权行为传播快速广泛，极易引发极端事件。既有网络环境下使用明星肖像进行营销、制作表情包等行为引发的肖像权纠纷，也有网上“骂战”引发的名誉权纠纷。同时，涉及个人信息保护和隐私类案件数量增加，一些涉及算法风控、诱导沉迷、AI 软件等技术应用的案件也开始出现。北京互联网法院不仅解决个案，而且实现了以裁判树规则、以规则促治理、以治理助发展。

本书选取了北京互联网法院成立五年来审理的23个民事典型案例，按照不同人格权进行分类，并体现出明显的互联网特征，具有专业性、实用性和时代性。例如，全国首例利用算法设计组织实施人格权侵权的案件，被告设计的人工智能软件将自然人整体形象投射到AI角色上，并且让用户可以与该角色设置虚拟身份关系，法院认定这是对自然人整体形象和人格表征的利用，具体人格利益无法完整覆盖，应当以一般人格权进行完整保护。同时，这种被众多用户使用的设置是由人工智能软件利用算法决定的，所以法院正确地将软件运营商认定为直接侵权行为人，对人工智能时代加强人格权保护具有非常重要的意义。某读书软件侵害隐私权、个人信息权益纠纷案中，法院明确平台将用户信息迁移至关联产品应征得用户同意，收集、使用个人信息时，应根据信息性质、使用方式、使用场景等，以合理方式让用户获得清晰认知，并征得用户有效同意。该案入选了全国消费维权十大典型司法案例。这样的典型案件还有很多，包括首例涉他人个人信息查阅复制权案、首例死者近亲属对死者个人信息行使权利案、首例App强制收集用户画像信息案、算法误判用户“杀猪盘”案等，法官们了解技术、贴近行业、把握规律、沉入场景，为平衡好技术进步、个人权益、产业发展和社会公共利益等各方关系作出了不懈努力。在这个过程中，互联网审判思维不断深化，裁判规则体系也逐渐成形。此次汇编成册，不仅是对法院五年来审理的精品案件的进一步整理，更是通过传播转化、活用案例资源讲好互联网法治故事，进一步宣传和推介中国特色社会主义法治道路的司法成果。

未来，希望北京互联网法院继续坚持好案例价值这个标准，不断总结司法经验，归纳案件特点和审判规律，加强对互联网运用引发的新兴法律问题研究和前沿探微的能力，以更有力的司法力量护航数字中国行稳致远。

申卫星

二〇二三年八月十四日

目 录

第一编 利用信息网络侵害名誉权

第二编　利用信息网络侵害肖像权

第三编　利用信息网络侵害隐私权和个人信息权益

第一编

利用信息网络侵害名誉权

消费者给予经营者差评是否构成名誉权侵权的认定

——北京某商贸有限责任公司与李某网络侵权责任案❶

张　博*　曹　爽**　曲湘意***

典型意义

在网络消费大规模普及的时代，消费者有权根据自身的消费体验在消费完成后在网络购物平台上对经营者进行评价。消费者李某基于自身的购物体验，在网络购物平台给予某公司差评，可能导致某公司口碑下降并影响其他消费者决策。人民法院对李某给予差评的行为是否属于通过诽谤、诋毁等行为损害了某公司的名誉权进行了分析。本案裁判根据《中华人民共和国民法典》（以下简称《民法典》）第九百九十八条的规定对涉案行为进行了分析，对行为人和受害人的职业、影响范围、过错程度，以及行为的目的、方式、后果多个因素进行了综合考量认定是否构成名誉权侵权。

关键词　消费者　网络消费　名誉权　侵权行为

案情介绍

2018 年 12 月，被告（被上诉人）李某在原告（上诉人）北京某商贸有限

---

❶　一审裁判文书字号：北京互联网法院（2019）京 0491 民初 16476 号民事判决书（2019 年 9 月 11 日）；二审裁判文书字号：北京市第四中级人民法院（2020）京 04 民终 1 号民事裁定书（2020 年 3 月 9 日）。

一审合议庭组成人员：审判长张博、审判员王恒、审判员贺诚。

*　张博，北京互联网法院立案庭副庭长。

**　曹爽，原北京互联网法院综合审判二庭法官助理。

***　曲湘意，北京航空航天大学 2021 级硕士研究生。

责任公司（以下简称某公司）经营的淘宝店铺购买某儿童润肺秋梨膏一盒。打开后发现产品的质地很稀，不是膏状。随后仔细观察又发现产品的生产日期显示为“2019/10/22”，且“2019”的前三个数字模糊不清。之后，李某从其他电商处再次购买同款产品，进行详细比对，发现涉案产品色泽较浅、浓稠度较稀、包装盒内侧无编码、包装袋无撕开豁口、生产日期编码打印位置靠下。

李某遂与某公司客服联系，客服一开始对该日期解释为是保质期，要求李某去厂家对产品真假进行鉴定。在双方沟通过程中，李某使用了“这种给孩子吃的东西卖假货，你们就不怕××××吗”“要不要点儿脸了”等侮辱性语句。后李某在淘宝平台申请退货退款，理由是假冒产品，某公司拒绝了该申请。

沟通未果后，李某在淘宝店铺商品评论中对该商品予以差评，评价详情为：“我一直觉得在淘宝上卖孩子的东西还卖假货是要××××的，奈何几经拉扯卖家就是不承认。还让我去鉴定，真搞笑，为了二十多块钱的东西我去鉴定，那我一定是假秋梨膏喝多了。好吧我们让事实说话吧，我不说你家是假货，反正就是跟正品不一样。特别搞笑的是，生产日期还是2019年，造假也不上点儿心。”××××部分为淘宝平台主动屏蔽的内容。李某当天追评为：“其实发现问题的时候我还没有确认收货，还是有机会退款的，但是我觉得不能再有妈妈上当了，所以决定把他家的问题揭露出来。看长图吧！那个一目了然，我在淘宝买了十几年东西了，从不轻易给人差评，这个实在是忍不了，必须差评，永远差评。”并在评论里上传了与某公司客服的部分聊天记录图片。截至作出判决时，涉案评论已被屏蔽，无法显示。李某当庭同意删除全部评论内容。

经过法院和生产厂家联系，厂家表示不排除货物包装在运输过程中造成了磨损，导致生产日期模糊，由于梨的品种不同，加上蜂蜜自身的属性，会产生不同批次的秋梨膏存在色泽上、浓稠度上的不同。

某公司请求法院判令李某删除发布的交易评价并登报赔礼道歉，支付维权的合理费用。

被告辩称：根据平台规则，买家有权在收到货物后凭借自己的实际感受，选择是否给予差评。无可否认买家作出相应评级和评论会具有一定的主观性，但这种评级和评论不是基于主观恶意的目的，不能认定为侵犯名誉权。被告作为消费者给出差评出于三点原因：（1）事关幼儿的食品安全，销售商品存在明显问题，触及底线；（2）客服初期对问题处理的消极态度；（3）在提出差评后，客服人员生硬的处理方式。综上，我按照网购平台自身设置的规则和机制，在规定范围内，行使了买家享有的正当评论的权利，未损害到原告的权益。请法院依法判决此案，维护广大消费者的合法权益。

裁判内容

北京互联网法院经审理认为，本案的争议焦点为：李某是否通过诽谤、诋毁等行为损害了某公司的名誉权。判定侵犯法人名誉权的构成要件包括四点：行为人实施了诽谤、诋毁等违法行为；法人有名誉被损害的后果；侵权行为与损害后果之间存在着因果关系；行为人主观上有过错。另外，对法人名誉权侵权的判定要同时考量行为人实施的行为是否符合社会公认的价值观。

根据《中华人民共和国民法总则》（已废止）第一百一十条第二款规定，法人、非法人组织享有名称权、名誉权、荣誉权等权利。本案纠纷系李某作为消费者，在淘宝店铺的评价页面对所购买产品发表差评所引发。虽然目前没有充分的证据表明涉案产品存在质量问题，但是，产品包装盒上的生产日期确实给消费者造成了混淆和误解。在此种情况下，某公司并未积极地给李某提供合理的解决方案，先是解释该日期是保质期，之后又始终强调让李某去鉴定产品质量，还拒绝了李某退货退款的要求。特别是李某购买产品的目的是给其幼子食用。故李某发表差评并非为了故意贬损卖家的名誉，不具有主观过错。此外，两个人的聊天内容不涉及侵犯名誉权，但是如果把聊天内容公之于众则会有侵权风险。李某在评论中将和客服的聊天记录上传，聊天记录中存在一些过激的、引人不适的言辞，虽然不直接构成对某公司的诽谤与诋毁，但是加剧了双方矛盾的升级，是不可取的行为。

综上所述，李某不具有主观过错，对某公司不构成诽谤、诋毁，加之目前该评论处于屏蔽状态中无法显示，李某同意删除评论的全部内容，因此，李某不构成侵权，不应承担侵权责任。

在此强调的是，虽然李某在本案中不构成侵权，但是本纠纷之所以产生，一方面是因为出现产品纠纷时，经营者没有对消费者提出的问题提供积极、合理的解决方案；另一方面是消费者使用了一些过激的言辞和不文明用语，加剧了矛盾的升级。首先，对于经营者来说，出现纠纷时，应先以完善自身产品质量、提升服务水平为根本出发点，对消费者的批评与评论应具有一定的容忍度；其次，对于消费者来说，淘宝评论机制不是消费者发泄个人情绪的工具，虽然对产品质量或者服务质量进行批评、评论是消费者的法定权利，但是消费者应注意分清诉求表达与侵权的界限，避免人身攻击或者使用不文明用语，理性行使权利、化解纠纷。

裁判结果

依照《中华人民共和国民法总则》第一百一十条第二款、《最高人民法院关于审理名誉权案件若干问题的解释》第九条规定，判决：驳回原告某公司的全部诉讼请求。

某公司不服一审判决，提起上诉。在二审审理过程中，某公司申请撤回上诉。一审判决已经生效。

法官解读

《民法典》自2021年1月1日起施行，本案作出判决时所依据的《中华人民共和国民法总则》同时废止。根据《最高人民法院关于废止部分司法解释及相关规范性文件的决定》（法释〔2020〕16号），《最高人民法院关于审理名誉权案件若干问题的解释》（法释〔1998〕26号）自2021年1月1日起废止。《民法典》对民事主体名誉权亦有规定。《民法典》第一千零二十四条规定："民事主体享有名誉权。任何组织或者个人不得以侮辱、诽谤等方式侵害他人的名誉权。"作为民事主体的法人享有名誉权。法人的名誉是对其经济活动、产品质量等方面的社会评价，是其取得经济利益的基础。与自然人名誉权相比较而言，法人并没有性格、品德等自然人的属性，因此侵犯法人名誉权的表现形式多为捏造、散布虚假事实，损害企业法人的商誉，在公开的媒体上发表内容不实的文章或者进行有失公允的评论等。

《民法典》第一千一百六十五条第一款规定："行为人因过错侵害他人民

事权益造成损害的，应当承担侵权责任。”就一般侵权行为而言，受害人要求行为人承担侵权责任，包含证明侵权行为、损害结果、因果关系和过错，而《民法典》第九百九十八条规定，认定行为人承担侵害除生命权、身体权和健康权外的人格权的民事责任，应当考虑行为人和受害人的职业、影响范围、过错程度，以及行为的目的、方式、后果等因素。该条规定是动态系统理论在精神性人格权保护方面的具体应用。虽然本案判决时《民法典》还未施行，但是其中的裁判思路已经体现了对动态系统保护论的适用。下面从《民法典》第九百九十八条的角度厘清消费者给予经营者差评是否构成名誉权侵权的裁判思路。

一、行为人和受害人的职业因素

在人格权侵权责任的认定中，双方自身职业与社会身份的特殊性决定了侵权行为影响范围可能有所不同，从而导致侵权责任也有所不同。

一方面，就行为人而言，其自身职业与责任的认定、影响的范围等都有联系。例如，如果行为人从事的是新闻媒体的工作，因新闻媒体职业而作出新闻报道行为，在认定责任时，就应当协调人格权的保护与新闻报道和舆论监督的价值之间的关系，予以平衡。另一方面，就受害人而言，考虑其职业因素的立法目的并不在于为某些不同职业的人提供有区别的特殊保护，而是旨在平衡职业背后的社会利益与个人利益。从司法实践来看，考虑其职业主要是要解决公众人物的人格权保护问题。例如，出于对公众人物、公职人员的监督等，适度披露其收入、财产状况等，或对其行为进行适度的评论或批评，其目的在于实现更为广泛的社会利益，因而不应构成侵权[1]。因此，双方职业或身份的不对等在具体情形下会产生不同的结果。

本案属于消费者与经营者之间因评论引发的名誉权侵权纠纷。《民法典》施行前，《最高人民法院关于审理名誉权案件若干问题的解释》（已废止）第九条第一款规定：“消费者对生产者、经营者、销售者的产品质量或者服务质量进行批评、评论，不应当认定为侵害他人名誉权。但借机诽谤、诋毁，损害其名誉的，应当认定为侵害名誉权。”

---

[1] 参见王利明：《民法典人格权编中动态系统论的采纳与运用》，载《法学家》2020 年第 4 期。

法律之所以这样规定，是因为消费者在交易信息的获得上与经营者处于不对称的地位，其属于市场经济中的弱势群体。因此，允许消费者对产品进行评价，并给予一定的言论自由，有助于对经营者起到监督作用，避免产生“寒蝉效应”，使得商家能够在消费者的监督过程中提升产品质量和服务质量。基于此，经营者对于消费者的批评、评论应当具有一定的容忍度。同时也应完善自身产品质量、提升服务水平，而不是以删除差评或者诱导好评等方式消除差评。

此外，在网络消费中，由于消费者无法现场感知到产品的质量，也无法提前预判服务的品质，是否进行消费很大程度上取决于其他消费者的评价，事后再结合自身消费体验作出评价给其他潜在消费者以参考。《中华人民共和国电子商务法》第三十九条规定：“电子商务平台经营者应当建立健全信用评价制度，公示信用评价规则，为消费者提供对平台内销售的商品或者提供的服务进行评价的途径。电子商务平台经营者不得删除消费者对其平台内销售的商品或者提供的服务的评价。”基于消费者真实评价而形成的信用评价体系，是网络消费可持续发展的基石。

二、当事人的过错因素

《民法典》第九百九十八条将过错列为动态系统论的考量因素之一。在实务中，考虑当事人是否具有过错可以从是否具有一定的客观依据及特定场景下予以考量。如果消费者评论的内容与一定的客观依据相符合，则不构成诽谤、诋毁。特别强调的是，这种客观依据不能强求消费者掌握了确凿的证据。具体到本案中，虽然没有充分的证据表明涉案产品存在质量问题，但是产品包装盒上显示的生产日期为购买日期之后，除生产日期这一明显问题外，其他细节例如生产日期打印方式、内容物颜色及状态、包装盒开口方向等均存在较大区别，确实给消费者造成了混淆和误解，也就是说李某发表的相关评论并不是杜撰，而是有一定的客观依据。

在李某对产品质量产生怀疑后，某公司本应积极地给李某提供合理的解决方案，但是却采取了搪塞和推托的态度，最终还拒绝了李某退货退款的要求，使李某通过协商解决纠纷的预期无法实现，加之李某购买产品的目的是给幼儿食用。在上述特定场景下，李某发表涉案的评论内容，不宜认定为主观具有过错。

三、行为的目的及方式因素

行为人的行为目的与过错之间存在着相关性，两者都属于行为人主观方面的范畴。在《民法典》的侵权责任编中，虽然没有具体规定行为人行为目的对侵权责任的影响，但对侵犯人格权有明确的规定，要求将行为人行为目的作为参考因素。如果侵害受害人人格权的目的是行为人的个人娱乐、调侃、发泄个人愤怒或寻求报复，这与保护舆论、新闻报道、行使监督权等正当目的是不同的。行为人的行为目的不同，其应受谴责的程度也不同，承担侵权责任的结果也不同。

侵害的影响范围通常由行为人的侵权行为方式决定，是判定是否构成侵权责任不可缺少的因素。书面与口头行为、面对面与网络侵权行为所造成的影响范围不同，所承担的责任也不同。此外，行为人的行为方式还包括其采用的手段。《最高人民法院关于审理利用信息网络侵害人身权益民事纠纷案件适用法律若干问题的规定》第八条规定："网络用户或者网络服务提供者采取诽谤、诋毁等手段，损害公众对经营主体的信赖，降低其产品或者服务的社会评价，经营主体请求网络用户或者网络服务提供者承担侵权责任的，人民法院应依法予以支持。"行为人如果采取了诽谤、诋毁等手段，极有可能被法院认定为侵权。

要判断发表评论者的行为目的是监督还是恶意诋毁，其行为方式是否符合社会公认的价值观，需要以一个普通的"诚信善良之人"的客观要求为主[1]进行综合判断。李某发表评论的内容不是凭空捏造，目的是提醒其他消费者，而不是对商家恶意的诋毁。同时，其行为方式结合上述具体场景来看，为社会公认的价值观所容忍，不宜认定为诽谤、诋毁商家。

网络购物平台评论机制作为一种信用机制，消费者基于自身消费体验在消费完成后作出的真实评价有助于营造公平竞争、健康和谐的网络市场秩序，也有利于保障其他消费者合法的知情权利，减少可预见的经济损失，进一步促进网络消费和平台经济的良好发展。在具体情形下，认定消费者发布差评的行为是否出于恶意，关键在于其发表差评的行为是属于与涉案商品客观依据相符合的主观表达（无须消费者持有确凿证据），还是虚构事实对经营者的名誉进行

[1] 参见张新宝：《名誉权的法律保护》，中国政法大学出版社 1997 年版，第 146 页。

诽谤、诋毁。如果消费者的差评并非为了诽谤或故意贬损卖家的名誉，而是出于提醒其他消费者或其他正当目的，符合社会所公认的价值观，不构成侵权。

四、后果及影响范围因素

在现实生活中，不同的个体对人格权有不同的认知和容忍度，任何侵犯人格权的行为都可能导致不同的行为后果，如造成财产损失、名誉损害或社会评价降低，甚至可能造成无法挽回的后果，即对受害人造成严重的精神创伤。综上，除了上述行为人与受害人的职业、影响范围、过错程度以及行为的目的和方式等方面的考虑外，行为人行为的后果也是判断是否构成侵权、应承担何种程度侵权责任的重要参考因素。

李某发表评论的内容在一段时间后已经被屏蔽，同时李某也表示可以删除包含上传的对比图、聊天记录在内的全部评论内容。从该角度也可以看出，李某的行为并未造成商家名誉上的严重不利后果。

通过上述情形综合判断（见图1），李某发表差评具有一定事实依据，并非为了故意贬损卖家的名誉，在特定场景下不具有主观过错，且未对商家造成严重的不利后果，故李某不构成诽谤、诋毁，不应承担侵权责任。

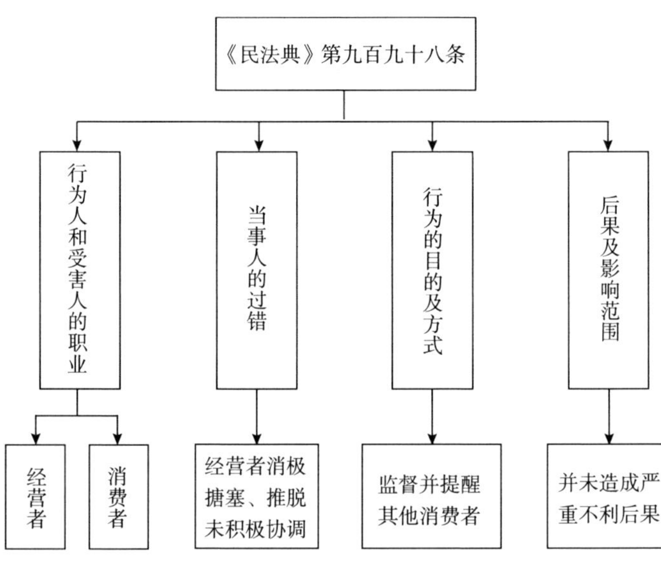

图1　从《民法典》第九百九十八条的角度进行的裁判分析

网络百科服务提供者对词条的审核义务认定

——赵某航与北京某科技有限公司侵害名誉权案[❶]

赵长新[*]　崔晓光[**]　孔一维[***]

典型意义

网络百科产品已逐渐成为全社会重视和依赖的信息渠道，具有社会公共利益属性。对百科词条特别是人物类词条的创建、编辑行为，网络百科服务提供者应当加大审核力度，一方面避免对词条人物的故意抹黑和诽谤，侵害其人格权；另一方面应力求内容的全面和准确，避免社会公众对词条人物产生错误认知。

关键词　民事　名誉权　侵权责任　百科词条

案情介绍

被告北京某科技有限公司系某网络百科服务的提供者。2013 年 1 月，用户甲对原告赵某航之父赵某的百科词条进行编辑，删除其代表作中的歌剧剧本《红珊瑚》。2013 年 6 月，该用户再次编辑涉案词条，加入“赵某是大文贼”

---

❶ 一审裁判文书字号：北京互联网法院（2019）京 0491 民初 2403 号民事判决书（2019 年 8 月 21 日）；二审裁判文书字号：北京市第四中级人民法院（2019）京 04 民终 171 号民事裁定书（2019 年 12 月 16 日）。

一审合议庭组成人员：审判长赵长新、审判员陈广慧、审判员丁晓云。

* 赵长新，北京互联网法院党组成员、副院长。

** 崔晓光，北京互联网法院立案庭法官助理。

*** 孔一维，北京航空航天大学法学院学生。

字句。

2018 年 7 月，经原告投诉，被告删除“赵某是大文贼”字句。2019 年 8 月，涉案词条被其他网友增加“歌剧《红珊瑚》编剧”内容。原告认为被告的行为侵害其父名誉，诉请法院判令被告赔偿原告精神损害抚慰金 6 元、披露用户甲真实信息、变更或撤销用户协议中的免责条款、赔礼道歉、消除不良影响、恢复原始词条。

被告辩称，案发时被告对词条没有审核规则，已履行事前提示和事后删除的法定义务，并提供了侵权人信息，根据“避风港原则”不构成侵权。

北京互联网法院经审理查明，该百科平台为被告向其用户提供的信息储存空间，用户可以免费自由访问并参与撰写和编辑。原告系赵某长子，赵某逝于 2004 年，剧作家。涉案词条分别于 2013 年 1 月 30 日及同年 6 月 20 日遭到用户甲修改，以“原文错误需要修改”为由删除其中“著作”内容“歌剧剧本《红珊瑚》”，以及以“赵某品质不好，应该揭露”为由在“简介”末尾添加“赵某是大文贼”字句。两次修改更正及更新时间分别为 2013 年 1 月 30 日 14 时 14 分，2013 年 1 月 30 日 14 时 39 分；2013 年 6 月 20 日 19 时 41 分，2013 年 6 月 20 日 19 时 43 分。

被告称，某百科平台用户甲注册时间为 2011 年，甲注册时，并没有互联网实名认证，无法提供其身份信息。根据自 2015 年 3 月 1 日施行的《互联网用户账号名称管理规定》规定，互联网信息服务提供者应当按照“后台实名、前台自愿”的原则，要求互联网信息服务使用者通过真实身份信息认证后注册账号，此前并无类似规定。被告无法提供 2013 年用户甲编辑涉案词条时的编审规则。

原告、被告确认：歌剧《红珊瑚》由赵某组织、指导并执笔创作。被告可以在涉案词条的“著作”栏内恢复“歌剧《红珊瑚》”内容。

裁判内容

北京互联网法院经审理认为，本案的争议焦点为：一是原告是否有权提起诉讼；二是赵某的名誉是否受到损害；三是北京某科技有限公司是否构成侵权，其应当承担何种民事责任。

一、原告是否有权提起诉讼

我国法律、司法解释明确赋予死者近亲属提起名誉权侵权诉讼的权利，同时，对死者进行负面的社会评价，不仅侵犯了死者的名誉，也影响到近亲属整体利益以及个人利益。因此，对于死者任一近亲属，均有权请求法院对死者人格权进行保护，也可以同时基于其近亲属身份追究侵犯其本人人格权的责任。

二、赵某的名誉是否受到损害

北京某科技有限公司的某百科平台是以平台用户创建、编辑的词条内容作为基础，向互联网用户提供知识的开放平台。互联网用户可以通过该词条了解赵某的生平及其代表作品，并不利于形成对赵某的客观评价。现有证据证实赵某系《红珊瑚》作者之一。

用户甲删除涉案词条中的《红珊瑚》内容，虽然并未直接发表否认赵某的言论，但此种掩盖事实的行为，将影响互联网用户真实、全面地了解赵某的生平及代表作品，并形成对赵某的客观评价，会造成赵某的社会评价降低的后果。用户甲在涉案词条“简介”中添加贬损、侮辱言论的行为，被互联网用户获悉，其间历时 5 年，严重损害了赵某的名誉。

三、北京某科技有限公司是否构成侵权，其应当承担何种民事责任

（一）北京某科技公司是否构成侵权

关于被告是否侵权问题，应当从网络服务提供者的信息披露及审核义务方面进行分析。本案中，被告已向北京互联网法院披露用户甲的注册信息。在当时，我国尚未要求互联网信息服务提供者在网络用户注册时进行实名认证，故无法提供实名信息，被告不存在过错。

（二）北京某科技有限公司应当承担何种民事责任

关于北京某科技有限公司应当承担何种民事责任，应当考察被告是否知道或应当知道侵权行为。

第一，从被告信息管理能力、提供服务的性质、方式及其引发侵权行为可

能性大小进行考察。被告向用户提供信息存储、访问和修改的服务，具有信息管理能力，在提供服务的时候存在侵权风险，被告应当具备预防侵权风险的意识，并应当根据能力采取必要、合理的措施对风险加以规制。

第二，对被告采取预防侵权措施的技术可能性及其是否采取了相应的合理措施进行考察。本案诉讼中，被告未向北京互联网法院提供涉案词条被编辑时所适用的用户协议。但其应当具备保存其历次更新用户协议的意识和能力，也应当承担举证不能的不利后果。即便根据 2015 年 7 月经公证的《××百科协议》进行对照，亦不能说明被告采取了预防侵权的合理措施。其一，被告称，涉案词条被用户甲编辑时并不需要审核通过，但无法提供当时的编审规则，应当对其主张承担举证不能的不利后果。其二，根据词条编辑存在的风险分析，以及被告应当具备的防范意识以及管理能力，被告应当对词条的编辑内容是否侵犯名誉权等人格权进行审核。被告并未通过有效措施对不当编辑行为加以预防和控制，未尽到网络服务提供者的管理义务，应当向原告承担民事侵权责任。

裁判结果

北京互联网法院依照《中华人民共和国民法总则》第一百零九条、第一百一十条第一款❶；《中华人民共和国侵权责任法》第十五条第（六）项、第（七）项、第（八）项，第十八条，第二十二条，第三十六条❷；《最高人民法院关于审理利用信息网络侵害人身权益民事纠纷案件适用法律若干问题的规定》第四条、第九条、第十六条、第十七条❸；《最高人民法院关于审理名誉权案件若干问题的解答》第五条、第七条、第十条、第十一条❹；《最高人民法院关于确定民事侵权精神损害赔偿责任若干问题的解释》第三条第（一）

❶ 现变更为《中华人民共和国民法典》第一百零九条、第一百一十条第一款。

❷ 现变更为《中华人民共和国民法典》第一百七十九条第（八）项、第（十）项、第（十一）项，第一千一百八十一条，第一千一百八十三条，第一千一百九十四条。

❸ 现变更为《最高人民法院关于审理利用信息网络侵害人身权益民事纠纷案件适用法律若干问题的规定》（2020 修正）第三条、第六条、第十一条。

❹ 法条已失效。

项、第八条第二款[1]；《中华人民共和国民事诉讼法》第六十四条第一款[2]；《最高人民法院关于适用〈中华人民共和国民事诉讼法〉的解释》第九十条[3]之规定，判决如下：一、本判决生效之日起七日内，被告北京某科技有限公司在某百科平台“赵某（原海军装备政治部副主任、剧作家）”词条页面的显著位置公开发布赔礼道歉公告，向原告赵某航赔礼道歉，消除影响；该公告须连续刊登七日，公告内容需经本院审核；逾期不执行，本院将在相关媒体上刊登本判决书的主要内容，所需费用由被告北京某科技有限公司承担。二、本判决生效之日起七日内，被告北京某科技有限公司赔偿原告赵某航精神损害抚慰金6元。三、驳回原告赵某航其他诉讼请求。

北京某科技有限公司不服原审判决，提起上诉。法院审理过程中，北京某科技有限公司撤回上诉申请。北京市第四中级人民法院裁定准予撤回上诉。一审判决已经生效。

法官解读

一、避风港原则和红旗原则的适用

（一）网络服务提供者的义务

避风港原则是网络服务提供者的免责原则，网络服务提供者是一个宽泛的概念。网络服务提供者包括网络空间的建立者、网络空间的运行者和网络空间的管护者等[4]。不同类型的主体需要承担不同的信息网络安全的管理义务，可以将作为义务的内容按照不同主体进行分类。

网络空间的建立者，主要包括网络连接、存储等服务的提供者，其需要承担的义务应该包括审查义务、存储登记义务、监督管理义务等。其中，审查义

---

[1] 现变更为《最高人民法院关于确定民事侵权精神损害赔偿责任若干问题的解释》（2020 修正）第一条、第三条。

[2] 现变更为《中华人民共和国民事诉讼法》（2021 修正）第六十七条第一款。

[3] 现变更为《最高人民法院关于适用〈中华人民共和国民事诉讼法〉的解释（2020 修正）》第九十条。

[4] 参见杨新绿：《论拒不履行信息网络安全管理义务罪的法益》，载《北方法学》2019 年第6 期。

务包括事前审查和事后审查，在为用户提供连接服务之前，提供者应对用户的身份、经营资质和合法性等进行审查；在为用户提供连接服务之后，也应当进行事后审查。存储登记义务指的是提供者对用户的信息进行存储登记，方便管理和监督。对于用户在信息网络中发布的信息，服务提供者也负有监督管理义务。但在实际情况中，我国的网络连接服务提供者包括两种类型，一种是电信运营商如联通、电信和移动（还包括其他电信服务公司），它们是属于实质意义上的连接服务提供者，为用户提供网络接入服务；另一种是分散的互联网连接服务提供者，他们是形式意义上的连接服务提供者，通过租用电信运营商的网络服务器为用户提供连接服务。前者对用户的信息使用既负有事前审查义务也负有事后审查义务，而后者由于没有条件对用户进行事前审查，因此只负有一定程度的事后审查义务。而对于存储登记义务和监督管理义务，也应当是由电信运营商来履行。

网络空间的运行者，主要包括各种软件的设计者，在信息网络中负有审查义务、存储义务、保密义务、配合义务等。审查义务也包括事前审查义务和事后审查义务，对于在信息网络中传播发布的信息，服务提供者需要在发布之前进行合法性审查，如果发现违法信息则不能发布。在信息发布之后，也需要在信息的传播过程中进行事后审查，一旦发现违法信息就应该删除。存储义务指的是网络空间运行者，包括各种软件运行者，应当对用户的一些使用信息进行存储，比如新浪微博对于用户发布的微博具有存储义务。保密义务指的是软件运行者要对用户提供的个人信息进行保密，不得泄露或者擅自对第三方公布，不得侵犯用户的隐私权。配合义务指的是在软件的运行过程中，软件运行者要配合信息网络空间监管部门的监管工作，及时向监管部门提供必要的信息，在监管部门提出责令改正措施之后，应当及时履行。

网络空间的管护者，包括计算机安全软件和安全系统设计运营者等，承担的义务主要包括保密义务、配合义务等。计算机安全防护软件的功能是对信息的保护，服务提供者负有保护用户信息不被泄露的义务；同样当监管部门进行监督时，服务提供者亦应配合监管部门的工作。网络服务提供者有多种类型，根据其分类的不同，可以将信息网络安全管理义务进行以上限定。由于网络服务提供者的种类和范围会不断增多，相应的信息网络安全管理义务也呈扩张趋势。

（二）避风港原则的概念

避风港原则又称“通知－删除”原则，指的是当网络平台上的用户实施侵权行为时，网络平台经权利人通知后，就需要承担删除侵权内容的义务，如果网络平台删除了侵权内容，就可以免于承担责任。现阶段网络民事侵权判定中对避风港原则的吸收，主要体现的是对个人民事权益和网络服务提供者权益的平衡，是个人利益和互联网产业利益的平衡。

避风港原则是一种免责规则，符合要求就可以免除网络服务提供者的责任，是对于网络服务提供者的保护。之所以设定避风港原则这样一种免责规则，是因为互联网技术仍在发展阶段，在保护著作权人、个人权益的同时，不应对网络服务提供者规定过重的义务，否则会对互联网技术和互联网企业的发展构成阻碍。

根据我国法律规定，网络服务提供者适用避风港原则需要符合三个条件：一是网络服务提供者不知道网络用户的侵权行为，此处的“知道”应包含“明知”和“应知”两种情况；二是权利人的通知是有效的通知，需符合一定的条件；三是网络服务提供者需要在收到通知的合理期间内将侵权内容进行删除。满足以上三个条件，才能适用避风港原则免除责任。

（三）对避风港原则中“明知”“应知”的认定

网络服务提供者对网络用户的侵权行为不知情，这是避风港原则的第一个条件，也是避风港原则适用的前提。如果网络服务提供者知道网络用户的行为是侵权的，或者知道网络用户存在侵权行为，那么就不能适用避风港原则。此处的知道，包括“明知”和“应知”。对于知情的认定，往往影响着网络服务提供者的注意义务，是案件审理的焦点。

“明知”是指网络服务提供者已经知道侵权行为，对于“明知”的认定，通常需要法院根据当事人双方提交的证据来推断，因为如果网络服务提供者认可自己明知侵权行为，也就不需要进行辩论。对于这种主观状态的推断，需要综合考虑侵权行为的形式、影响力、平台的经营模式、技术手段、服务内容等。

对于“应知”的认定，不同于“明知”，指的是网络服务提供者可能实际上并不知道侵权行为，但是如果平台履行了规定的注意义务，应当能知道侵权行为。在学理上，同样有一个原则来判断网络服务提供者的“应知”，具体含义是，如果侵权行为非常明显，像一面鲜艳的红旗一样显而易见，网络服务提供者不能装作看不见，那就推定网络服务提供者对侵权行为是“应知”状态。也就是说，站在理性一般人的角度，任何人都能发现侵权行为，那么网络服务提供者就不能用避风港原则来免责，这一原则也被称为“红旗原则”。

（四）本案不适用避风港原则的原因

具体到本案中，法院在审理中认定被告未尽到平台义务，不适用避风港原则，具体从三个条件中分析。

首先，网络服务提供者是否知晓网络用户的侵权行为。本案中，涉案词条于2013年由网络用户提交编写，提交后很快审核通过。2018年7月10日、8月6日，原告分别通过网页投诉、客服投诉、投诉信等方式通知被告。根据原告提交的投诉截图、回执等证据，可以推定被告收到了原告的通知。同时，被告主张其存在词条审核机制与词条编写补充证据等要求，尽管仅是针对敏感词汇等内容进行审核，但结合本案词条中含有“大文贼”等明显侮辱性词汇，且网络用户并未提交相关证据证实的情况下，应推定被告对涉案词条存在侵权行为至少存在“应知”状态。

其次，权利人的通知是不是有效的通知。《信息网络传播权保护条例》第十四条对于“通知”作出了具体的规定。通知书应包含权利人姓名、联系方式，侵权作品的名称、网络地址，以及构成侵权的初步证明材料。此规定在网络民事侵权中也有借鉴意义。司法实践中，对于“有效通知”的认定需要发挥法院的自由裁量权，综合考虑网络服务提供者服务内容、经营范围、经营能力、对通知的要求以及权利人通知的具体形式。本案中，原告的通知，包含侵权词条内容、词条网页链接、自己的身份信息以及歌剧《红珊瑚》的著作权相关证明等信息。其中，对于歌剧《红珊瑚》的著作权证明，是针对词条中相关内容侵权的初步证明。因此，原告的通知应认定为有效通知。

最后，网络服务提供者是否在收到通知的合理期间内将侵权内容删除。对于此处合理期间的认定，也需要法院发挥自由裁量权，综合考虑网络服务提供者的技术手段、经营情况、侵权内容和形式等因素。本案中，原告于2018年

7月10日第一次通知被告，且此后多次通知。而被告在2018年9月27日收到案件受理通知书后，才将侵权内容删除，其中间隔两个多月的时间。同时，被告提供了用户协议，其中载明某百科平台会在用户编辑、修改词条时进行审核，但实际本案的词条在用户编辑之后，很快审核通过，词条中包含“大文贼”等明显侵权内容，且并未提交相关编辑依据，在原告提供了词条网页地址的前提下，进行删除操作不需要很大的技术难度。综合以上因素，法院认定被告没有在合理期间内对侵权内容进行删除。

二、百科类网络平台的发展

百科全书是收录各学科的名词、术语等内容，较完备地介绍知识的图书，随着信息技术的发展，出现了多种网络百科全书。网络百科全书包括开放型百科全书和整合性百科全书，其中开放型百科全书是指内容开放，可以由任意网络用户编辑修改；整合型百科全书是指传统百科全书的网络版本。开放型百科全书允许访问网站的用户自由阅览和修改绝大部分页面的内容，这也带来了很多批评，例如条目质量参差不齐、信息准确度低、无法提供一致的准确内容等。

百科类网络平台作为开放的编辑平台，开放性不仅包含内容的开放，也包括编辑者的开放，任何人都可以编辑、修改百科中的内容，通过大众的协作来编撰网络百科全书，这也体现了自由、共创、共享的精神。但是内容的编写必须遵守中立、客观、合法合理的原则，尤其是对于人物类词条。人物类词条是百科词条中较多且特殊的一类，人物类词条一般包括基本信息、个人经历、贡献、事件、人物评价等。百科类网络平台的用户存在着匿名、自组织等特点，在开放的词条编写原则下，大众参与编写意味着词条的真实性和客观性会存在一定的风险。在人物类词条中，由于涉及人物评价、经历等，不同主体对人物的主观感受，会影响对该词条编写内容的客观性，进而会产生侵权的风险。

百科类网络平台改变了互联网环境下的知识创作和分享模式，也丰富了大众信息获取方式，具有独特的存在价值[1]。大众在分享知识的同时，体现了个人的价值观，获得了成就感，使一个个信息的孤岛连在一起，作为新型的百科

[1] 参见杨欣：《国内维基类网络百科研究》，武汉理工大学2012年硕士学位论文。

全书，也改变了互联网的信息传播模式，使传播主体、传播方式更加多元化。随着百科类网络平台的壮大发展，网络百科全书也逐渐成为大众获取知识和信息的来源，保障网络百科全书的真实性、客观性、权威性是百科类网络平台应承担的义务。

三、百科类网络平台应对人物类百科词条的审核承担更多的义务

网络服务提供者在网络空间中的地位与网络用户不同，应承担与之地位相应的义务。网络服务提供者承担的侵权责任包括因自身的侵权行为产生的责任和因网络用户的侵权行为产生的责任。网络服务提供者对于自己发布的内容和网络用户发布的内容，应当增加审核力度，完善技术手段，提高系统审核能力，增强对侵权行为的拦截，增加人工审核环节，综合运用多种手段避免侵权行为发生。

当收到权利人对侵权行为的通知后，网络服务提供者应当履行法定义务，审核相关内容。如果相关内容侵犯了权利人的合法权益，网络服务提供者应当及时进行删除，并将侵权情况通知行为人；如果相关内容没有侵权，网络服务提供者也应当将情况通知权利人和行为人。网络服务提供者应当积极主动与权利人、行为人沟通，积极采取救济措施，避免损害扩大，而不能滥用避风港原则，放任侵权行为的发生，推卸义务和责任。

每一个公民合法的民事权益都应当受到法律的保护，在网络空间内侵犯公民个人权益的行为应当承担侵权责任。现阶段互联网技术的发展尚不能要求互联网企业对所有的网络行为进行事前审查，对互联网平台等网络服务提供者苛以过重的审核责任不利于信息技术产业的发展，会在一定程度上阻碍技术进步、损害社会利益。因此，我国才吸收避风港原则，要求网络服务提供者承担事后审查（通知－删除）的义务。同时，为了避免滥用避风港原则，过度损害个人权益，设定红旗原则与避风港原则相互监督、制约，维护个人利益与社会利益的平衡。

百科类网络平台作为一种知识储备的网络百科全书，平台所承担的审核义务要高于普通的网络服务提供者，平台应当采取措施保证内容的真实、客观、权威。尤其对于百科类网络平台中的人物类百科词条来说，此类词条涉及对个人的评价等内容，创建、编辑、修改过程中极易产生主观内容，进而出现侵权

行为。因此对于此类词条，平台应承担更高的审核义务。在网络用户创建、编辑、修改人物类词条时，平台需进行基本的审核，对明显侵权的行为和内容，进行屏蔽或删除。尤其是作为百科类网络平台中的头部企业，具有多年运营百科平台的经验，更应当完善自身的审核机制，规范用户对人物类词条的编辑修改，避免公民合法权益受到侵害。当然，审核义务并不意味着百科类网络平台需要对全部内容的真实性进行全面审核，面对互联网海量的信息，对企业苛以过高的审核责任显然是不合理的。

随着互联网产品与技术的创新升级，部分网络服务提供者已经得到巨大发展，这些平台更应当维护网络空间秩序，承担起维护社会公共利益的责任。尽管现阶段不要求网络服务提供者进行全面的事前审查，但平台也应当利用飞速发展的互联网技术提高审核能力，对网络侵权行为进行打击。诚然，网络服务提供者作为企业，营利是其主要目的，但作为网络空间的成员，在利用网络技术推动企业发展的同时，也应当服务于互联网发展，营造良好的网络环境。

自媒体对法人名誉评价的合理界限

——北京某文化传媒有限公司与周某网络侵权责任案❶

崔丽萍[*]　汪　倩[**]　陈梦梦[***]

典型意义

随着中国电影产业的不断发展，国产电影票房竞争日益激烈。近年来，围绕部分热门电影票房造假的网络评论引发公众广泛关注。本案系首例涉“电影票房造假”的自媒体网络侵权案件。本案确认，针对事实陈述部分的不具备明显的误导性的可能性分析言论不构成名誉权侵权，针对事实陈述部分的无证据支持的错误结论性判断言论构成名誉权侵权。本案充分考虑了自媒体言论自由的限度以及电影产业的发展，有利于构建公平公正的市场氛围。

关键词　言论自由　法人名誉权　容忍及注意义务

案情介绍

某电影通过某网站和某 App 进行售票。2018 年 4 月 28 日，某电影在各渠道出现部分退票现象。2018 年 4 月 29 日，原告北京某文化传媒有限公司（以

---

❶　一审裁判文书字号：北京互联网法院（2019）京 0491 民初 2410 号民事判决书（2019 年 7 月 26 日）。

一审合议庭组成人员：审判长卢正新、审判员崔丽萍、审判员王然。

*　崔丽萍，北京互联网法院执行局副局长。

**　汪倩，北京互联网法院执行局法官助理。

***　陈梦梦，北京航空航天大学学生。

下简称北京某公司）声明称，截至4月28日23点，某平台疑似恶意刷票并退票数量约38万张，其中有54%的退票订单确定为用户正常改签行为，在剩余46%的退票订单中，有部分确定为恶意刷票，疑似“黄牛”行为。

涉案微信公众号于2018年4月28日和4月30日分别发表了名为《某电影什么都有了，却被退票了》和《集出品、发行、营销、购票、数据多环于一身的北京某公司，会成为邪恶帝国吗?》的原创文章。其中，涉及“恶意退票房”“通过提前影院锁场，增加了自己片子的预售量”“不正当竞争”“预售造假”等北京某公司利用预售机制先买后退、操纵排片、欺骗影院和观众的表述。上述两篇文章，第一篇已经被5万余人查看，有158人点赞，第二篇已经被数百人查看，有19人点赞。被告周某自述涉案文章撰稿者为电影行业内从事数据分析人员。原被告均认可某电影票房存在异常现象。

北京某公司主张，涉案文章内容是在未进行求证核实以及未提供任何权威数据支持的情况下，擅自使用主观臆断及猜测的方式进行不实陈述，并使用诽谤、诋毁性的语言捏造事实、虚构真相，严重误导公众舆论，导致其社会评价降低，侵犯了其名誉权，要求周某公开刊登道歉声明，消除影响、恢复原告名誉并赔偿原告商业信誉损失及其他经济损失和费用。

被告辩称，其发布的两篇文章并非“退票门事件”的起因，且文章内容是基于已有事件情况的合理质疑与推测，并不具有明显攻击性，并且文章发布于个人的微信公众号，传播范围十分有限。是故，周某不同意北京某公司的全部诉讼请求。

裁判内容

北京互联网法院经审理认为，本案的争议焦点包括：一是如何确定言论自由及名誉权侵权的法律界限；二是北京某公司退票事件作为公共事件、周某作为电影行业内从事数据分析人员，是否构成名誉权侵权容忍义务及注意义务提升。

公民、法人享有名誉权，禁止用侮辱、诽谤等方式损害公民、法人的名誉。本案名誉权纠纷因涉案文章而起，根据庭审查明的事实，涉案文章均是评论某电影出现异常退票的事实并分析出现该事实的原因，而对于某电影在某平台上存在异常退票的事实，北京某公司和周某均是认可的。根据查明的事实，原告系涉案影片的发行方，并运营某平台参与涉案影片的营销，且涉案影片的销售业绩与原告利益有一定的关联。在出现涉案影片退票异常情况下，应允许包括被告在内的观众、从业者质疑，在不存在侵害原告实际利益的情况下，原告应予以容忍。涉案文章《某电影什么都有了，却被退票了》未对退票异常现象的原因作出结论性判断，仅仅是对退票异常现象之原因的一种可能性分析，且涉案文章亦指出“具体此举动是否北京某公司发行刻意而为之，现在还不得而知”，表明该文章中的分析并非肯定性结论。故涉案文章并不存在侮辱、诽谤的事实，也不具备明显的误导性，并未侵犯北京某公司的名誉权。

《集出品、发行、营销、购票、数据多环于一身的北京某公司，会成为邪恶帝国吗?》文章，被告认可为结论性判断。文章中直接判断：(1）北京某公司在电影行业内是一家真正“掌握核心标准数据”的全能型公司；(2）北京某公司利用自身优势，不正当竞争已经不是第一次，也不仅仅是这一招；(3）北京某公司作为电影发行……北京某公司另一大作弊手段就是预售造假，这一造假不是指花钱锁排片，而是零成本的数据造假。被告主观存在故意或重大过失，认定原告北京某公司实施刷票行为，误导读者，对其名誉造成一定损害。原被告均认可对于刷票行为的批评，必须建立在百分之百的事实和证据上。被告未提交有效证据证明原告存在刷票行为，且被告涉案文章撰稿者为电影行业内从事数据分析人员，有更高的专业性，也就要有区别于普通撰写者的注意义务。本案中，被告在未掌握相关数据情况下，仅凭数据异常的现象就推定原告实施了刷票行为，故被告对于原告的名誉权构成侵害。

关于侵权责任的承担，公民的名誉权受到侵害的，有权要求停止侵害，恢复名誉，消除影响，赔礼道歉，并可以要求赔偿损失。原告对于其所受经济损失无直接证据证明，考虑到某电影票房确实存在异常现象以及被告的主观过错、侵权行为、文章已被删除的结果以及查看人员数量有限等损害后果，酌定被告在其涉案微信公众号显著位置公开刊登道歉声明，以对原告消除影响、恢复原告名誉；被告赔偿原告经济损失2万元。原告办理公证是其必要的取证手段，为此支出的合理公证费5000元应由被告承担。

裁判结果

北京互联网法院依照《中华人民共和国侵权责任法》第二条、第六条、第十五条、第三十六条❶，《最高人民法院关于审理名誉权案件若干问题的解答》第七条、第十条、第十一条，《中华人民共和国民事诉讼法》第六十四条第一款❷之规定，判决如下：一、本判决生效之日起十日内，被告周某在涉案微信公众号首页显著位置公开发表致歉声明，向原告北京某文化传媒有限公司赔礼道歉，持续时间为连续七天（声明内容需经本院核准，如被告周某拒不履行该义务，本院将选择一家全国公开发行的报刊公布本判决的主要内容，费用由被告周某负担）。二、本判决生效之日起十日内，被告周某赔偿原告北京某文化传媒有限公司经济损失二万元及诉讼合理支出五千元。三、驳回原告北京某文化传媒有限公司的其他诉讼请求。

北京某文化传媒有限公司、周某均未提起上诉。一审判决已经生效。

法官解读

自媒体行业快速发展，为人们提供了高效、便捷的言论发布空间。区别于传统媒体新闻发布的严格审核、高昂的信息发布成本，自媒体信息发布的时间和经济成本都微乎其微，限制几近于无，人人都可以成为信息源。但这样的低门槛，不可避免地给权利保护带来了挑战。自媒体发布内容质量参差不齐，侵权现象频发，虚假消息一旦开始小范围传播，更大范围的自媒体用户极易受到误导进行情绪化传播。按照“沉默的螺旋理论”，虚假信息在利益驱动下发布，在情绪误导下传播，会造成更多的社会公众陷入舆论旋涡。如此引发的社会热点，往往会进一步带动传统媒体的大范围报道和后续报道，舆论浪潮由此引发。

在互联网高效高速地传播下，虚假错误言论造成的损害后果难以估量。尤

❶ 现变更为《中华人民共和国民法典》第一千零二十四条、第一千一百六十五条、第一千一百六十七条、第一千一百九十四条、第一千一百九十五条。

❷ 现变更为《中华人民共和国诉讼法》（2021 年修正）第六十七条第一款。

其在法人名誉权侵权案件中，自媒体侵权行为多为集中发布大规模不实言论，涉及法人的生产、经营问题以及消费者权益、社会公共利益等诸多利益，易给企业带来标签化的不实社会评价，更易引导公众情绪，造成虚假信息的大范围传播，给法人名誉权带来难以估量的损害。

自媒体和法人是市场的两个重要组成部分。一方面，自媒体代表着新环境下的言论自由及公众舆论监督，涉及公共利益的需求。但自媒体个体进行活动时仍然追求最大范围内的自我价值实现及追逐经济利益。另一方面，法人名誉权涉及法人的生产、经营、服务等活动，经济利益是摆在首位的，但其所拥有的法律赋予的人格权及其在市场中所处的地位，使其活动与公共利益又密不可分。自媒体和法人之间的利益追求，既存在大方向上的统一性，又存在相互之间的矛盾性。这是造成双方冲突的原因，也是协调冲突的依据。

自媒体与法人关于名誉权侵权展开的博弈，既涉及言论自由权利保护与自由的言论环境构建，又涉及良好营商环境的营造。在案件审理过程中，需要考量多种利益的平衡，维护良好的营商环境，构建公平公正的市场氛围。

一、法人名誉权的认定问题

法人名誉权是指法人对其全部活动所产生的社会综合评价而享有的不可侵犯的权利[1]。《中华人民共和国民法典》（以下简称《民法典》）第一百一十条第二款规定，法人享有名誉权。《民法典》第一千零二十四条第二款中阐明，名誉是对民事主体的品德、声望、才能、信用等的社会评价。法人名誉权属私权利，旨在保护法人的社会评价不被非法降低，维护法人的发展和社会秩序的稳定。

具体的名誉权侵权行为包括侮辱与诽谤。侮辱是指“以暴力、言语、文字等方式对公民的性格、品性、才干等人格利益进行贬损、丑化”[2]。诽谤是指“通过向第三人传播致使他人（申诉者）名誉受到不公正损毁的虚假事实损害他人名誉的不法行为”[3]。

---

[1] 参见郝振省：《新闻侵权及其预防》，民主与建设出版社 2008 年版，第 45、46 页。

[2] 参见江必新，何东宁，刘牧晗：《最高人民法院指导性案例裁判规则理解与适用：侵权赔偿卷二》，中国法制出版社 2014 年版，第 71 页。

[3] 参见［英］戴维·M·沃克：《牛津法律大辞典》，李双元译，法律出版社 2003 年版，第 314 页。

本案中不涉及侮辱这一侵权行为方式，原告主张涉案文章内容构成诽谤行为。关于本案侵权与否的判定集中于涉案文章内容是否为捏造的虚假事实以及是否构成对原告名誉权的损害。

言论涉及不同的表现形式，即事实陈述和意见表达的区分。事实陈述是基于实际发生的事情的介绍，错误的陈述会构造一个虚假事实，造成受传播者的认知错误，从而产生偏见及影响，这一过程即为诽谤。基于事实基础的意见表达，则偏向于言论自由权利的行使，这类意见表达涉及言论自由法益，对其限制要更加谨慎。负面意见表达需要考量其表达程度是否为言论自由权利保护的范畴，应当允许合理的负面意见评论发表，从而维护言论自由环境，避免过度限制造成的“寒蝉效应”。但超出合理范围的意见表达可能造成他人合法权利受损，此时的意见表达已造成言论自由权利及其他权利的博弈，即需要通过权衡具体情况，考量多方因素，进行利益平衡。

涉案文章《某电影什么都有了，却被退票了》属于合理限度内的意见表达，不构成名誉权侵权。该文章未对退票异常现象的原因作出结论性判断，仅仅是对退票异常现象之原因的一种可能性分析，且涉案文章亦指出“具体此举动是否北京某公司发行刻意而为之，现在还不得而知”，表明该文章中的分析并非肯定性结论。故涉案文章并不存在侮辱、诽谤的事实，也不具备明显的误导性，并未侵犯北京某公司的名誉权。

涉案文章《集出品、发行、营销、购票、数据多环于一身的北京某公司，会成为邪恶帝国吗?》中存在超出事实范围的结论性判断言论，构成名誉权侵权。被告主观存在故意或重大过失，认定原告北京某公司实施刷票行为，误导读者，对其名誉造成一定损害。这一言论构建虚假事实，肯定性表达形式会使受传播者产生误解，错误认定虚假事实，从而对北京某公司名誉权造成损害。原被告均认可对于刷票行为的批评，必须建立在百分之百的事实和证据基础上。被告未提交有效证据证明原告存在刷票行为。

二、言论自由权利与法人名誉权保护之权衡

本案中，基于电影票房预售退票问题，引发误导消费者消费之质疑，形成北京某公司、消费者之间的直接利益关联。退票事件不断发酵后，针对这一事件发布评论的主体及内容不断扩散，其间涉及的权利链条不断延伸，逐步扩展

为公共利益、言论自由与法人名誉权之间的平衡问题。

言论自由是我国公民的基本权利，在公民权利中具有崇高的地位。对名誉权的保护，实际是通过司法等强制手段寻求言论自由与法人名誉权的平衡点。自媒体平台上发布言论较现实中更具有随意性、非理性，“如果以现实中的侵犯名誉权的标准来衡量网络名誉侵权，则可能导致公民基本权利无形中被缩小”❶。因此，“网络言论自由的尺度较现实世界的言论尺度更为宽松”❷。互联网对参与者发表言论的限制较少，给予参与者更多的言论自由，意味着参与者需要有所放弃，给予他人更多发表观点的空间”❸。但宽泛并非毫无限制，言论自由仍然不能侵害他人合法权益与社会公共利益。

“当一种利益与另一种利益相互冲突又不能使两者同时得到满足的时候，应当如何安排它们的秩序与确定它们的重要性？在对这种利益的先后次序进行安排时，人们必须作出一些价值判断即‘利益估价’问题。这是法律必须认真对待和处理的关键问题”❹。“为了做出一个正义的判决，法官必须确定立法者通过某条特定的法律规则所旨在保护的利益。在相互冲突的利益中，法律所倾向保护的利益应当被认为是优先的利益”❺。法官站在立法者的角度，推测立法者的立法目的，以此为标准解决具体案件中的利益冲突。“一旦冲突发生，为重建法律和平状态，或者一种权利必须向另一种权利（或有关利益）让步，或者两者在某种程度上必须各自让步。于此，司法裁判根据它在具体情况下赋予各该法益的重要性，来从事权利或法益的衡量”❻。

言论自由权和舆论监督权在维护公共利益，推动社会进步上极为重要。在进行利益权衡时，不能有先入为主的态度，不能为了某一利益，完全放弃另一利益。需要在现有的法律框架内探索平衡点，以利益平衡为目标，保障“权利救济”与“保障自由”的协调统一，避免有所偏颇造成的利益损害。

---

❶ 参见李峰：《浅议网络名誉侵权和言论自由保护的界限——兼评方舟子诉崔永元侵犯名誉权纠纷案》，载《法制与社会》2015 年第 2 期。

❷ 参见北京金山安全软件有限公司诉周鸿祎名誉侵权案，北京市第一中级人民法院（2011）一中民终字第 09328 号民事判决书。

❸ 参见徐迅：《中国新闻（媒体）侵权案件精选与评析 50 例》，法律出版社 2009 版，第 286 页。

❹ 参见张文显：《法理学》，高等教育出版社，北京大学出版社 1999 年版，第 218 页。

❺ 参见博登海默：《法理学——法律哲学与法律方法》，邓正来译，中国政法大学出版社 1999 年版，第 144 – 145 页。

❻ 参见［德］卡尔·拉伦茨：《法学方法论》，陈爱娥译，商务印书馆 2003 年版，第 279 页。

本案中权衡北京某公司法人名誉权及周某言论自由权利，通过考量侵权构成要件及抗辩要件，合理安排其权利秩序及重要性，促使两种权利在某种程度上各自让步，达成双方权益保护的平衡。

（一）公众人物、公共利益的容忍义务

公众人物将自己的一部分权利边界限缩，从而换取公众知名度及优质资源，其公共性决定了公众人物应当容忍合理范围内的社会评论。针对公众人物的负面评论，其评论限度要进一步放宽，不能简单判定负面的、批评的意见表达即为名誉权侵权。

针对公共问题的言论，所涉及主要权益博弈不仅仅是言论自由与名誉权，还有公共利益这一重要权益。涉及公共问题的讨论，有利于通过意见表达、集聚，形成优质意见成果，从而发现真理，维护公民知情权和舆论监督权。原因在于事关公共利益的事件需要更及时的社会反应，以减少可能发生的持续性损害，在鼓励迅速发声利于保证公民知情权和舆论监督权时，就不得不降低对发布媒体要求的真实查证义务[1]。故在相关言论是针对公共利益问题时，需要进一步放宽言论自由边界，给予言论自由更大的空间。

根据我国现行法律，《民法典》第一千零二十五条的规定对以上观点有所落实，行为人为公共利益实施新闻报道、舆论监督等行为，影响他人名誉的，不承担民事责任。这意味着与公共利益相关的法人，需要承担更高的容忍义务。同时，该条规定了三种情况下，行为人为公共利益实施新闻报道、舆论监督等行为，影响他人名誉的，需要承担责任，分别是：捏造、歪曲事实；对他人提供的严重失实内容未尽到合理核实义务；使用侮辱性言辞等贬损他人名誉。

北京某公司作为知名企业，涉案事件涉及其企业经营相对方即消费者、社会公众的合法权益，已构成针对公众人物和公共问题的讨论。北京某公司作为电影利益关联方应承担一定的容忍义务。

---

[1] 参见张红：《事实陈述、意见表达与公益性言论保护——最高法院1993年〈名誉权问题解答〉第8条之检讨》，载《法律科学》2010年第3期。

（二）特殊身份的注意义务

真实性始终是发布信息的生命，尽管出于对保护言论自由、重视公共利益等因素的考量，可以放宽相对自由的呼吸空间，但不能由此而放纵发布者蔑视对传播信息的真实性要求。

被告为互联网公众人物、特殊现实身份的人物时其言论自由范畴有一定程度的限缩，因其查证能力、查证成本不同，对其提出了更高的注意义务，对其主观过错的判定更为严苛。相反，在涉及消费者权益、劳动者权益、业主权益、合同相对方权益时，对被告的言论自由范畴有一定程度的放宽，对其主观过错的判定较为宽松。

本案中，涉案文章撰写者即被告为电影行业内从事数据分析人员，属于特殊现实身份的人物，具有对涉案行业较高的认知能力和水平，且其作为专业人士分析专业问题时，言论更易被受众取信。因此，被告在电影数据分析领域的注意义务和言论自由限制要适当高于普通网民或者消费者，应基于专业角度谨慎作出公正、客观的言论，基于专业能力承担更多的社会责任。故本案在认定被告侵权责任时，结合其现实身份和言论内容，认定其存在主观过错及客观侵权行为，构成名誉权侵权。

法人名誉权侵权认定及责任承担

——北京甲房地产经纪有限公司与杨某网络侵权责任纠纷案[1]

赵长新* 张 欣** 孙芙蓉***

典型意义

自媒体运营者在账号中发布未经核实的网络推文，捏造、散布有关法人的商业信用、经营活动、业绩等方面的虚假事实并使用大量侮辱性言语，超出了言论自由的边界，具有主观过错，损害法人的名誉。特别是在特定经营项目时间节点背景下，上述行为更是会使法人丧失交易机会，遭受直接经济损失，同时也会扰乱市场竞争秩序及违反自媒体行业从业规范，滋生“黑稿”产业链，行为人应该承担赔偿经济损失、赔礼道歉的侵权责任。法院对此案作出判决，对行为人提出经济赔偿及赔礼道歉双重惩戒的意义在于肃清不实信息根源，向隐藏的“黑稿”产业链“亮剑”，保护企业名誉，构建健康的营商环境，引导自媒体运营者诚信守法。

关键词 自媒体 法人名誉权 责任认定

---

❶ 一审裁判文书字号：北京互联网法院（2019）京0491民初6184号民事判决书（2020年11月30日）。

一审合议庭组成人员：审判长赵长新、审判员龚娉、审判员李威娜。

* 赵长新，北京互联网法院党组成员、副院长。

** 张欣，北京互联网法院立案庭法官助理。

*** 孙芙蓉，北京航空航天大学学生。

案情介绍

微信公众号“某某地产人”发表了原创文章《甲是什么鬼?》，就 2018 年一房地产开发商开发的某楼盘进行分销一事，对以“甲”为名的企业作为该楼盘分销商的经营行为进行叙述、分析、评价。北京甲房地产经纪有限公司（以下简称甲公司）将该公众号的经营主体杨某告上法庭，认为该篇文章中充斥着诸如“诈骗”“捣乱”“强盗”“抢劫”“无赖”等带有强烈贬义、侮辱性质的言语，杜撰“打架”“抢客”等扰乱市场的虚假情形，属于故意丑化、侮辱、贬损其声誉。同时，该文章发表于甲公司的关联企业与房地产开发商签订楼盘分销代理合同的前一日，刚一发布就被同行某企业要求员工进行转发，因此甲公司怀疑文章的发表是竞争对手指使，意图制造负面新闻从而影响签约，因此主张杨某赔礼道歉，并赔偿各项损失 60 余万元。杨某辩称，涉案文章是帮朋友发布的，文中并未特指某家公司，而且内容也仅仅是在可容忍的范围内针对房地产行业发表的点评言论，属于陈述个人观点，并无明显辱骂、诽谤等言论且涉案微信公众号影响力小，文章已经删除，并未对甲公司产生任何不利影响，不应承担侵权责任。

甲公司提出诉讼请求：(1) 判令被告在其注册的微信公众号“某某地产人”首页连续 1 个月置顶发布向原告赔礼道歉的声明，以消除因被告发布侵权文章《甲是什么鬼?》给原告产生的影响，恢复原告名誉；(2) 判令被告在《人民日报》《北京日报》《北京晚报》《河南日报》《郑州日报》以及《郑州晚报》显著位置刊登向原告赔礼道歉的声明；(3) 判令被告支付原告损害赔偿 50 万元；(4) 判令被告支付原告为制止侵权行为的合理开支 10.1 万元（含已发生律师费 10 万元、证据保全公证费 1000 元）。

杨某辩称：《甲是什么鬼?》发布于其本人认证的名为“某某地产人”的微信公众号，但文章系帮微信好友发布，并非本人的有关意见观点。(1) 原告主体不适格，且本人并未侵犯原告的名誉，文章内容仅为陈述个人观点，并无明显辱骂、诽谤等言论。该文章并未导致社会大众对原告作出不利的判断，也未降低原告的社会声誉，故原告主张侵犯名誉权并无事实依据，原告的诉请不应得到支持。(2) 涉案文章并未对原告造成严重的经济损失等不利影响，原告主张的赔偿金额于法无据。综上所述，原告主体不适格，诉争文章不具有侮辱、诽谤的主观恶意，且未造成原告的任何损失。原告提交的证据不足以支持其诉讼请求，原告诉请的损害赔偿缺乏事实及法律依据，故请求法院依法予以驳回。

裁判内容

北京互联网法院经审理认为，本案主要的争议焦点包括：一是原告主体是否适格；二是被告是否构成网络侵权侵害原告法人主体的名誉权，其应当承担何种责任。

一、原告甲公司主体适格

涉案文章通篇以“甲”作为指代对象名称从事的具体行为作为评价对象，该名称系全国范围内知名房地产经纪企业的注册商标，文章内容亦涉及房地产领域，足以使一般理性的读者不产生任何混淆地相信文章所指代的关联企业。根据甲公司提供的证据，该公司系“甲”商标的持有人。涉案文章以“甲”指代相关企业并进行评价，甲公司作为该商标持有人，当然可以基于企业名誉受损主张权利。

另外，涉案文章虽未明确具体企业名称，且对所涉房地产项目的名称进行部分隐名处理，但根据文章发表时间，文章所述房地产项目所属城市、所处位置、发布会时间，房地产开发商所属省份等因素，结合甲公司提供的《某城市之窗分销代理合同》、新闻报道等证据，足以认定涉案文章涉及的房地产项目即某城市之窗项目。《某城市之窗分销代理合同》约定乙公司负责项目分销，签订该合同时，甲公司系乙公司控股企业的控股股东。涉案文章对甲公司间接控股的企业从事的具体房地产项目的分销业务进行负面评价，而又将该企业直接称为“甲”，因此涉案文章涉及甲公司的企业利益，其当然亦有权针对此文章提起名誉权侵权之诉。

二、被告杨某侵害了甲公司法人主体的名誉权

（一）原告甲公司确因涉案文章名誉受损

涉案文章认为“甲”在为某城市之窗项目进行分销过程中，“不管项目死活，干扰客户认知，搅乱市场，好在混乱中实现劫持客户资源、打劫同行，挟持开发商，从中取利的目的”，透露“甲”企业员工不顾行业规则争抢客户，造成治安事件，并用“诈骗”“捣乱”“强盗”“抢劫”等带有强烈贬义色彩的词语对上述做法加以形容，进行否定性评论。涉案文章通过微信公众号发表，足以引起读者对“甲”关联企业的经营行为形成负面评价，导致“甲”关联企业乃至甲公司的品牌名誉受损，侵权行为与损害结果之间具有明确而直接的因果关系。

（二）被告杨某存在主观过错

作为自媒体账号的所有者，杨某发表未经证实的文章，对于涉案文章经由自媒体传播，将会给甲公司造成名誉损害，应当是可以预见的。此外，杨某虽在诉讼中拒绝透露其作为非房地产从业人员发表涉案文章的真实用意，并坚称受微信好友委托发表，法院根据涉案文章的内容，结合在案证据，对发表涉案文章的真实目的进行认定。涉案文章通过无法证实的“爆料”，直指甲关联企业在某城市之窗项目分销业务过程中，乃至在某市其他房地产经纪业务中，通过不正当手段打压同行，欺骗客户，而涉案文章发表的时间恰为“甲”关联企业签署某城市之窗项目分销合同的前一日，通过涉案文章的传播，诋毁企业名誉，从而影响分销合同的签订及履行的目的十分明显。文中充斥着带有强烈贬义、侮辱性的言语，已经超出合理批评、舆论监督的范畴。因此，杨某对发表涉案文章并造成甲公司的名誉权受损，具有明显的主观过错。

（三）原告甲公司确因名誉受损遭受财产损失

企业品牌所传达的是企业的经营理念、价值观念、产品或者服务质量，优质的企业品牌能够让消费者优先且持续选择企业的产品或者服务，对提升企业知名度和强化竞争力具有巨大的推动作用。企业品牌价值关系到所有关联企业

的利益，关联企业既享受优质企业品牌所带来的销售机会，同时也会因品牌危机而对资产和经营造成负面影响。企业为了树立在社会上具有良好、广泛影响力的品牌，往往需要一个漫长而又复杂的积累过程，并倾注大量的人力、物力、财力等。尽管涉案文章未直接影响原告公司签订某项目的分销合同，但涉案文章经由自媒体进行广泛传播，将使社会公众获取对“甲”这一企业品牌的负面评价，给企业品牌的美誉度造成严重影响，并可能对企业造成潜在的经济损失。杨某的行为不仅侵害了企业的名誉权，也对构建良性竞争的市场环境产生恶劣影响，更加严重破坏了清朗有序的网络生态，应当予以严惩。

裁判结果

北京互联网法院依照《中华人民共和国民法总则》第一百一十条第二款，第一百七十九条第一款第（八）项、第（十）项、第（十一）项；《中华人民共和国侵权责任法》第六条第一款、第二十条、第三十六条第一款；《最高人民法院关于审理利用信息网络侵害人身权益民事纠纷案件适用法律若干问题的规定》第十一条、第十六条、第十八条第一款、第二款；《最高人民法院关于审理名誉权案件若干问题的解答》第七条、第八条之规定，判决如下：一、本判决生效之日起七日内，被告杨某连续十五日在其微信公众号“某某地产人”上刊登向原告北京甲房地产经纪有限公司的致歉声明，致歉内容须经本院审核；被告杨某逾期拒不履行，或者故意采取注销微信公众号账号等行为逃避履行的，本院将根据原告北京甲房地产经纪有限公司的申请，在全国发行的报刊或者网络上公布本案判决书的主要内容，由此产生的费用由被告杨某承担。二、本判决生效之日起七日内，被告杨某赔偿原告北京甲房地产经纪有限公司财产损失200000元、合理开支41000元，共计241000元。三、驳回原告北京甲房地产经纪有限公司其他诉讼请求。

一审判决后双方均未上诉，判决已生效并履行完毕。

法官解读

本案是一起典型的法人名誉权侵权案件，结合法人名誉权的特点与自媒体运营者的侵权方式，分析侵权背后的动机，厘清“言论自由”与名誉权侵权之间的边界，合理适用赔礼道歉，确定经济赔偿数额，既发挥司法判决对当事人双方的保护、惩戒作用，又注重社会警示教育意义。

一、法人名誉权的概念及特征

名誉权，在性质上属于社会评价型人格权，即由他人积极性评价所体现出来的人格和利益，是权利人对因社会对其客观评价而获得的名声、声望、信誉等的维护并防止他人损害的权利。法人的名誉，是社会对法人的商业或职业道德、资信、生产水平、生产经营能力、资产状况、商品质量或服务质量等因素的综合评价。

名誉权是进行民事活动的民事主体所享有的一项重要人格权，这里的民事主体包括自然人和法人、非法人组织。法人名誉权与自然人名誉权相比，有以下特殊之处：一是名誉的内容不同。自然人名誉本质上是人格尊严和人格自由的体现，是一种精神层面的感知、评价，而法人名誉则是对法人在市场经营活动中的商业信用、业绩等方面的评价。二是侵害名誉权的方式不同。对自然人名誉权的侵害主要采取侮辱、诽谤等方式贬低他人。对法人名誉权的侵害一般采取捏造、散布虚假事实等损害法人商誉。三是与财产权的联系程度不同。法人名誉权与财产权的联系更为密切，权利的财产属性更为突出。法人名誉往往与法人名称紧密相连，良好的法人名誉可以提升法人名称的市场好评度，如一些知名企业字号、商标等，给法人日常经营活动带来便利，成为经济利用的对象。四是损害后果不同。侵害法人名誉权的后果主要是财产损害而不是精神层面的痛苦，损害后果主要表现为财产损失。

二、言论自由和名誉权侵权之间的边界

言论自由作为宪法赋予公民的一项重要的权利，往往体现在新闻舆论监督、出版自由中，合法合理地使用这项权利对于社会进步和民主法治具有重要意义，也是发挥社会监督作用的重要途径，言论自由、舆论监督也往往成为侵害名誉权的抗辩事由。行为人为公共利益实施新闻报道、舆论监督等行为，影响他人名誉的，不承担民事责任，但是有捏造、歪曲事实，对他人提供的严重失实内容未尽到合理审核义务，使用侮辱性言辞等贬损他人名誉的，仍要承担

相应的民事责任。上述规定意在从“事实陈述与意见表达”两方面维持言论自由与名誉权保护之间的平衡，当两者出现冲突时，首先考量发布内容是否属实，意见表达是否合理适当。当然，使用上述标准进行判断时，也会在个案中考虑发布内容来源的可信度、与公共利益的关联度、名誉侵权的可能性、发布者核实能力等因素对侵权认定的影响。

日常生活中较常见的是消费者基于交易行为对商品或服务发表评述，新闻媒体进行新闻报道、自媒体账号发布评论性文章等行为。对于上述行为与名誉权保护的边界，在未使用侮辱、诽谤言语且背后无商业贿赂的前提下，一般进行如下认定：对于消费者而言，考虑到消费者判断事实真伪能力，即使其评述内容失实，只要不是故意借机诽谤、诋毁、辱骂商家，则不构成名誉权侵权。新闻媒体单位及自媒体经营者尽到合理审核义务并且所报道事实基本客观真实，亦不构成名誉权侵权。但若未进行实际调查，未审核消息来源、内容的真实性而随意发布文章，损害他人名誉权的，则构成名誉权侵权。

在本案中，杨某作为自媒体账号所有者，未尽审核义务发布内容不实且包含侮辱、诽谤言语的文章已经超出了言论自由的合理边界，对甲公司的名誉产生不利影响，给其造成了一定财产损失，构成名誉权侵权。

三、侵害法人名誉权的责任方式

从我国现行立法规定来看，我国立法并没有对侵害人格权责任形式的优先顺序作出明确限定，而是规定了停止侵害、排除妨碍、消除危险、消除影响、恢复名誉、赔礼道歉等多元化的责任形式，行为人拒不承担上述规定的民事责任的，人民法院可以采取在报刊、网络等媒体上发布公告或者公布生效裁判文书等方式执行，产生的费用由行为人负担。通过上述规定给受害人施以财产性救济及非财产性救济两种救济方式，使得民事主体名誉回归至侵害发生前的状态。

一般来说，赔礼道歉作为一种与“精神内涵”相关联的民事责任承担方式，其仅适用于侵害具有“精神内涵”的人格权案件。自然人名誉权侵权责任承担中令行为人向受害人认错并表示歉意以维护自然人人格尊严，抚慰自然人精神痛苦似乎更加合情合理。虽然法人是法律拟制的民事主体，并不享有实质上的“精神内涵”，不会产生精神痛苦，但当法人名誉权侵权行为发生时，赔礼道歉却仍有其适用的必要性。一是法人名誉权的侵害，不仅可以给法人造成财产上的损失，亦可能造成非财产上的损害，这种非财产上的损害需要进行非财产性救济从而使得救济更加全面，赔礼道歉便是一种重要方式。二是在法人名誉权被侵害时适用赔礼道歉仍不影响其功能的发挥。首先是发挥教育、预防作用。赔礼道歉的前提是让行为人承认自己行为的错误性，使其产生畏惧感及羞耻感，达到道德教化的目的。同时，公开的赔礼道歉也是对其他民事主体的警示，避免类似行为的再次发生。其次是发挥降低损害后果的功能。赔礼道歉通常还包括行为人对事实的澄清，能够一定程度上减缓损害后果的进一步扩大。再次是发挥缓和双方矛盾功能，赔礼道歉表明了行为人良好的认错态度及对受害方的尊重，若受害方接受道歉，在后续的经济赔偿责任履行上可能会产生积极意义，甚至促成双方的和解。最后是发挥制裁功能。对于加害人来说，公开的道歉会使其行为曝光，是对其行为进行否定性评价，是一种“脸面惩罚”。因此，在法人名誉权侵权纠纷中，尤其是在信息传播效率极高的互联网时代，我们更应该关注赔礼道歉的意义和价值。

此外，随着社会经济的发展，各类技术的应用，大众传播方式的多样，对于人格权侵权的方式也日益多样，侵权行为随时可能发生。在这样的时代背景下，为了更好地发挥司法的教育惩戒作用，与飞速发展的社会相适应，对于侵权认定及责任承担亦应当考虑行为人和受害人的职业、影响范围、过错程度，以及行为的目的、方式、后果等因素，从而使教育惩戒与行为的具体方式和造成的影响范围相当。

本案中，杨某作为自媒体账号的所有者，较普通公民对于文章的发布有较高的审核注意义务，此外涉案文章发布于特定时间节点且被人为鼓励转发扩散，有“黑稿”之嫌，侵权行为及后果更为恶劣。法院准确适用赔礼道歉及高额损害赔偿，亮明法院对于自媒体运营者发布内容不实文章，甚至充当“黑枪手”发布“黑稿”进行商业诋毁、侵害他人名誉、破坏网络生态、扰乱市场竞争秩序必将付出沉重代价的司法态度，引导自媒体运营者发文要基于客观事实，审慎审核文章内容，强化自身主体责任，彰显社会责任担当。

发表言论的注意义务可因身份不同而变化

——黄某某与岳某某、北京某创科网络技术有限公司侵害名誉权纠纷案[1]

朱　阁*　寇耀元**

典型意义

在自媒体时代，公民在公共网络空间发表言论时应负有一定的注意义务，避免侵害他人的名誉权。发言者影响力越大、身份越特殊，则其不当言论造成的损害后果将越严重，应负有更高的注意义务。本案判决明确了网络言论自由的合理边界，平衡了言论自由和名誉权保护的关系。1500 万网友在线旁听本案庭审，本案判决书被媒体誉为“教科书式判决”，并入选第三届全国法院“百篇优秀裁判文书”。

关键词　名誉权　言论自由　注意义务

案情介绍

原告（上诉人）黄某某因交通事故与案外人赵某等人之间存在系列纠纷，

---

❶ 一审裁判文书字号：北京互联网法院（2019）京 0491 民初 3838 号民事判决书（2019 年 06 月 19 日）；二审裁判文书字号：北京市第四中级人民法院（2019）京 04 民终 166 号民事判决书（2019 年 11 月 27 日）；再审裁决文书字号：北京市高级人民法院（2020）京民申 781 号民事裁定书（2020 年 4 月 29 日）。

一审合议庭组成人员：审判长刘书涵、审判员朱阁、审判员张连勇。

* 朱阁：北京互联网法院综合审判一庭副庭长。

** 寇耀元，北京航空航天大学法学院学生。

因未履行裁判文书确定的法律义务，被列为失信被执行人。赵某实名发布微博博文《久等了！请看什么是教科书式的耍赖！#唐山黄某某#》和涉案视频。该视频经多个网络“大V”转发，多家媒体跟进报道迅速引发全国性舆论关注。在此过程中，被告一（被上诉人一）岳某某作为网络“大V”和执业律师，在查询了失信人名单及公开信息后，在被告二（被上诉人二）经营的平台转发了涉案视频并发表了博文。后岳某某向赵某提供法律咨询服务，随后其接受赵某委托，代理原告与赵某等人之间因涉案交通事故发生的系列纠纷案件，并就该系列纠纷案件持续在平台发表系列博文，内容为诉讼案件进展情况及相关法律法规的解读。

原告黄某某诉称：案外人赵某发布的涉案视频存在不实内容；岳某某作为网络“大V”和知名律师，转发涉案视频并发表系列博文的行为，侵害了原告的名誉权和隐私权，最终导致其社会评价急剧降低，无法正常工作和生活；北京某创科网络技术有限公司（以下简称北京某公司）因未履行审查义务构成共同侵权。为维护黄某某的合法权益和人格尊严，维护社会公共利益和互联网平台的公共秩序，规范执业律师、网络“大V”的行为，促进互联网法律规则的制定和行为边界的划定，请求法院判令岳某某停止侵权、赔礼道歉，另赔偿精神损害赔偿金、经济损失等各项费用共计40万元；判令北京某公司停止侵权、赔礼道歉，并承担连带赔偿责任。

被告一岳某某辩称：相关行为未侵害原告的名誉权、隐私权，涉案博文视频本身有相应事实与法律依据，也不存在侮辱、诽谤他人的内容，且已经尽到注意义务，其社会评价降低和个人隐私泄露与岳某某无关，故其不应当承担侵权责任。

被告二北京某公司辩称：作为网络服务提供者，并不对用户所发布的内容承担事先审查或主动审查的法律义务，原告事先并未通知要求删除，且自身并未突出显示或整理编辑推荐相关涉案视频、博文，故不应当承担侵权责任。

裁判内容

北京互联网法院经审理认为，本案主要的争议焦点包括：一是岳某某原发或转发的涉案博文是否侵犯黄某某的名誉权；二是岳某某转发赵某博文的行为是否侵犯黄某某的隐私权；三是北京某公司是否侵犯黄某某的名誉权、隐私权。

一、岳某某原发或转发的涉案博文是否侵犯黄某某的名誉权

在名誉权侵权责任的范围下，行为人发表言论的注意义务不是一成不变的，可因身份不同而变化，不同身份状态应当承担相对应的注意义务，网络侵权中也同样适用。本案岳某某不仅是网络“大V”，还是执业律师，对于黄某某与赵某的系列案件，岳某某的身份存在从事件旁观者到知情者和相关者的转变。同时，涉案博文既有原发又有转发。因此，考量岳某某主观上是否具有过错时，应综合上述因素进行判断。

岳某某作为网络“大V”和执业律师，对于法律事务具备较高判断能力，发布与法律有关的博文之时，更易受到关注，引导舆论走向。故其应承担比普通网民更高的注意义务。

（一）提供法律咨询之前，岳某某原发或转发的博文是否侵犯黄某某的名誉权

1. 提供法律咨询之前，岳某某转发涉案视频并发布评论是否侵犯黄某某的名誉权

案外人赵某为促使黄某某履行人民法院生效裁判文书所确定的义务而制作了涉案视频，属于赵某对黄某某行为的质疑、批评和意见表达，虽然内容令黄某某不快，但无侮辱他人人格的言辞。判断岳某某是否侵犯黄某某的名誉权关键在于，涉案视频中是否含有岳某某以其基本专业知识可以识别的明显的破坏他人名誉之处，和评论内容本身是否破坏其名誉。其一，涉案视频提及的各事实环节符合交通事故处理的一般流程；反映出黄某某存在未履行判决、转移财产等情形，“耍赖”一词系符合赵某身份和情景的评价，体现出的情感可以理解且在正常幅度之内；岳某某转发涉案视频前，查询了相关公开信息，尽到了较高的注意义务。其二，岳某某发布的评论属于就事论事的普及法律知识范畴，并无不当之处。故即便岳某某拥有网络“大V”和执业律师双重身份，其亦尽到了较高的注意义务。

同时，岳某某提交证据亦可证明转发涉案视频内容有一定的事实依据，所

发表言论未明显偏离事实，而黄某某提交的证据不能证实岳某某转发涉案视频及所发表言论的内容对相关事实进行了捏造、歪曲、夸大，故岳某某转发他人涉案视频及所发表言论未侵犯黄某某的名誉权。

2. 提供法律咨询之前的涉案博文，是否侵犯黄某某的名誉权

涉案博文为对相关法律规定执行的解读，并未诽谤、侮辱原告，执业律师评论法律相关的热点事件，并无不当之处，并未侵犯黄某某的名誉权。

（二）提供法律咨询并成为代理人之后，岳某某原发或转发的博文是否侵犯黄某某的名誉权

在岳某某提供法律咨询包括成为代理人后，其已经从事件旁观者的身份转变为事件知情者和相关者，已经明知或应知执行案件的基本情况，其应承担较前一个阶段更高的注意义务。综合考虑岳某某双重身份及网络传播的特点等多种因素，其应当自其提供法律咨询服务时开始承担相较于普通转发者更为严格的注意义务。简言之，该严格的注意义务从接触案件即产生，而不是代理案件才产生。

1. 提供法律咨询并成为代理人之后的涉案博文是否侵犯黄某某的名誉权

涉案博文，即便按照更高的注意义务标准来判断，也不存在侮辱和诽谤的内容，不构成侵权。此外，不能要求律师的观点和意见发表必须与法院的认定一致，否则会剥夺律师的言论自由。

2. 针对与法院相关的言论是否侵犯黄某某的名誉权

黄某某主张上述言论或是有所暗示，或是向法院施压，法院认为上述内容或是复述法院追求的工作目标，或是转发法院的工作通报，其内容在于希望法院依法履职，没有对黄某某侮辱、诽谤之处，并未侵犯黄某某的名誉权。

（三）提供法律咨询并成为代理人之后，岳某某对于此前发布的博文是否要承担删除的义务

网上发布的言论，如果不经删除，始终构成公共言论的一部分，如果存在不当性，发布者应当负有删除的责任。据此，有必要对岳某某此前发布的涉案博文重新审查判断，如果存在不当，其应当采取积极措施予以处理。岳某某在提供法律咨询之前发布的其他涉案博文仅是法律法规的解读，即便重新审查，

仍然没有不当之处，岳某某不负有删除的义务。

二、岳某某转发赵某博文的行为是否侵犯黄某某的隐私权

黄某某就赵某微博存在侵犯其隐私的内容未予以举证，岳某某又非发布者或转发者，在黄某某已经明确确认涉案视频和涉案博文中没有涉及其隐私内容的情况下，法院认定岳某某并未实施加害行为，岳某某并未侵犯黄某某的隐私权，对黄某某的相应主张，法院不予支持。

三、北京某公司是否侵犯黄某某的名誉权、隐私权

北京某公司作为网络服务提供者，在法院已经认定网络用户岳某某并未实施侵权行为的情况下，北京某公司未对涉案视频和涉案博文采取删除措施并未侵权。

裁判结果

北京互联网法院依照《中华人民共和国民法总则》第一百一十条，《中华人民共和国侵权责任法》第二条、第六条、第三十六条，《最高人民法院关于审理利用信息网络侵害人身权益民事纠纷案件适用法律若干问题的规定》第十条的规定，判决如下：驳回原告黄某某的全部诉讼请求。案件受理费2300元，由原告黄某某负担。

黄某某不服原审判决，提起上诉。根据北京市第四中级人民法院（2019）京04民终166号民事判决书，上诉人黄某某的上诉请求不能成立，应予驳回；一审判决认定事实清楚，适用法律正确，应予维持。北京第四中级人民法院依照《中华人民共和国民事诉讼法》第一百七十条第一款第（一）项之规定，判决如下：驳回上诉，维持原判。二审案件受理费800元，由黄某某负担。

黄某某不服二审判决，申请再审。根据北京市高级人民法院（2020）京民申781号民事裁定书，北京市高级人民法院依照《中华人民共和国民事诉讼法》第二百零四条第一款，《最高人民法院关于适用〈中华人民共和国民事诉讼法〉的解释》第三百九十五条第二款的规定，裁定如下：驳回黄某某的再审申请。

法官解读

一、拒不履行生效判决与主流价值观的矛盾

对于黄某某拒不履行判决，转移财产一事，在发生事故后，黄某某并非一定要停止所有经济活动，但是应当明确：生命权高于其他权利，黄某某作为事故的主要责任人，在事故伤者生命危急之时，应当尽力救助；发生涉案交通事故后，黄某某在明知需要对事故伤者进行赔偿的情况下，以共同借款人的身份签订合同，以其主动行为负担巨额债务，影响对事故伤者人身债务的清偿。

社会各界均对拒不履行生效判决的行为持否定态度。黄某某的行为与社会所倡导的“诚实信用”“尽力救助伤者”“尽自己最大能力履行生效判决书义务”等主流价值观不相符合，因此成为舆论关注的热点事件。涉案视频经包括岳某某在内的微博用户的大量转发，各类媒体跟进报道，黄某某迅速成为广为人知的话题人物，在此过程中，其收到来自众多不明人员的谩骂短信，其中有些短信内容言辞过激，出现了对黄某某的人身攻击。

一般来说，公众对不符合社会主流价值标准的事件进行批评是其正常的情感和言论表达。批评客观上会促进个人向好、社会向善，会促使被批评者反思改正，推动社会的文明和进步。但是，批评应当具有一定的限度，如果批评超出了合理的限度，变为不加约束的谩骂或谴责，则背离了批评的目的，不利于理性、文明、友善社会氛围的形成。因此，即便是出于善良的目的，这种不加限制的表达，也会导致异化的结果。

以本案为例，虽然岳某某并未侵犯黄某某的名誉权，但其作为律师代理人和网络“大 V”，在黄某某事件已经引起大量过激言论的情况下，仍持续发布与案件相关的博文，即便其可能有敦促黄某某履行生效判决的目的，但在这样的负面舆论场下，上述行为在一定程度上加剧了黄某某的对抗情绪，激化了矛盾。

二、自媒体视频的恶意剪辑

随着自媒体的发展，以自媒体视频为主的新型信息传播方式逐渐拥有极大

占比，这类视频内容形式各异，成为公民表达自己言论观点的重要途径。本案中原告主张被告转发的视频经专业人员剪辑拼接，欺骗和误导社会公众，而被告作为实名公众人物和执业律师，“在明知经剪辑、拼接的视频完全可以偏离真实事实的情况下，仍对涉案视频进行毫无限制性说明地转发”，侵害原告名誉权。

关于黄某某主张的涉案视频中的言论是否侵权，应当从涉案视频题目与内容一致性、叙事结构、上下文的含义及语境、表达的中心思想等方面进行整体判断和认定。涉案视频的主题在于“教科书式耍赖”，涉案视频中“肇事司机一分钱没有履行赔偿”“转移财产”构成了支撑上述主题的重点情节。与此相关，黄某某主张“一分钱没有履行赔偿”“转移财产总价超过百万”是虚假事实，“耍赖”系侮辱性词汇。经法院查明，本案事实为原告在判决前对于案外人赵某赔偿76000元，但就判决书确定的85万元赔偿义务未再履行。案外人赵某发布的涉案视频提及“……判决下达日期是××××年6月8日一直到今天，肇事司机一分钱都没有履行赔偿”，内容事实本身属实。且视频下文提及“判决金额是85万元，扣除了76000元”，可认定案外人并没有故意表达原告从未赔偿事故伤者之意，否则会直接隐去“76000元”细节事实。因此“一分钱没有履行赔偿”，结合上下文，案件具体事实属实，虽然可能对于“76000元”赔偿款未重点突出，但是对于案外人身份和情景，体现出的情感偏向是可以理解且在正常幅度之内的，不应对其合理的主观态度过多苛责，否则会限制公民正当的表达。

因此，案外人赵某为促使黄某某履行人民法院生效裁判文书所确定的义务而制作的涉案视频，属于赵某对黄某某行为的质疑、批评和意见表达，虽然内容令黄某某不快，但无侮辱他人人格的言辞。

（一）恶意剪辑视频原发

虽然本案并不存在剪辑失度而产生的侵权问题，但是实践中随着自媒体的发展恶意剪辑产生的侵权现象不胜枚举，相关事实现象层出不穷。虽然出于难以取证、诉讼成本等问题相关诉讼与侵权事实数量悬殊，但也成为自媒体不可忽视的发展瓶颈。恶意视频剪辑，争议焦点主要体现为剪辑的著作权保护与侵犯问题和恶意剪辑导致相关人员如原著作权人、视频出场人员名誉权侵犯问题。本案主要是名誉权纠纷，故就其产生的名誉权问题进行重点探讨。

对于名誉权纠纷，争议点集中在对于恶意剪辑视频的现实效果区分与剪辑者实质恶意的识别上。视频非线性剪辑的拼贴可能导致内容意义与现实叙事逻辑不符，侵犯视频人物及相关人物的名誉权。由于认定界限模糊，是否构成侵权更加难以识别。

恶意剪辑的具体形式多样，主要体现为歪曲拼接、片段截取两种方式。前者体现为，通过非线性编辑的方式，根据剪辑者的意志，将不同视频素材经过选择、分解与组接，形成逻辑连贯、主题鲜明且具有艺术感染力的完整作品，为制造低成本、高回报的流量关注热点，不惜以恶意剪辑的方式铺设跌宕起伏的故事情节、营造感官认知的矛盾冲突。[1] 后者主要是将连续的视频片段通过部分截取的方式，将与剪辑者意志不符的部分删除，回避部分客观事实，凸显目标情节，达到剪辑目的。

恶意剪辑后的视频在情节、内容等方面，可能会呈现视频人物相关失实行为，影像一旦传播开来，易对视频人物产生较大舆论危害，导致其社会评价降低，从而侵犯自然人或法人名誉权。

目前，我国《民法典》确定了媒体报道内容失实侵害名誉权的补救义务，但是对于自媒体发布的恶意剪辑网络视频，如何界定内容失实仍较困难。

（二）侵权视频转发

认定网络用户或者网络服务提供者转载网络信息行为的过错及其程度，应当综合以下因素：转载主体所承担的与其性质、影响范围相适应的注意义务；所转载信息侵害他人人身权益的明显程度；对所转载信息是否作出实质性修改，是否添加或者修改文章标题，导致其与内容严重不符以及误导公众的可能性。网络空间具有信息海量、信息共享、传播迅捷的特点，如果要求网络用户在转发言论时，对所转发言论的客观真实性进行完全的核实和调查，既不现实，也不符合互联网传播的规律，属于对网络用户过高的要求。据此，只有当被转发言论存在凭借转发者基本专业知识或一般理性之人的常识就能识别、判断的失实或侮辱、诽谤等情形，转发者属明知或应知涉嫌侵权的，其才具有过

---

[1] 参见王刚：《网络视频剪辑的侵权问题研究》，载《中国编辑》2021 年 5 期。

错，才可能承担侵权责任。

三、公众人物的认定和义务责任

在名誉权领域内，公众人物是一类需要特殊注意的主体。从受害者角度来说，公众人物包括名誉权在内的人格权由于拥有较大经济价值等原因，容易被侵犯；但是对公众人物的人格权，如隐私权、名誉权，需要进行必要的限制，因为公众人物的言行举止以及他们从事的活动常常关系公共利益，理应受到社会舆论的监督。[1] 社会公众行使舆论监督权利的过程中应当对其予以一定的保护，因为该权利毕竟关系到公共利益的维护。[2] 在舆论监督过程中，出现一定程度的夸大、与事实不符等情况，只要行为人不具有恶意，且情节轻微，一般不宜认定为侵权。[3]

本案中，原告因"'教科书式'耍赖"社会事件进入公众视野，被许多公众所认知，是否应当被认定为公众人物也是本案值得探讨的问题。

参照北京市第一中级人民法院判决[4]，公众人物是指在社会生活中广为人知、具有相当高知名度的社会成员。在该案件中，王某某援引兰某某系公众人物作为其言论免责的抗辩事由。判决书表明，兰某某因"走廊医生"新闻事件的广泛报道而为社会公众所知晓，其属于重大社会事件偶然介入而具有一定社会知名度的公众人物。该典型案例指出，在认定针对公众人物发表的言论是否构成名誉权侵权时，应采取较针对普通公众的言论更为宽松的标准，但此种克减应以与公共领域、公众兴趣相关为限，不能超出公共利益的边界。

根据王利明先生的介绍，按照美国有些判例的分类，公众人物可以包括三类人：一是在政府机关担任重要公职的人员。二是自愿的公众人物，也称为"有限目的的公众人物"，即指影星、歌星、体育明星等公众人物。这些人的

---

[1] 参见周星驰诉中建荣真无锡建材科技有限公司肖像权、姓名权纠纷案，载《中华人民共和国最高人民法院公报》2020 年第 2 期。

[2] 参见刘力，何健：《人格权损害赔偿制度的司法运用与完善——以"周星驰肖像权、姓名权"纠纷案为例》，载《法律适用》2020 年第 4 期。

[3] 参见最高人民法院民法典贯彻实施工作领导小组：《中华人民共和国民法典人格权编理解和适用》，人民法院出版社 2020 年版，第 103 页。

[4] 参见兰某某与北京微梦创科网络技术有限公司、王某某名誉权纠纷案，北京市第一中级人民法院（2017）京 01 民终 5729 号民事判决书。

行为涉及公众的兴趣和娱乐生活，这种公众兴趣虽然不是公共利益，但涉及公众的利益，因此在法律上也有必要从维护大众的利益角度考虑对其名誉、隐私等人格利益进行限制。三是非自愿的公众人物，指某些人本身不是公众人物，不会引起公众兴趣，更不涉及公共利益，但因某些事件的发生而偶然卷入其中从而成为“公众人物”。偶然的公众人物具有暂时性，随着这些事件的“降温”，这些公众人物又回归到普通人物的行列了。[1]

在本案例中，原告因“‘教科书式’耍赖”社会事件进入公众视野，结合司法实践和学界观点，应当被认定为非自愿的公众人物，对于这类公众人物的人格权保护也应当调整限度，追求个人利益与公共利益的平衡，但其对于言论的容忍程度应低于公职人员和自愿公众人员的容忍程度。相对而言，被告方作为拥有大量粉丝，有较强网络影响力的网络“大V”，应当负有相应的比对普通网络用户更高的言论注意义务。

[1] 参见王利明：《公众人物人格权的限制和保护》，载《中州学刊》2005年第2期。

公众人物名誉权的克减尺度及不当获利的处理

——张某与梁某及北京某网络技术有限公司网络侵权责任纠纷案[1]

张连勇* 杨 扬**

典型意义

网络用户可以对公众人物进行合理的评价，但应尊重基本事实，公正、客观地发表言论，不能逾越法律边界，损害他人的合法权益，更不能因违法行为而获取利益。本案作为首例收缴打赏金的案件，明确打赏行为本身虽不构成对名誉权的侵犯，但违背了任何人不得因违法行为获益的基本法理，亦会导致损害他人合法权益的行为不能得到有效遏制。法院对该行为产生的不当获利应依法予以收缴，对于规范网络用户的网络言行、彰显诉讼行为的严肃性具有良好的示范意义。

关键词 公众人物 网络侵权 名誉权 限制性保护

案情介绍

原告张某，系中国男歌手、演员、主持人，在现实及网络中均具有较高知名度；被告一梁某，是被告二所运营的网络社交平台（以下简称涉案平台）

[1] 一审裁判文书：北京互联网法院（2019）京0491民初33743号民事判决书（2020年1月9日）；二审裁判文书：北京市第四中级人民法院（2020）京04民终214号民事判决书（2020年8月13日）。

* 张连勇，北京互联网法院综合审判一庭庭长。

** 杨扬，北京航空航天大学学生。

上账号“某妃”的注册人和实际使用人，因利用此账号频繁发表针对原告张某的评论及相关言论，得到了众多网络用户的关注，在网络上具有相当大的影响力。

被告一梁某在2019年5月11日至2019年9月18日期间，使用其账号集中在涉案平台上发布了27条针对原告的博文，这些博文内容涉及对原告本人的侮辱、诽谤，部分博文用词较为低俗、粗劣。同时，被告一梁某在一审期间，继续凭借在涉案平台发布的针对原告的博文，通过涉案平台的“打赏”功能，从其他网络用户处获取打赏累计36964.82元。

原告诉称：被告一梁某采用文字以及配图的形式发布了大量针对原告进行人身攻击的侮辱、诽谤的言论，旨在恶意抹黑原告，破坏原告公众形象，贬损原告的人格。其发表的诸多言论均具有极强的侮辱性，足以使原告的精神受到极大伤害，使原告陷入非议之中。被告一应当知道此类内容一经发布，便足以严重降低原告的社会评价，严重误导社会公众，影响原告的工作与生活，却继续恶意地公然发布此类侮辱性、诽谤性内容，其行为已构成对原告名誉权的严重侵犯。此外，由于被告二是为被告一提供信息发布服务的网络服务提供者，其后台存有涉案侵权博文的真实浏览数据，能够证明被告一侵权的严重程度，并有权限对平台账号“某妃”所发布的涉嫌侵权内容进行删撤、屏蔽，对该网络平台账号采取封号措施，防止被告一再次发布针对原告的侵权博文，以协助达成被告一承担停止侵害的法律责任之效果。

基于上述原因，原告认为，二被告的行为已经违反了我国法律的相关规定，须依法对原告承担相应法律责任。

裁判内容

北京互联网法院经审理认为，本案主要的争议焦点包括：一是涉案博文是否构成对张某名誉权的侵害；二是被告二公司是否构成侵权；三是被告一应当承担何种法律责任。

一、涉案博文是否构成对原告名誉权的侵害

根据《中华人民共和国民法通则》（以下简称《民法通则》，已废止）第

一百零一条，《中华人民共和国民法总则》（已废止）第一百零九条、第一百一十条的规定，自然人的人格尊严受法律保护，自然人享有名誉权等权利，禁止用侮辱、诽谤等方式损害其名誉。人格权益具有人身属性，言论指向特定自然人的人身属性时即进入了人格权益保护的范畴，随意对他人的人身特质进行不当归因或不当定性，则涉嫌侵害他人的人格权益。名誉权亦属于人格权益的范畴。

公众人物不同于普通民众，具有较高的知名度和相对广泛的影响力，其向社会公众传播的言谈举止、行为事迹会对社会公众产生一定影响。因此，在接受社会舆论监督及社会公众知情权利面前，公众人物相应的人格权益受到限制。但对公众人物的人格权益限制并非没有限度，公众人物的人格尊严应依法受到保护。张某作为具有一定知名度的演艺明星，属于公众人物，基于公共利益或公众兴趣的质疑、批评，即使会对其名誉利益造成一定不利影响，但在不直接侮辱人格或者对其人格利益造成严重伤害的情况下，负有较高的容忍义务。但这种较高的容忍义务，应限于有相应事实根据的批评、质疑等评论性言论，并非对具有诽谤意义的虚假事实传播，并且公众知情权与舆论监督权并不能豁免人身攻击的侵权责任，一旦言论超出了必要的界限，仍然构成侵权。

公民拥有言论自由，但行使言论自由不能逾越法律边界，不能损害他人的合法权益。在进行意见表达时，评论内容应当大致客观公正，不得使用侮辱性言辞攻击他人，即以“就事说事或论事”为基本原则，不随意由事及人，使用侮辱、贬损的语言针对他人的人身特质或人格特征进行不当归因或不当定性，进而侮辱、贬损他人人格。一旦超出前述言论的权利边界，因故意或者过失对对方实施侮辱等行为，足以使对方的社会评价降低，则可能构成对名誉权的侵犯。

梁某在涉案平台中使用智障等词汇，指向张某，且连续多日在多个网络平台中发布前述言论，明显属于严重侮辱张某人格的行为，超出了言论自由的界限，构成对张某名誉权的侵害。

梁某在部分网络平台中散布虚构事实，称张某“买一些自称专业人士来给自己洗白白，怕没人看，还要靠拉踩别人给自己热度”“……自导自演一个发糖大戏……”，缺少事实依据，会使相关公众对张某的行为产生误解，导致张某社会评价的降低，构成对张某名誉权的侵害。

梁某关于张某粉丝的相关言论，由于并未直接指向张某本人，故无法认定梁某的该些言论构成对张某名誉权的侵害。

综上认定，梁某在涉案平台发布针对张某的评论及相关言论的行为，构成对原告张某的名誉权的侵害，依法应当承担相应的侵权责任。

二、被告二公司是否构成侵权

根据《中华人民共和国侵权责任法》（已废止）第三十六条第二款、第三款的规定，网络用户利用网络服务实施侵权行为的，被侵权人有权通知网络服务提供者采取删除、屏蔽、断开链接等必要措施。网络服务提供者接到通知后未及时采取必要措施的，对损害的扩大部分与该网络用户承担连带责任。网络服务提供者知道网络用户利用其网络服务侵害他人民事权益，未采取必要措施的，与该网络用户承担连带责任。

本案中，被告二公司作为网络平台的经营者，属于网络服务提供者。在案证据无法证明被告二公司在本案涉诉前知悉涉案博文，目前涉案博文已被全部删除，无法证明其存在主观过错，被告二公司无须承担侵权责任。

三、被告一梁某应当承担的法律责任

根据《民法通则》第一百二十条的规定，公民的名誉权受到侵害的，有权要求停止侵害，恢复名誉，消除影响，赔礼道歉，并可以要求赔偿损失。梁某在涉案平台发表的相关言论侵害了张某的名誉权，应当承担停止侵权的法律责任。经查，涉案博文已经全部删除。张某要求梁某赔礼道歉，将综合考虑梁某的主观过错、侵权情节、传播范围、损害后果等因素，判定梁某进行赔礼道歉的方式、范围。本案中，张某主张经济损失 11.7 万元，但并未提交相应证据，不予支持。张某主张律师费 3 万元，并提交委托协议和相应票据，由于张某主张的金额过高，将根据本案的疑难复杂程度、律师出庭等情况予以酌定。张某主张取证费 3000 元，并提交了证据和相应票据，对于取证费用的金额予以支持。关于原告主张的精神抚慰金，被告一梁某之涉案行为对原告的人格权利造成严重伤害，应当予以支持，充分考虑原告的知名度，被告的侵权情节、持续时间、性质、侵权后果等因素，依法酌定精神抚慰金的金额。关于梁某在涉案平台获取网友打赏的行为，根据《民法通则》第一百三十四条的规定，人民法院审理民事案件，除适用上述规定，还可以予以训诫、责令具结悔过，收缴进行非法活动的财物和非法所得，并可以依照法律规定处以罚款、拘留。梁某借由本案及涉案平台吸纳网友打赏的行为获利，违背了任何人不得因违法行为获益的基本法理，亦会导致损害他人合法权益的行为不能得到有效遏制，因此，特援引《民法通则》第一百三十四条第三款之规定，发挥法律保留的司法权收缴不当获利，另行制作决定书，对被告一梁某因侵权行为所获财产予以收缴。

裁判结果

北京互联网法院依照《中华人民共和国民法通则》第一百零一条、第一百二十条第一款、第一百三十四条第三款，《中华人民共和国侵权责任法》第二条、第六条、第十五条、第二十条、第三十六条，《中华人民共和国民事诉讼法》第一百四十四条，《最高人民法院关于审理名誉权案件若干问题的解答》第七条、第十条、第十一条，《最高人民法院关于审理利用信息网络侵害人身权益民事纠纷案件适用法律若干问题的规定》第十八条规定，判决如下：

一、被告一梁某于本判决生效之日起十日内在被告二运营的涉案平台账户“某妃”的首页置顶位置连续十日公开发表致歉声明，向原告张某赔礼道歉（声明内容需经北京互联网法院核准，如被告一梁某拒不履行该义务，北京互联网法院将选择一家全国公开发行的报刊公布本判决的主要内容，费用由被告一梁某负担）；二、本判决生效之日起十日内，被告一梁某赔偿原告张某精神损害抚慰金 100000 元；三、本判决生效之日起十日内，被告一梁某赔偿原告张某律师费、取证费共 13000 元；四、驳回原告张某的其他诉讼请求。

此后，被告一梁某不服原审判决，提起上诉。北京市第四中级人民法院判决：驳回上诉，维持原判。判决已发生法律效力。

法官解读

在本案例中，北京互联网法院对案件原告张某的身份进行了界定，其作为演艺明星，在社会上具有广泛的影响力与关注度，因而将其认定为“公众人物”。从促进言论自由和表达自由与新闻自由、维护社会公共利益和满足公众兴趣等方面考虑，公众人物对于来自社会公众及媒体的评论应当具备一定的容忍度。但即使是具备容忍义务，这一义务仍是有底线的，被告梁某通过涉案平台发表的针对原告的一系列言论，已经远超客观评价的标准底线，很多评论的用词不堪入耳，直截了当地直指原告个人本身，而非对其行为、道德方面的客观评价，被告的行为已经明显体现出主观恶意，而被告持续不断地在网络平台上公开发表类似言论，对原告人格尊严进行持续贬损，导致其社会评价降低，明显超出了司法惯例及社会观念中对公众人物苛以的合理的容忍范围。因而，法院认定其行为属于侵犯原告之名誉权，符合案件事实与法律规定。

另外，被告梁某在一审期间，使用被告二涉案平台的“打赏”功能，继续发布针对原告的言论并请求其他网络用户对其进行打赏，并以此累计获利3万余元。被告梁某对此笔款项的获取系建立在对原告张某人格权利的侵害与践踏之上，其行为本身已属侵权违法行为，其获取“打赏”明显属于违法所得，理应对其进行收缴。北京互联网法院依照《民法通则》第一百三十四条第三款之规定，对该违法所得予以收缴，不仅从程序和结果上维护了案件处理的公平正义，更是通过这一手段有效遏制了类似损害他人合法权益行为的发生，在案件处理的过程中彰显了文明、和谐、法治的社会主义核心价值观，起到了良好的示范作用。

公众人物名誉权的限制性保护是一个涉及言论自由、公共利益和个人权利的复杂话题。一般来说，公众人物的名誉权受到的法律保护程度低于普通公民，因为他们主动参与了社会生活，接受了公众的关注和评价，但是这种低于普通公民的限制性保护并非没有底线。随着网络技术的普及、网络用户数量增多，越来越多的人开始利用互联网发表对公众人物的各种言论，而其中一些不当言论经过网络的传播、放大，可能会对公众人物造成远超当事人预估的损害，这些言论究竟是否超越了公众人物名誉权限制性保护的边界进入法律规制的范围之内，在目前我国的法律制度中尚无明确界定，因此在面对类似案件时，公众人物名誉权克减的尺度成为近年来司法实践中需要解决的重要问题。

一、问题背景

现代法律意义上的公众人物名誉权的限制性保护，主要源于西方社会对于自由言论的尊重和保护。19世纪末期，随着新闻产业的发展和报刊媒体的兴起，媒体开始对公众人物进行报道和评论，随之产生了公众人物名誉权与新闻自由的冲突。为了平衡这一矛盾，一些西方国家开始通过立法对公众人物名誉权进行限制性保护。例如，美国《宪法第一修正案》规定："国会不得制定任何法律，限制言论自由或新闻自由，或者剥夺人民和平集会、向政府申诉的权利。"这一规定在美国确立了言论自由和新闻自由的地位，并限制了国家对这些自由的干预。

从"公共人物"这一概念所指代的对象来看，我国与欧美国家存在一定差别。在"公众人物权利克减"这一观念起源地的欧美，其最初指向的是政府官员或具有政治影响力的个体（如美国的"沙利文案"、英国的"雷诺兹案"等），即"公共官员"，旨在引导、保护社会公众及媒体积极参与到政治活动之中，使得公共官员的行为得到充分有效的监督。随着这一观念的发展，美、英、德等代表性国家就这一问题逐渐发展出了不同的保护理念。而我国引入"公共人物"这一概念伊始，同样是指代类似的社会角色（即1996年的"杜春芳案"），但随着社会的发展，这一概念逐渐扩大到具有一定社会知名度和社会影响力的个体上。

在我国，公众人物名誉权的限制性保护是一个相对较新的法律概念。随着时间的推移，这一概念在法律实践中逐渐得到认可。但是，在具体司法实践中，这种限制性保护应当存在一定的边界，否则将会对公众人物的合法权益造成不利影响，同时也会损害言论自由和新闻自由的权利。在传统的名誉权保护范围中，只考虑普通人的名誉权，而对于公众人物的名誉权来说，在学界及司法实践中通常给予了较大程度的克减，即对侵害公众人物名誉权的行为给予了较大的容忍。因为对公众人物名誉权进行克减有利于保护公共利益和满足公众兴趣，这也是公众人物与普通公民有所区别的关键❶。对公众人物名誉权应采取弱化保护，通过利益衡量使其弱于言论自由，以强化对公众人物的社会监督❷。这意味着，只有在媒体对公众人物进行了严重的侮辱或者虚假陈述时，才能进行法律追究。这种做法是基于一种传统观念，认为作为公众人物，应该

❶ 参见马贤兴：《公众人物名誉权、隐私权限制的法律探讨》，载《人民司法》，2000年第11期。

❷ 参见王福友，张雅萍：《从权利利益化视角谈公众人物名誉权保护》，载《国家检察官学院学报》，2013年第2期。

承担更多的社会责任，接受更多的社会监督和批评。因此，如果对于公众人物的言行和行为进行限制，就可能会对媒体的自由和社会公众的利益造成不利影响。

然而，随着社会的发展，对于人格权这一基本权利的不断重视，同时伴随媒体行业的不断壮大，公众人物的权利和利益也得到了更多的关注，学界开始更加关注公众人物人格权益的克减尺度的问题。虽然从促进言论自由和表达自由与新闻自由、维护社会公共利益和满足公众兴趣、协调舆论监督与人格权保护、保障公民知情权这几个维度综合考量，对公众人物人格权进行限制的确有其合理性及必要性，但这种限制并不是无底线的，保护公众人物的人格权同样不可或缺[1]。例如，有学者开始主张如果无限制地坚持公众人物人格权益克减，就会发生“以子之矛、攻子之盾”的尴尬[2]。特别是在信息时代，媒体的传播速度和范围都得到了大幅提升，公众人物的隐私和名誉权也面临着更加严峻的挑战。因此，越来越多的国家开始探索如何对公众人物的名誉权进行限制性保护，以平衡公众人物的权利和媒体的自由。

二、法律发展

我国法律中，暂时欠缺对于公众人物名誉权保护的直接规定（我国法律中对于“公众人物”本身也缺乏明确定义），司法实践中多以在一般自然人名誉权保护制度的基础上加以一定程度限制，以此判断个案中是否构成了对公众人物名誉权的侵犯。

我国民法体系中对于名誉权的保护最早见于20世纪80年代颁布的《民法通则》。1987年1月1日，《民法通则》的正式实施，标志着包含名誉权等权利在内的人格权益正式在我国司法制度中得到确立与保障。

之后，最高人民法院于1993年发布了《最高人民法院关于审理名誉权案件若干问题的解答》（已废止），进一步明确了有关名誉权纠纷案件处理的常规问题，为各级法院审理名誉权侵权纠纷案件发挥了重要的指导作用。1998年，最高人民法院再次就名誉权案件审理问题发布了《最高人民法院关于审

---

❶ 参见王利明：《公众人物人格权的限制和保护》，载《中州学刊》2005年第2期。

❷ 参见魏永征：《公众人物权益“克减”论可以休矣》，载《新闻记者》2015年第3期。

理名誉案件若干问题的解释》（已废止），对正当新闻报道与侵犯名誉权行为的界限作出了进一步的规范，在此规定之下新闻报道在某种程度上凌驾于名誉权之上，事实上构成了对名誉权的克减。

2021年1月1日《中华人民共和国民法典》（以下简称《民法典》）正式实施，其中人格权独立成编，这标志着我国对于人格权的重视和保护迈上了新的台阶，其中名誉权作为人格权中最重要的权利之一，其内涵在《民法典》中得到了进一步的明确。同时，在《民法典》中对于新闻报道与舆论监督的关系以及文学创作与名誉权保护的界限均作出了进一步的规定，在我国司法实践领域发挥了重要作用。

三、司法实践中存在的问题

追溯我国针对公众人物名誉权侵权纠纷的司法裁判历史，一般认为2002年的“范某某案”是我国的“公众人物名誉权第一案”，此案中“公众人物”首次见于裁判文书之中，并且以公众人物应当对社会评论负担一定程度的容忍义务为由，驳回了原告的诉讼请求。自此以后，随着类似案件不断增多，公众人物名誉权限制性保护理论逐步融入我国司法实务当中，成为很多法官说理的重要构成与支撑。例如，广州市中级人民法院在“广东某健康信息咨询有限公司与湖南某传媒有限公司名誉权纠纷一案”❶ 中谈及名誉权保护的界限问题时，表示“我国的司法实践惯例对于自然人名誉权确立了公众人物与一般名誉权保护的区分原则。从其本质来说，体现的是保护言论自由、社会监督以及个人名誉权之间的均衡关系”，类似阐述越来越多地见于各级法院的裁判文书之中，不一而足。

虽然目前普通民众与公众人物名誉权保护相区分的理论得到了司法机关的广泛采用，但需要注意我国法律中目前仍然缺乏对于公众人物及其名誉权克减（或其负担的“容忍义务”）的明确法律概念解释及规定。这一问题导致在司法实践中裁判尺度缺乏统一的现象，在一些案件上，对于公众人物的认定存在一定的随意性。例如：在“封某与被告某广播电视集团有限责任公司、林某、

❶ 参见广东省广州市中级人民法院（2016）粤01民终14346号民事判决书（2017年1月4日）。

孙某名誉权纠纷一案”[1] 中，南京市秦淮区人民法院认为封某是其居住小区的业委会主任，在其小区内存在较高知名度，因此将其认定为公众人物；在“张某某、林某某名誉权纠纷一案”[2] 中，因张某某在“微博”平台上购买了“加V认证”，即被山东省德州市中级人民法院认定属于公众人物；更加典型的是，在方某某与肖某某的系列纠纷案件中，湖北省武汉市中级人民法院将当时作为院士候选人的肖某某作为普通公民加以对待[3]，而双方诉至北京市第一中级人民法院时，北京市第一中级人民法院将肖某某认定为公众人物，使得裁判结果与武汉市中级人民法院全然相反[4]。

司法实践中，除了对公众人物的认定尺度存在缺乏确定、统一的标准问题，对于公众人物所应当负担的容忍尺度同样存在类似问题。例如：“夏某某与姚某某名誉权纠纷上诉案”中，上海市第二中级人民法院认为针对网友并非故意的差评与质疑应该有较高的容忍度[5]，不可以认为只要批评质疑就构成了对名誉权的侵犯；在“张某某与某报业集团名誉权纠纷案”中，上海市静安区人民法院表示原告作为知名歌手，为了满足大众的合理需求应该对媒体的追踪报道以及粉丝的情绪带来的微小损失持有充分的理解和更多的包容[6]；在“毕某某与韩某某等名誉权纠纷案”中，北京市第三中级人民法院认为公众人物对社会评论应具有较高的容忍度[7]。可见不同法院在裁判中衡量容忍尺度时，从微小损失到“最大限度的容忍与理解”[8]，并无明确的界定。

四、问题解决路径探讨

（一）明确定义

针对我国公众人物名誉权纠纷司法实践中存在的相关问题，究其根本，主

[1] 参见江苏省南京市秦淮区人民法院（2016）苏0104民初6269号民事判决书（2016年12月1日）。
[2] 参见山东省德州市中级人民法院（2020）鲁14民终1347号民事判决书（2020年4月28日）。
[3] 参见湖北省武汉市中级人民法院（2006）武民二终字第817号民事判决书。
[4] 参见北京市第一中级人民法院（2006）一中民初631号民事判决书。
[5] 参见上海市第二中级人民法院（2019）沪02民终4072号民事判决书（2019年8月2日）。
[6] 参见上海市静安区人民法院（2006）静民一（民）初字第2845号民事判决书（2007年2月7日）。
[7] 参见北京市第三中级人民法院（2020）京03民终9599号民事判决书（2020年10月20日）。
[8] 参见北京市海淀区人民法院（2007）海民初字第4760号民事判决书。

要是因为我国法律制度中，对于公众人物等相关概念缺乏明确的定义及解释，自 2002 年“范某某案”以来，经过二十余年的社会发展，公众人物相关案件数量已呈现几何式地增长，相关概念的明晰已经迫在眉睫。

（二）进行区分

在明确公众人物等概念的定义之后，同样应该考虑对公众人物进行区分，例如政治人物、模范人物、企业家、娱乐明星等，不同类型的公众人物虽然可能会具有类似的影响力与知名度，但他们的名誉权上承载的公共利益，以及对他们的名誉权实施侵犯所可能造成的社会后果显然是存在较大区别的，因此有必要对公众人物进行分类区分，赋予他们不同的容忍义务，这样才能以法律的方式更好地引导、规制社会发展，平衡社会公共利益、当事人人格权利以及言论自由、新闻自由的关系。在美国学界对于公众人物权利克减方面，有学者将公众人物区分为三类——全面型公众人物、限制目的型公众人物、非自愿型公众人物，虽然该分类方法未能得到法官群体的广泛认同，但对我国相关法律制度的完善仍有一定借鉴意义。

（三）探究《民法典》第九百九十八条的适用

在《民法典》颁布后所发生的类似案件中，司法机关在进行裁判时较少援引《民法典》第九百九十八条作为裁判依据。我国《民法典》第九百九十八条规定：“认定行为人承担侵害除生命权、身体权和健康权外的人格权的民事责任，应当考虑行为人和受害人的职业、影响范围、过错程度，以及行为的目的、方式、后果等因素。”此条文同样可以适用于公众人物名誉权纠纷案件之中，而相较公共人物名誉权克减这常作为说理依据的法学理论，这一法律条文天然地存在优先性，可以作为裁判依据进行使用。因为从判断行为违法性的角度来看，是否造成了损害后果——即是否超过了公众人物的容忍尺度——固然是最重要的一条判断标准，但根据《民法典》第九百九十八条的规定，可以从受害人与行为人两方面入手，通过分析行为人的主观恶性及其担负的注意义务，进而与行为所针对的受害人的容忍义务动态地联系起来，合理、辩证地进行分析。例如，在对被害人容忍义务的考察上，可以出于对于公众人物、公职人员的监督等，适度披露其收入、财产状况等，或对其行为进行适度的评论或批评，其目的在于实现更为广泛的社会利益，因而不应构成侵权[1]。同样，如果行为人的职业是新闻工作者，那么这一特定职业即代表行为人应当担负着如实准确报道事实的职业道德与相较普通人更高的注意义务，如果其对公众人物的报道失当，在判断是否构成名誉权侵权时，针对其特殊身份，更易判断其行为时的主观态度，同时结合公众人物的容忍义务动态地加以考量。如此二者相互动态结合对案件事实加以分析，更易得出公平、公正，易被当事双方及社会公众广泛接受的结论。

---

❶ 参见王利明：《民法典人格权编中动态系统论的采纳与运用》，载《法学家》2020年04期。

算法风控系统侵害人身权的司法认定

——金某与北京某科技有限公司网络侵权责任纠纷案[1]

高　雅[*]　薛静雯[**]

典型意义

随着数字经济背景下大数据、人工智能技术的飞速发展，算法技术被广泛运用于互联网应用场景中，与此同时，“大数据杀熟”“算法歧视”等算法应用乱象也时有发生。本案是全国首例涉及算法“风控系统”引发人身权益侵权纠纷的案件。本案判决为平台如何运用算法参与综合治理，确立了合理的注意义务标准及具体认定因素，在个体用户权益保护和实现社会治理功能之间寻求精准的平衡点，探索并确立了判断平台治理合理边界的法律适用标准，在确认平台可以继续采取有效措施防范“杀猪盘”等电信诈骗风险的同时，又确保被算法“误伤”的个体权益可获得救济途径，从而实现更大范围内切实保护人民群众切身利益的目标，为构建协同共治的网络空间治理秩序提供法治保障。

关键词　杀猪盘　算法风控系统　名誉权

---

❶ 一审裁判文书字号：北京互联网法院（2021）京0491民初30475号民事判决书（2022年8月29日）。

一审审判员：颜君。

* 高雅，北京互联网法院综合审判三庭法官助理。

** 薛静雯，北京航空航天大学学生。

案情介绍

原告金某为某金融公司员工，在被告北京某科技有限公司运营的某征婚交友平台注册了账号，提交了真实照片作为头像以及实名认证手机号。在金某正常使用平台期间，被告对其账户进行了封号处理，并向其他网友发出“账号可能存在异常”“不要与之发生金钱来往”等提示。该情况导致原告多位朋友误认为原告是骗子，造成原告名誉受损。

原告金某诉称，被告运营的平台实施算法技术造成误判侵犯其名誉权，请求法院判令被告在其平台中公开向原告道歉予以澄清并赔偿原告损失 2 万元。

被告北京某科技有限公司辩称，其为涉案平台运营者，按照法律法规的规定，对用户在平台的行为进行监管，履行平台主体责任。原告为其运营平台注册用户，在与平台其他用户聊天过程中，短期内多次被检测到出现“金融”“基金”“加微信”等“杀猪盘”诈骗案件所涉高频词汇，因此自动触发了被告平台风控系统的审核规则，经原告致电客服反映情况，被告人工核实后对该账户进行解封。被告的行为仅是为公共利益依法履行主体监管责任，系统自动判定原告账户为风险账号，不存在侵权行为。

裁判内容

北京互联网法院经审理认为，结合双方诉辩意见，本案的主要争议点为：被告采取涉案算法风控行为是否存在主观过错。由于被控侵权行为属于一种算法应用，该运用过程存在技术隐蔽性，本案诉讼过程中，被告提交了风控审核系统的情况说明及相关证据向法庭说明其“预防性风控系统”算法逻辑机理，该系统可以对用户异常行为进行初筛，从而进行事前防御。同时，在系统误判的情况下设置第二道人工审核机制。前述算法逻辑机理与庭审已查明的事实相符，故北京互联网法院在该算法机理的事实基础上对其予以评判。

一、行为目的和主观意图、是否具有正当性

从涉案“预防性风控系统”针对的词汇和行为可见，该系统设置目的确

系为预防“杀猪盘”等网络诈骗行为。《中华人民共和国网络安全法》第十条规定，建设、运营网络或者通过网络提供服务，应当依照法律、行政法规的规定和国家标准的强制性要求，采取技术措施和其他必要措施，保障网络安全、稳定运行，有效应对网络安全事件，防范网络违法犯罪活动，维护网络数据的完整性、保密性和可用性。可见，网络服务提供者通过技术手段，强化对高危风险账户的监测和预防功能，系为了履行法律所规定的监管义务。与此同时，对网络诈骗犯罪的防范也是为了保护不特定网络用户的公共利益。因此，设置涉案风控系统的主观意图系为履行法律要求的监管义务和保护公共利益，具有正当性。

二、行为手段和性质、侵害人身权益的风险性程度、行为过程的审慎程度

虽涉案算法应用设置系为了正当的目的，但算法设置需在现有技术条件下合理、合比例，不得存在算法歧视、算法滥用等侵害他人合法权益的非法手段。根据已查明的事实及被告披露的算法逻辑过程，涉案算法设置系基于特定词汇和用户行为的自动化反应机制，并不存在对某类用户的不当歧视，亦无证据证明涉案行为系针对原告做出的人工或自动的针对性行为，故涉案算法具有一定的技术中立性。

三、行为主体身份的特点、技术能力水平及所负注意义务、是否采取了预防侵权的合理措施

鉴于被告所运营的为陌生人网络交友恋爱类软件，在目前社会背景下加强“杀猪盘”等网络诈骗犯罪的筛查力度，于被告服务类型来说具有一定合理性。基于算法技术特点和现有行业发展水平，对于关键词和用户行为的命中，可实现对海量信息的自动化筛查，提高监测和采取措施的效率，但同时也不可避免地产生系统误判，命中有类似特点的合法行为。由于算法技术尚处于发展阶段，相关行业规范尚未成熟，应鼓励算法技术创新和正向发展，合理确定注意义务。具体到本案中算法应用的风险因素和利益冲突，一方面为受网络诈骗威胁的不可逆的大额人身财产损失，另一方面为被误判用户短期内账号被禁用以及交往好友收到针对性提示而可能对用户产生的负面影响。对于后者，被告通过第二道人工审核的方式，为及时消除误判带来的影响采取了一定合理措

施。本案中，被告确按照其承诺的人工审核方式，在声明的期限内核查误判并解除账号封禁和风险提示。据此，被告尽到了与涉案算法风险相匹配的注意义务，并采取了合理的防范侵权措施。

综上所述，被告基于法律监管要求和公共利益保护的目的，设置“预防性风控系统”算法应用，对用户行为进行中立、无差别的风险筛查，虽因技术水平所限造成系统误判，但尽到了与涉案算法风险相匹配的注意义务，并采取了合理的预防侵权措施，并无主观过错，不构成侵权。原告基于被告侵权提出的赔偿经济损失、合理支出及赔礼道歉的诉请，缺乏事实和法律依据。

裁判结果

北京互联网法院依据《中华人民共和国民法典》第九百九十条、第九百九十八条、第一千零二十四条、第一千一百六十五条，《中华人民共和国民事诉讼法》第六十七条第一款之规定，判决如下：驳回原告金某的诉讼请求。案件受理费300元，由原告金某负担（已交纳）。

一审宣判后，双方均未上诉，该案判决已生效。

法官解读

从产业角度来看，平台经济具有一定的公共属性，平台的非排他性和非竞争性使其成为某种意义上的公共基础设施。基于其公共性，平台治理影响的就不是个别用户、个别主体的利益，而会产生强烈的公众影响力。在公共性的前提下，讨论平台与用户的利益关系，必然涉及网络安全保障、公共利益保护等多维度的综合利益衡量，而这则不可避免地与用户个人利益产生冲突。平台经济的发展，就是在平台的公共性与排他性之间不断地产生矛盾，同时又促使社会治理结构和体系不断完善，以消除这些矛盾。当下的算法时代，与“避风港原则”大行其道的互联网产业勃兴时期已大相径庭，固守那个时代的平台责任制度配置，反而会违背应被恪守的“风险与收益相匹配”的基本原则。[1]

[1] 参见杨明：《算法推荐应与平台责任相匹配》，载《人民邮电》2023年1月4日。

本案对于算法侵权纠纷的裁判作出以下探索。

一、算法黑箱造成的算法侵害问题

算法黑箱是指由于技术本身的复杂性以及媒体机构、技术公司的排他性商业政策，算法犹如一个未知的“黑箱”。用户并不清楚算法的目标和意图，也无从获悉算法设计者、实际控制者以及机器生成内容的责任归属等信息，更谈不上对其进行评判和监督。

算法作为一种技术工具，理应是客观中立的。但因算法自身的“黑箱”化特征以及技术应用不当，在实际层面又难免陷入偏私与歧视。算法应用过程存在技术隐蔽性，考察算法行为是否构成侵权的前提需明确涉案算法运行的机制机理。本案中的算法属于自动化决策和监管，此类算法不同于服务合同中算法的侵权责任，应当属于以算法技术为核心、以产品为载体的侵权责任。因此，它并不能简单通过业界对一般服务型算法规制所提出的增强算法透明度、赋予权利人算法解释权来解决问题。服务类算法造成的风险主要是滥用数据挖掘和深度学习技术，不当收集、分析用户数据，并利用用户画像对用户进行定制化服务，甚至对用户进行歧视性定价或进行差别化对待。

《中华人民共和国个人信息保护法》第二十四条第一款规定，利用个人信息进行自动化决策，应当保证决策的透明度和处理结果的公平合理。由于算法是由人所设计或由人自主选择使用的，如果算法设计者设计的算法或算法使用者选择使用的算法本身存在明显错误，作出的算法决策自然也是错误的，由此对第三人合法权益造成损害的，应当承担侵权责任。如果设计或使用的算法本身具有一定的合理性，就侵权与否则需要结合被告主体身份特点以及所负注意义务、行为过程的审慎程度和合理性等要素进行判断。

本案确立了平台对于算法的披露义务，即自动化决策对其权益造成重大影响的，有权要求个人信息处理者予以说明，并有权拒绝个人信息处理者仅通过自动化决策的方式作出决定。

二、“过错认定”问题

算法不是客观中立的，算法体现了设计者、应用者的价值设定，过错原则仍然适用算法侵害案件。从规范论的角度看，主观过错是平台承担民事责任或行政处罚的要件。早在2000年发布的《互联网信息服务管理办法》就强调平台在“发现”的前提下，对用户发布的不法内容有避免传播的义务；我国网络安全法为平台设定的“网络安全保护义务”，也要求平台对违法信息的处置以“发现违法信息”为前提，对于“未被发现”或“未能被发现”的违法信息不承担法律责任。换句话说，平台的法律责任是一种过错责任，过错形态包括故意与过失。[1] 为查明算法推荐服务者是否具有过错，《互联网信息服务算法推荐管理规定》第十六条规定了被告的算法披露义务，即“算法推荐服务提供者应当以显著方式告知用户其提供算法推荐服务的情况，并以适当方式公示算法推荐服务的基本原理、目的意图和主要运行机制等”。

在本案庭审中，被告提交了相关证据并向法庭说明了预防性风控系统的算法逻辑，通过以下几个方面分析可知，被告的算法风控行为不具有主观过错。

（一）从行为目的和主观意图而言，是否具有正当性

为了防范电信网络诈骗，我国法律中规定了网络平台所负有的预防和警示义务。根据《互联网信息服务算法推荐管理规定》第七条“算法推荐服务提供者应当落实算法安全主体责任，建立健全算法机制机理审核、科技伦理审查、用户注册、信息发布审核、数据安全和个人信息保护、反电信网络诈骗、安全评估监测、安全事件应急处置等管理制度和技术措施，制定并公开算法推荐服务相关规则，配备与算法推荐服务规模相适应的专业人员和技术支撑”之规定，被告作为互联网服务提供者和算法推荐服务提供者，应当按照上述的法律规定，对平台用户的行为进行监管，并履行涉电信网络诈骗信息监测、识别和处置的义务。因此，被告借助技术手段，设置该系统的目的确系为预防网络诈骗行为，系为履行法律要求的监管义务和保护公共利益，具有正当性。

（二）从行为手段和性质而言，是否达到合理性

被告作为交友平台运营者，为了更好地开展正常的良性服务，为预防“杀猪盘”等网络诈骗犯罪，保护用户的财产权益，预先设置预防性风控系统这一行为具有合理性，且尽到了审慎义务。设置时，算法设置需要在现有技术

---

[1] 参见张凌寒：《网络平台监管的算法问责制构建》，载《东方法学》2021年第3期。

条件下合理、合比例，不得存在算法歧视、算法滥用等侵害他人合法权益的非法行为。

对于本案中，算法使用者使用了何种算法，应以易于理解的信息就涉案算法进行解释说明，以证明算法设计和决策的合理性。考虑到技术秘密、知识产权、算法安全等因素，对算法的解释说明不一定是对算法的复杂解释或将算法的全部予以披露，而是一种满足个案裁判需要的算法适度透明。从被告披露的算法逻辑过程来看，本案算法设置是基于特定词汇（如股票、基金等常用“杀猪盘”词汇）和用户行为的自动化反应机制，不存在对某类用户的不当歧视。

（三）从行为风险的相应控制义务而言，是否具有匹配性

算法决策是一种基于机器算法技术的自主性决策系统，决策算法借助智能和精准优势，可以简化社会经济运行中一些复杂的决策过程，提升经济效率。❶ 人类无法对所有场景下的算法决策进行预测，除少数情形需要人工对决策结果进行审核外，其他情形下算法将自主作出决策。本案中，预防性风控系统系通过关键词实现对大量信息的自动化筛查，自动产生监测结果，提高了监测效率，由于算法技术还处于不断发展的阶段，也会不可避免地产生系统误判。当算法决策内容涉及伦理或其他道德价值方面的定性判断时，不应单一使用算法机器去完成该决策。本案中，在系统产生误判后，被告承诺了可以采取人工审核方式，在声明的期限内核查误判并解除账户封禁和风险提示。经原告致电客服反映情况，被告人工审核后对该账户进行解封。可见，面对算法可能产生的风险，被告尽到了与其服务身份和技术水平相适应的控制义务。

三、结语

本案首次对于算法应用于“风险控制”领域引发的侵权纠纷进行了审理。针对该领域，《互联网信息服务算法推荐管理规定》和《中华人民共和国反电信网络诈骗法》均规定了网络服务提供者需履行涉电信网络诈骗信息监测、

---

❶ 参见侯东德，张可法：《算法自动化决策的属性、场域与风险规制》，载《学术研究》2022 年第 8 期。

识别和处置的义务。在此背景下，网络服务提供者通过技术手段，强化对高危风险账户的监测和预防功能，具有算法技术运用的正当性。基于算法技术特点和现有行业发展水平，对于关键词和用户行为的命中，可实现对海量信息的自动化筛查，提高监测和采取措施的效率，但同时也不可避免产生系统误判，命中有类似特点的合法行为。由于算法技术尚处于发展阶段，相关行业规范尚未成熟，应鼓励算法技术创新和正向发展，合理确定注意义务。

本案中，法院一方面承认了用户权益在平台经济中应当受到充分保护，另一方面也认定了网络平台依据法律要求履行打击电信诈骗等治理义务的行为存在合法性基础，当两者出现一定程度的利益冲突时，本案判决为平台确立了合理的注意义务标准及具体认定因素，在个体用户权益保护和实现社会治理功能之间寻求精准的平衡点，探索并确立了判断平台治理合理边界的法律适用标准，在确认平台可以继续采取有效措施防范“杀猪盘”等电信诈骗风险的同时，又确保被算法“误伤”的个体权益可获得救济途径，从而实现更大范围内切实保护人民群众切身利益的目标，为构建协同共治的网络空间治理秩序提供法治保障。

第二编

利用信息网络侵害肖像权

《民法典》背景下侵害精神性人格权案件的责任认定思路

——吴某与河北省某品牌管理有限公司网络侵权责任纠纷案[1]

张 博[*] 董学敏[**] 吴 娇[***] 崔亚君[****]

典型意义

《中华人民共和国民法典》（以下简称《民法典》）颁布后，人格权独立成编，人格权请求权与侵权损害赔偿请求权分离。在侵害精神性人格权案件的审理过程中，为了实现充分有效保护人格权的目的，使责任认定符合责任相称原则的要求，应当采用区分请求权进行责任认定的裁判思路。首先，综合考虑被告使用原告姓名、肖像照片的形式、范围、过错程度及侵权后果等因素，认定被告的行为侵犯了原告的姓名权、肖像权，被告应当在人格权请求权责任范围内承担停止侵权、赔礼道歉的法律责任；其次，根据《民法典》第一千一百六十五条、第一千一百八十三条有关侵权损害赔偿的规定，综合考虑原告姓名、肖像的商业价值，以及被告使用原告姓名、肖像宣传销售产品的营利性行为，在法定幅度内酌情确定被告应当赔偿原告相应的经济损失。

---

❶ 一审裁判文书字号：北京互联网法院（2020）京0491民初36113号民事判决书（2021年3月10日）；二审裁判文书字号：北京市第四中级人民法院（2021）京04民终283号民事判决书（2021年6月30日）。

一审独任审判员董学敏。

* 张博，北京互联网法院立案庭副庭长。

** 董学敏，北京互联网法院综合审判三庭法官。

*** 吴娇，北京互联网法院立案庭法官。

**** 崔亚君，北京航空航天大学法学院学生。

关键词　精神性人格权　人格权请求权　侵权损害赔偿请求权　责任认定

案情介绍

吴某系中国知名影视男演员、电影导演。2020 年 6 月，吴某得知河北省某品牌管理有限公司（以下简称河北省某公司）未经其许可将其肖像用于生产销售某品牌槟榔外包装，并标注“电影《杀破狼》主演吴某助力某品牌”字样。河北省某公司在淘宝网店中销售上述产品，在售卖的包装中放入带有吴某肖像的兑奖卡，在兑奖卡中亦标注“电影《杀破狼》主演吴某助力某品牌”字样。吴某还在抖音中发现各地经销商发布带有其肖像的上述产品的宣传广告。河北省某公司的上述行为让消费者及浏览者误认为吴某系河北省某公司产品的代言人，事实上吴某与河北省某公司并无合作。吴某认为河北省某公司的行为侵害了其肖像权、姓名权，给吴某造成了经济与精神损失，故诉至法院，请求法院判令：（1）河北省某公司立即停止生产、销售带有吴某姓名和肖像包装的产品，停止使用带有吴某肖像、姓名的宣传广告，并回收、销毁带有吴某姓名、肖像的产品包装及宣传广告；（2）河北省某公司在全国公开发行的报纸上向吴某赔礼道歉；（3）河北省某公司向吴某赔偿经济损失 100 万元，精神抚慰金 10 万元，维权合理开支 1 万元（律师费 0.8 万元，公证费 0.2 万元）。

河北省某公司辩称：（1）吴某并不享有涉案《杀破狼》剧照的权利，并非本案适格原告，无权主张权利。（2）河北省某公司使用涉案剧照有合法来源，河北省某公司与案外人广州某策划有限公司签订相关协议，且广东某文化发展有限公司具有涉案作品的合法版权，故涉案行为即便构成侵权，被告亦不具有主观过错，相关责任应由广州某策划有限公司、广东某文化发展有限公司承担。（3）吴某的诉请过高，不应得到支持。即便河北省某公司构成侵权，吴某所主张的经济损失及维权合理开支过高，吴某要求精神抚慰金的要求不当。吴某未提交其损失及河北省某公司获益的证据以及相关维权成本的证据，河北省某公司仅使用海报、剧照不能让消费者误认为吴某为河北省某公司产品的代言人，同时也应当为剧照的著作权人保留份额，河北省某公司从案外人处取得授权使用吴某肖像并无侵权的故意。

裁判内容

本案属于《民法典》施行前的法律事实持续至《民法典》施行后，该法律事实引起的民事纠纷案件，一审法院适用《民法典》对本案进行审理正确。自然人的姓名权、肖像权受法律保护，未经肖像权人同意，不得制作、使用、公开肖像权人的肖像；自然人享有姓名权，有权决定、使用和依照规定改变自己的姓名，禁止他人干涉、盗用、假冒。自然人的姓名权、肖像权受到侵害的，有权要求停止侵害、恢复名誉、消除影响、赔礼道歉，并可以要求赔偿损失。经审查，鉴于在案证据可以证明河北省某公司未经吴某的许可在该公司经营的淘宝店铺“河北省某品牌管理有限公司”销售的涉案产品中使用了吴某姓名及肖像，故河北省某公司的行为构成对吴某姓名权、肖像权的侵害，吴某有权要求河北省某公司停止侵害、消除影响、赔礼道歉，并可以要求赔偿损失。关于河北省某公司主张该公司获得了电影《杀破狼》部分著作权利，可以使用该影视作品中含有吴某肖像的宣传图片、海报的上诉主张，二审法院认为，肖像权是指自然人对自己的肖像享有再现、使用或许可他人使用的权利，其载体包括人物画像、生活照、剧照等，剧照涉及影视作品中表演者扮演的剧中人物，当一般社会公众将表演形象与表演者本人真实的相貌特征联系在一起时，表演形象亦为肖像的一种呈现方式，影视作品相关的著作权与肖像权并不冲突，且河北省某公司提供的与案外人广州某策划有限公司签订的相关合同不足以证实河北省某公司为宣传涉案产品使用吴某的肖像、姓名取得了其授权同意，该合同不能作为河北省某公司免责的理由和依据。吴某系演员，具有一定的知名度，其姓名、肖像亦具有一定商业价值，鉴于河北省某公司使用吴某的姓名、肖像宣传该公司销售的产品的行为具有营利性，故一审法院在综合考虑河北省某公司使用吴某姓名、肖像照片的形式、范围、过错程度及侵权后果等因素后，判决河北省某公司停止侵害、向吴某赔礼道歉的方式以及在法定幅度内酌情确定的河北省某公司赔偿吴某经济损失的金额并无不当。综上所述，河北省某公司的上诉请求不能成立，应予以驳回；一审判决认定事实清楚，适用法律正确，应予维持。

裁判结果

北京互联网法院判决如下：一、本判决生效之日，被告河北省某公司立即停止生产、销售、使用含有原告吴某肖像和姓名的产品和宣传品等，并回收、撤除、销毁全部含有原告吴某肖像和姓名的产品和宣传品；二、本判决生效之日起十日内，被告河北省某公司在其经营的淘宝店铺中首页显著位置连续七天刊登声明向原告吴某赔礼道歉（致歉内容须经本院审核，如逾期不履行，本院将依据原告吴某的申请在全国公开发行的报纸上刊登本判决主要内容，刊登费用由被告河北省某公司承担）；三、本判决生效之日起十日内，被告河北省某公司赔偿原告吴某经济损失 340000 元、公证费 2000 元，合计 342000 元；四、驳回原告吴某的其他诉讼请求。

河北省某公司不服一审判决，提起上诉。北京市第四中级人民法院判决：驳回上诉，维持原判。判决已发生法律效力。

法官解读

《民法典》施行后，人格权请求权与侵权损害赔偿请求权分离，前者注重事前防御，后者注重事后救济。在侵害精神性人格权案件中，如何衔接适用人格权编与侵权责任编的规定进行责任认定，司法实践中产生了不同的裁判思路（见表 1）。

表 1　人格权请求权与侵权损害赔偿请求权的区别

	人格权请求权	侵权损害赔偿请求权
保护功能	事前防御	事后救济
责任认定方法	动态系统论的方法	过错责任构成要件
举证责任	轻：仅需证明人格权益遭受妨害	重：人格权益遭受实际损害
责任承担方式	停止侵害、排除妨碍、消除危险、消除影响、恢复名誉、赔礼道歉	停止侵害、排除妨碍、消除危险、损害赔偿
诉讼时效	不适用诉讼时效制度	适用诉讼时效制度

一、现状检视：侵害精神性人格权案件责任认定思路分歧

在中国裁判文书网上以“第九百九十五条”为关键词检索，筛选其中侵害精神性人格权案件的判决书[1]，发现责任认定部分存在不同的裁判思路。

（一）侵害精神性人格权案件中的不同责任认定思路

侵害精神性人格权案件中的责任认定思路可以归纳为四种不同的类型：

1. 不区分请求权的传统侵权责任认定思路（见图1）

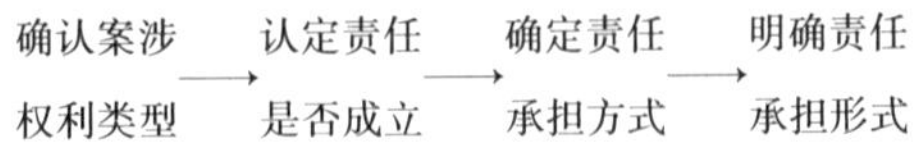

图1　不区分请求权的传统侵权责任认定思路

该种思路，按照传统“大侵权模式”下过错责任构成要件的方法进行责任认定：（1）确认涉案权利类型，确认涉案人格权益种类，并确认原告是否享有相应的人格权益；（2）认定责任是否成立，按照过错责任构成要件理论认定责任是否成立；（3）确定责任承担方式，确定行为人需承担责任的方式，通常包括停止侵害、赔礼道歉及赔偿损失等；（4）明确责任承担形式，行为人承担责任的形式应当与侵权情节、致损情况相一致。

2. 区分请求权的责任形式分别认定思路（见图2）

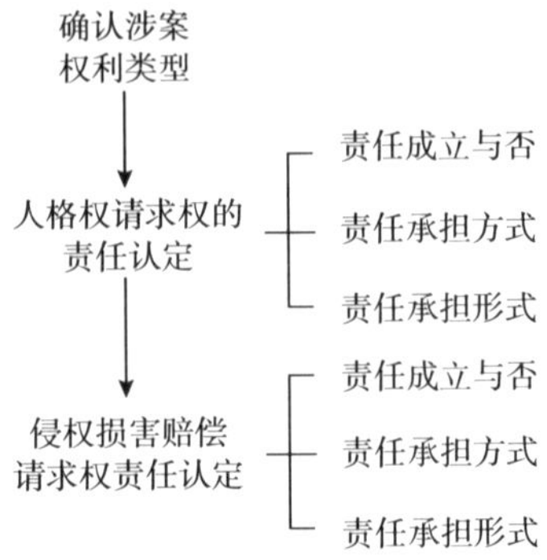

图2　区分请求权的责任形式分别认定思路

[1] 共有103条结果，检索截止日期2021年6月8日。

该种思路是在责任认定过程中区分请求权，分别认定责任成立、责任承担方式及责任承担形式，需要在两种请求权下分别进行一次“责任成立→责任方式→责任形式”的认定。

3. 区分请求权的责任形式一起认定思路（见图3）

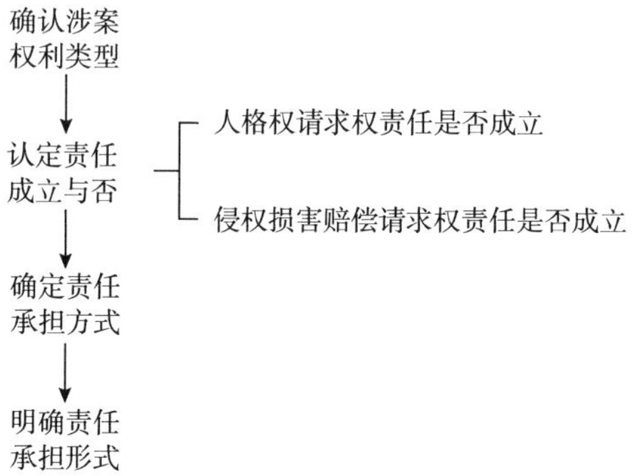

图3　区分请求权的责任形式一起认定思路

该种思路是在认定责任成立与否这一步区分请求权进行认定，进而统一确定行为人应当承担的责任，在责任成立与否这一步需要进行两次判断，整体思路上保留传统“大侵权模式”下的论证结构。

4. 不明确区分请求权的责任形式直接确定思路（见图4）

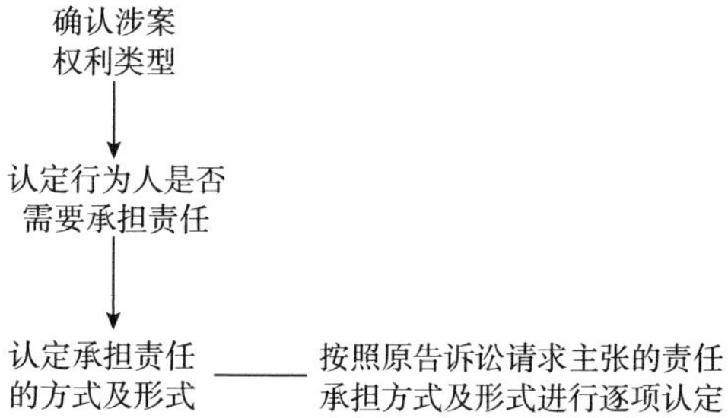

图4　不明确区分请求权的责任形式直接确定思路

该种思路是在认定行为人侵害人格权需要承担责任后，直接按照原告诉讼请求主张行为人承担责任的方式进行逐项认定，可以概括为“判断是否需要承担责任→确定责任方式及责任形式”。

（二）侵害精神性人格权案件不同责任认定思路中的争议问题

上述四种不同的责任认定思路，实际是对是否区分请求权确定责任成立、是否区分请求权确定责任承担方式这两个问题存在不同的处理意见（见表2）。

表2　不同责任认定思路对争议问题选择的解决思路

	是否区分请求权分别确定责任成立	是否区分请求权分别确定责任承担方式
1. 不区分请求权的传统侵权责任认定思路	否	—
2. 区分请求权的责任形式分别认定思路	是	是
3. 区分请求权的责任形式一起认定思路	是	否
4. 不明确区分请求权的责任形式直接确定思路	否	是

问题一：是否区分请求权分别认定责任成立？

是否区分请求权分别认定责任成立实际是关于确定责任成立与否的认定方法问题。(1) 不区分请求权认定责任成立。根据民法的意思自治原则，法律责任按照当事人选定的请求权基础进行认定，法官不主动区分请求权进行责任认定。(2) 区分请求权认定责任成立。在案件裁判过程中，法官可以主动区分请求权进行责任认定，在两种请求权下分别采用不同的责任认定方法。

问题二：是否区分请求权分别确定责任承担方式？

是否区分请求权分别确定责任承担方式，实际是有无必要将责任承担方式与请求权基础对应的问题。(1) 不区分请求权确定责任承担方式。认定责任成立之后，一起确定责任承担方式，无须与请求权对应。(2) 区分请求权分别确定责任承担方式。区分请求权认定责任成立之后，分别确定两种请求权对应的责任承担方式。

二、追根溯源：侵害精神性人格权案件责任认定思路产生争议的原因

侵害精神性人格权案件产生不同责任认定思路的外在原因是该类案件呈现普遍的请求权聚合特征；内在原因是侵害精神性人格权案件中存在的利益衡量问题。

（一）外在原因：侵害精神性人格权案件呈现普遍的请求权聚合特征

损害的发生是人格权请求权与侵权损害赔偿请求权的区分节点，但精神性人格权的权利客体为无形的人格利益，受害人的精神创伤和精神痛苦是一种无形的损害[1]，因此，是否产生损害的分界并不明显（见图5）。这种情形下，当事人为尽可能多地维护自身权利，在诉讼请求中会同时主张多种责任承担方式，案件也因此呈现普遍的请求权聚合特征（见图6）。

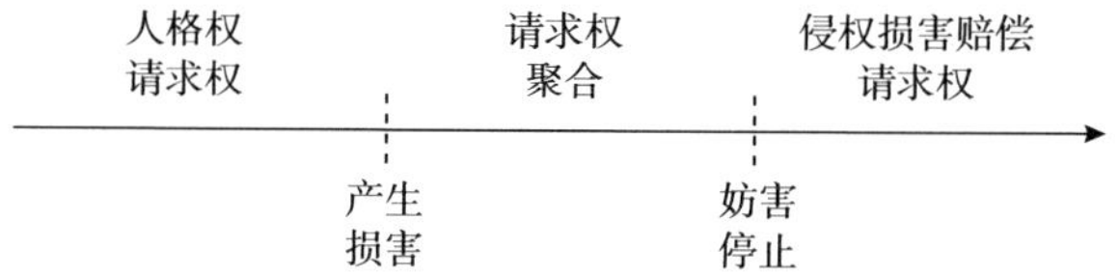

图5　区分妨害与损害状态行使请求权

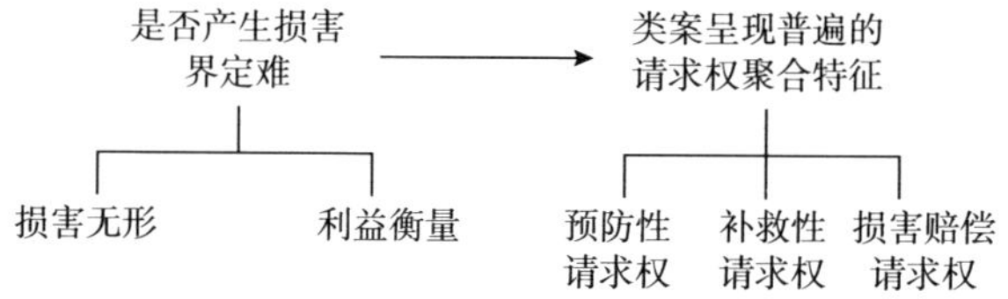

图6　侵害精神性人格权案件呈现普遍的请求权聚合特征

根据诉讼请求发挥的功能的不同，可以分为：（1）预防性诉讼请求，包括停止侵害、排除妨碍、消除危险，可以及时制止妨害或者侵害行为，保护人格权的圆满状态；（2）补救性诉讼请求，包括消除影响、恢复名誉、赔礼道歉，人格权受侵害时，被害人可以请求恢复原状；（3）损害赔偿诉讼请求，包括财产利益损失和精神损害赔偿，尤其是精神损害赔偿，呈现出一般化的特征。

（二）内在原因：侵害精神性人格权案件责任认定中的利益衡量问题

侵害精神性人格权案件责任认定过程中存在的利益选择与平衡问题，是产生不同裁判思路的内在根源。

1. 精神性人格权与社会公共利益之间的利益衡量问题

精神性人格权的行使与保护常常与其他权益和价值发生冲突，例如肖像权

---

[1] 参见杨立新：《人格权法》，法律出版社2020年版，第102页。

的保护与舆论监督，个人信息权益的保护与利用。在法律上有效平衡人格权保护与其他价值的关系，需要确定价值平衡和利益冲突解决规则，确定权益或者价值的位阶，确保每一种权利都受到必要的兼顾和相应的保护[1]。

2. 权利人与行为人之间的权利义务衡量问题

侵害精神性人格权案件中，法官还需要衡量权利人与行为人之间的权利义务。一方面，充分有效地保护人格权，在强调损害赔偿事后救济的同时，还要强调对人格权侵害的事前防御；另一方面，需要明确权利人的容忍义务之限度，维护行为人的行为自由。

三、理性思辨：从公平正义之价值追求探寻侵害精神性人格权案件的裁判思路

公平正义是法治的生命线。侵害精神性人格权案件的责任认定思路应当满足价值理性的要求，应当追求并且体现公平与正义。

（一）区分请求权认定责任有利于实现充分有效保护人格权之立法目的

侵害精神性人格权案件中，在损害未定或不明的情况下，允许当事人按照请求权聚合情形提出诉讼请求，由法官区分请求权进行责任认定，能够兼顾举证责任上的有利面与救济效果上的利益，通过一次诉讼同时解决损害赔偿和权利的防御性问题[2]。

1. 举证责任上的有利面

人格权请求权与侵权损害赔偿请求权相比，权利人承担的举证责任较轻：（1）不以行为人具有过错为要件，人格权属于绝对权、对世权，只要人格权受到侵害就可以行使[3]；（2）无须证明损害的实际发生，受害人仅需证明人格权益遭受妨害便可主张排除妨害、消除危险。

2. 救济效果上的利益

个案中，允许权利人同时主张人格权请求权及侵权损害赔偿请求权，由法

[1] 参见王利明：《民法典人格权编的亮点与创新》，载《中国法学》2020 年第 4 期。
[2] 参见王利明：《论人格权请求权与侵权损害赔偿请求权的分离》，载《中国法学》2019 年第 1 期。
[3] 参见杨立新：《中华人民共和国民法典释义与案例评注：人格权编》，中国法制出版社 2020 年版，第 47 页。

官区分请求权进行责任认定，在注重对人格权保护事前防御的基础上，可以兼顾事后救济，使受害人获得损害赔偿。

（二）区分请求权进行责任认定符合责任相称原则的要求

责任相称原则，是指法律责任的性质与轻重应当与违法行为的性质及后果相适应。区分请求权进行责任认定，在责任的定性及定量上均更加符合责任相称原则的要求。

1. 定性：摒弃要件全部“满足”式的责任认定方法

责任的定性方面，构成要件理论认为构成要件是法律后果的必要且充分条件，当要件全部满足时，结论一定发生；当条件有一个不能满足时，结论就不会发生[1]。《民法典》中人格权请求权的责任认定采用动态系统论的方法，除考虑各个要素的“满足”和“不满足”状态，还要考虑要素得到“满足”的程序。

2. 定量：法律责任可以“得到完全或部分地确立或排除”

责任的定量方面，责任相称原则要求法律责任的轻重应当与行为后果、过错程度及原因相当。传统侵权责任法下，采用的是“全有或全无”的责任承担方式，认定构成侵权，行为人需要同时承担停止侵害、赔礼道歉和赔偿损失的法律责任。区分请求权进行责任认定，法律责任可以“得到完全或部分地确立或排除”，例如，如果没有导致损害，行为人无须承担损害赔偿责任。

（三）区分请求权进行责任认定能够平衡价值冲突

侵害精神性人格权案件中，在决定行为人是否应当对他人承担侵权责任时，法官应当平衡他人的人格权与行为人的人身自由权、言论自由权、批评自由权和社会公众的信息权、知情权[2]。按照区分请求权的思路进行责任认定，可以综合考量案件因素、衡量法益。

四、出路探寻：侵害精神性人格权案件责任认定思路的重构

为实现充分有效保护人格权之目的，侵害精神性人格权案件的责任认定应当区分人格权请求权与侵权损害赔偿请求权，分别进行责任认定（见图7）。

---

[1] 参见王利明：《民法典人格权编中动态系统论的采纳与运用》，载《法学家》2020年第4期。

[2] 参见陈甦，谢鸿飞：《民法典评注：人格权编》，中国法制出版社2020年版，第64页。

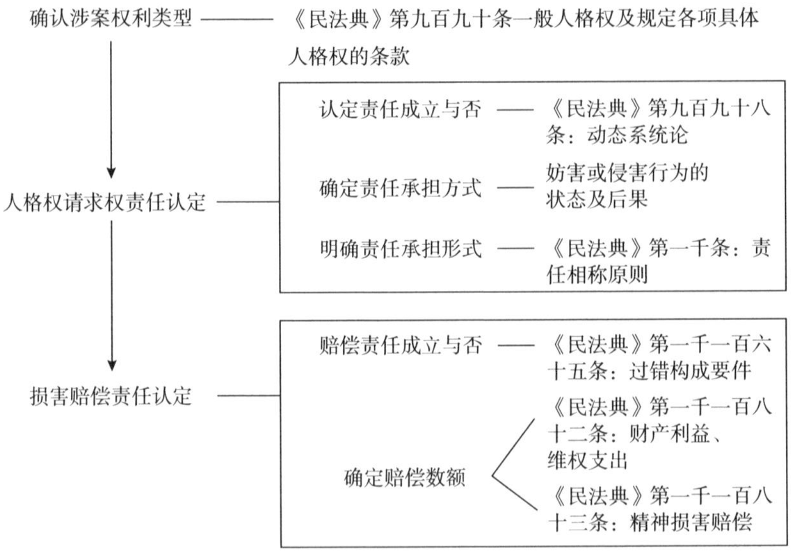

图7 《民法典》背景下侵害精神性人格权案件责任认定思路

（一）确认涉案权利类型

侵害精神性人格权案件的责任认定过程，需要首先明确涉案权利类型：（1）具体精神性人格权，包括姓名权、名称权、肖像权、名誉权、荣誉权、隐私权等；（2）一般人格权，以人格自由、人格尊严为主要内容，当人格权益受损而难以通过现有法律规定的具体人格权条款进行保护时，权利人可以主张一般人格权维护自身权益。

（二）人格权请求权责任认定

人格权请求权的责任认定，仍然按照责任成立与否、责任承担方式、责任承担形式三步进行。

1. 运用动态系统论认定责任成立与否

人格权请求权责任成立与否的认定运用的是动态系统论的方法，法官应当在考量各个因素的权重及其相互作用的基础上进行综合判断，以期实现对立各方利益的最大化满足，并由此获得解决纠纷的最佳途径❶。

---

❶ 参见海尔穆特·库齐奥：《动态系统论导论》，张玉东译，载《甘肃政法学院学报》2013年第4期。

（1）考虑单个要素的充足度。通过个案中各个因素独立存在的价值，判断单个因素对责任是否成立的影响程度[1]。在认定侵害精神性人格权的法律责任时，应当考虑的因素包括行为人和受害人的职业、影响范围、过错程度以及行为的目的、方式、后果等。各个要素得到满足的程度会影响责任成立，例如行为人的行为如果是出于舆论监督的目的，可能降低其构成侵害的可能。

（2）考虑要素之间的协作。动态系统论的“动态”，是指法律规范或者法律效果由与要素的数量和强度相对应的协动作用来确定，这里的“动态”即是指要素之间具有互补性[2]。法官在考量这些因素时，不是简单地考量是否满足某一因素，而是兼顾各种因素，有的因素虽然强度低，但如果其他因素强度高，则仍然可以导致责任的成立。

2. 根据侵害的状态和后果确定责任承担方式

行为人承担责任的方式，应当依据行为的状态和后果予以确定。如果对人格权的妨害或者侵害处于持续状态，则行为人需要承担预防性的法律责任；如果行为使他人名誉受损，则行为人可能还需要承担补救性的法律责任。

3. 根据责任相称原则确定承担责任的具体形式

《民法典》第一千条规定，行为人因侵害人格权承担消除影响、恢复名誉、赔礼道歉等民事责任的，应当与行为的具体方式和造成的影响范围相当。根据该规定，在确定行为人承担具体责任形式时，应当与行为方式、行为后果相称。

（三）损害赔偿责任认定

损害赔偿责任的认定同样涉及责任成立与否、责任承担方式与责任承担形式的问题。由于损害赔偿一般通过金钱给付的形式履行，因此责任承担方式与责任承担形式可以转化为确定赔偿数额的问题。

1. 运用构成要件理论认定损害赔偿责任成立与否

侵害精神性人格权案件损害赔偿责任的认定适用过错责任的构成要件。在人格权请求权责任认定时，已经确定了违法行为，因此需重点关注损害后果、主观过错及因果关系。只有这些要件全部满足，行为人才需要承担损害赔偿责

[1] 参见王利明：《民法典人格权编中动态系统论的采纳与运用》，载《法学家》2020年第4期。

[2] 参见解亘，班天可：《被误解和被高估的动态体系论》，载《法学研究》2017年第2期。

任。如果行为人不存在过错，或未产生损害，则无须承担损害赔偿责任。

2. 综合考量涉案因素确定损害赔偿数额

在确定损害赔偿数额时，可以借用动态系统论的方法：

（1）确定财产损失数额。财产损失包括财产利益损失及维权合理支出，其中，财产损失部分，权利人通常难以证明其因侵权行为受到的损失或者侵权人的获利情况，根据《民法典》第一千一百八十二条的规定，可以综合行为方式、影响范围、当地收入水平等多种因素确定赔偿数额。

（2）确定精神损害赔偿数额。精神损害具有高度的主观特性，难以通过计算的方式确定赔偿数额。《最高人民法院关于确定民事侵权精神损害赔偿责任若干问题的解释》通过列举诸多精神损害赔偿数额判断的因素，建立了一个动态浮动的系统，为法官确定赔偿数额提供了可参考的标准。

《民法典》背景下重构侵害精神性人格权案件责任认定思路及裁判思路如图 8 所示。

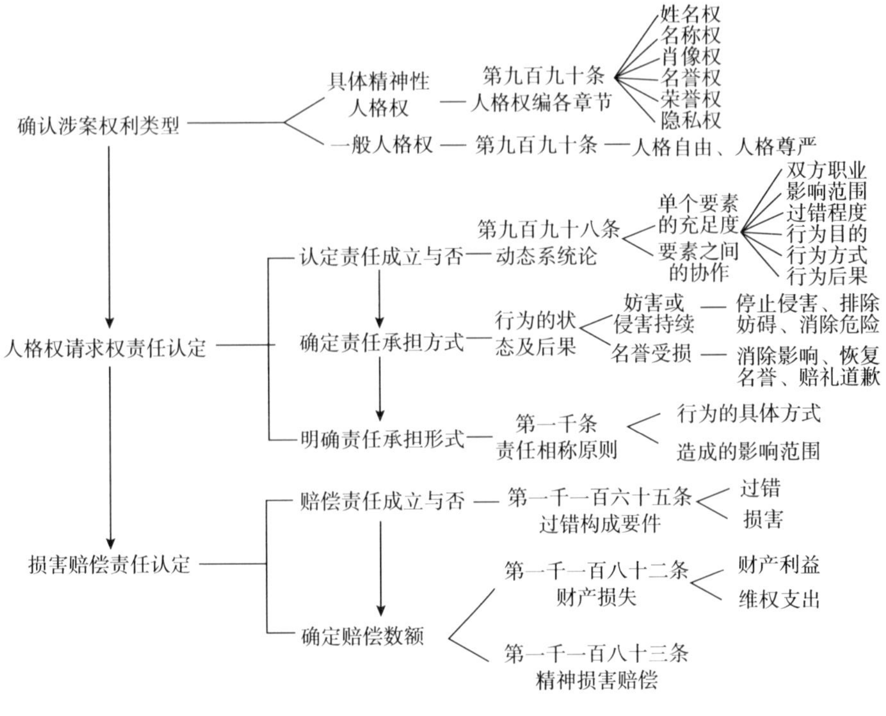

图 8 《民法典》背景下重构侵害精神性人格权案件责任认定思路及裁判依据

五、结语

裁判尺度的统一，是指法官在裁判时应当尊崇适用规则的一致性。解决裁判思路上的争议，不仅可以在个案中实现对人格权益的保护，而且可以在类案中形成统一的裁判思路，有利于实现类案裁判尺度的统一。

使用明星肖像造成虚假代言效果时应承担更重的赔偿责任

——孙某某与浙江某安防科技有限公司网络侵权责任案[1]

刘　邢[*]　靳英芳[**]

典型意义

虚假代言通常指经营者在未与肖像权利人签署代言合约的情况下，意图利用明星效应增加产品销量和其品牌知名度，擅自将明星肖像用于产品推荐、品牌推广的行为，虚假代言侵权极易使消费者产生经营者与明星存在代言关系的误认。该类案件中侵权行为人主观故意明显，肖像使用场景多样且传播影响力更大，不但会对消费者产生误导、欺骗的效果，而且还会对明星本人商业代言的诚信产生不利影响，侵害商业代言市场秩序。相较于一般侵害肖像权的行为，虚假代言侵权造成的损害后果更大，应当承担更重的侵权责任。本案作为利用信息网络侵害明星肖像权、造成虚假代言效果的典型案例之一，按照司法解释上限50万元作为最终赔付金额，体现出侵害肖像权造成虚假代言效果的应当承担更重赔偿责任的裁判规则。该案入选《中国法院2022年度案例》。

关键词　网络侵权　肖像权　姓名权　虚假代言

---

❶ 一审裁判文书字号：北京互联网法院（2019）京0491民初37915号民事判决书（2020年4月26日）。

一审合议庭组成人员：审判长刘邢、审判员楼三丹、审判员张倩。

* 刘邢，曾任北京互联网法院立案庭法官。

** 靳英芳，北京航空航天大学法学院研究生。

案情介绍

原告孙某某，系知名影视演员。被告为浙江某安防科技有限公司（以下简称浙江某公司），其经营范围包括防盗门、铝合金门窗等。2018 年 3 月至 9 月，浙江某公司微信公众号陆续推送 5 篇含有孙某某肖像的广告文章，部分文章中含有“《××绅士》主演：孙某某携手助力某某门窗”的广告宣传语。2019 年 4 月，浙江某公司官方网站首页显著位置发布有 4 幅孙某某正面半身像图片并配有“《××绅士》主演：孙某某 携手助力某某门窗”等广告语以及该公司产品品牌介绍、合作方式、产品、预约合作的详细介绍，内容旁另穿插 5 幅孙某某的肖像图片。在网站门窗合作页面显示的实体店铺图片中，配有 8 幅孙某某的肖像图片。

原告孙某某诉称：被告未经原告许可以营利为目的在官网、微信公众号上擅自使用原告的肖像进行广告宣传，而且被告未经原告同意和授权，擅自以原告代言的名义实施广告宣传活动，以抬高被告身价，谋求不正当的利益。被告的上述行为已涉嫌严重侵犯原告的肖像权和姓名权。被告发布该内容旨在利用名人效应来吸引浏览者，进而达到对其所经营的智能门窗产品进行广告宣传的目的，并且因被告发布的内容具有明显的虚假代言性质，被告的行为还涉嫌构成虚假宣传（发布虚假广告），严重侵犯了消费者的合法权益，损害社会公共利益。本案被告在未经原告允许的情况下，擅自在对外商业推广宣传过程中使用原告的肖像，极易使大众误认为原告与被告之间存在某种合作关系或其他直接关系，这与事实明显不符，也是对原告极大的不尊重，影响了原告的正常商业代言工作，并由此给原告造成一定程度的经济损失。因此，原告要求浙江某公司立即停止侵权、公开赔礼道歉，赔偿经济损失及维权合理开支。

被告浙江某公司辩称：（1）其官网和微信公众号已经在收到律师函之后删除相关宣传信息，门店亦于 4 月停止招商。（2）原告要求被告在报纸上公开致歉没有依据。（3）被告没有因此获利，甚至亏本，原告主张的经济损失和合理开支没有法律依据。（4）被告与第三方签订了合同，有权使用《××绅士》的海报、剧照等，故不同意赔偿。

裁判内容

北京互联网法院经审理认为，本案主要的争议焦点包括：一是浙江某公司是否构成对孙某某肖像权、姓名权的侵害；二是如果浙江某公司构成对孙某某肖像权、姓名权的侵害，则应当如何承担侵权责任。

一、浙江某公司的行为是否侵害了孙某某的肖像权、姓名权

（一）肖像权

自然人的肖像权受法律保护，未经本人同意，不得制作、使用、公开肖像权人的肖像。浙江某公司在购买孙某某的肖像照片进行商业使用时，应对肖像的来源、权属等事项审慎查验，案外人向浙江某公司提供孙某某肖像照片时，并未提供电视剧出品人的授权及肖像许可使用授权。浙江某公司亦未审核涉案照片是否与《××绅士》剧照有关，故对浙江某公司主张使用孙某某肖像拥有合法权利来源的抗辩不予采信，浙江某公司对此存在过错。浙江某公司未经肖像权人孙某某的许可，擅自在其官方网站、微信公众号中将孙某某的肖像大量用于其商业广告推广，且使用方式为将孙某某作为其商业代言人，冒名进行商业宣传，具有以营利为目的使用肖像的明显特征[1]，侵害了孙某某的肖像权。

（二）姓名权

公民享有姓名权，有权决定、使用和依照规定改变自己的姓名，禁止他人干涉、盗用、假冒。浙江某公司在其运营的网站中未经孙某某同意使用其姓名，系以冒用孙某某的姓名进行宣传，易使他人误认为孙某某同意浙江某公司使用自己姓名进行商业代言，侵犯了孙某某的姓名权。

二、浙江某公司应当如何承担侵权责任

自然人的肖像权、姓名权受到侵害的，有权要求停止侵害、消除影响、赔

[1] 根据《民法典》第一千零一十九条的规定，肖像权侵权不再将“以营利为目的”作为侵权构成要件。

礼道歉，并可以要求赔偿损失。鉴于在浙江某公司官方网站、主办的微信公众号中使用孙某某肖像的图片和孙某某的姓名已经删除，该侵权行为已经停止，法院不再就此判令该公司停止侵权。关于孙某某诉请浙江某公司公开赔礼道歉的请求，于法有据，法院予以支持。浙江某公司赔礼道歉的方式应与其侵权的具体方式和所造成的影响范围相当，但考虑到侵权网站确已无法打开，故法院将结合前述因素，依法确定赔礼道歉的具体方式。《中华人民共和国侵权责任法》（已废止）第二十条规定：侵害他人人身权益造成财产损失的，按照被侵权人因此受到的损失赔偿；被侵权人的损失难以确定，侵权人因此获得利益的，按照其获得的利益赔偿；侵权人因此获得的利益难以确定，被侵权人和侵权人就赔偿数额协商不一致，向人民法院提起诉讼的，由人民法院根据实际情况确定赔偿数额。

本案中，孙某某为证明其经济损失，向法院提交《形象代言人合同》，但协议中体现的代言领域、肖像使用条款与本案存在一定差异，故法院对其主张不予采信，但该代言协议所反映孙某某肖像、姓名许可使用的市场价值，对本案具有一定的参考意义。因原告孙某某亦未提交证据证明被告获利情况，故法院将根据案件实际情况确定具体赔偿金额。

本案中，孙某某作为演员，有较高的知名度，其肖像和姓名的使用已经具有较高的商业价值，浙江某公司将孙某某的肖像图片修改成品牌代言的广告且配有孙某某的姓名及推荐语，同时发布在其官方网站和微信公众号上吸引公众注意，容易使公众形成浙江某公司与孙某某之间存在品牌代言关系的误认，侵权主观故意明显。且依据一般常识，明星进行品牌代言通常比单纯的肖像许可使用的市场价格更高，企业以品牌代言方式使用明星肖像比单纯配图使用明星肖像的影响更大。此外，浙江某公司使用孙某某肖像、姓名持续时间较长，在收到孙某某律师函至第一次庭审期间始终未能停止侵权行为。

综合上述因素，法院认为被告侵权情节严重，应当依据《最高人民法院关于审理利用信息网络侵害人身权益民事纠纷案件适用法律若干问题的规定》（以下简称《利用信息网络侵害人身权益司法解释》）（法释〔2014〕11 号）第十八条第二款规定的赔偿金额之上限承担赔偿责任。

裁判结果

北京互联网法院依照《中华人民共和国民法总则》第一百一十条、第一百七十九条，《中华人民共和国侵权责任法》第二条、第六条、第十五条、第二十条，《最高人民法院关于审理利用信息网络侵害人身权益民事纠纷案件适用法律若干问题的解释》（法释〔2014〕11 号）第十八条，《中华人民共和国民事诉讼法》第六十四条第一款之规定，作出如下判决：

一、浙江某公司于本判决生效之日起十日内在微信公众号连续三十日登载声明，并在《人民法院报》登载声明一次，向孙某某赔礼道歉；

二、浙江某公司于本判决生效之日起十日内赔偿孙某某经济损失 500000 元及维权合理开支 3000 元，以上共计 503000 元；

三、驳回孙某某的其他诉讼请求。

判决作出后，双方当事人均未提起上诉，一审判决已生效。

法官解读

自然人的肖像权受到侵害的，有权要求停止损害、消除影响、赔礼道歉，并可以要求赔偿损失。本案中，被告未经原告授权，在其经营网店的商品销售页面以及微信公众号等媒介上使用载有以原告肖像为模特的图片，构成对原告肖像权的侵害。被告未与原告签署代言合约，擅自将明星肖像用于产品推荐、品牌推广，意图利用明星效应增加产品销量和品牌知名度，足以使消费者产生经营者与明星存在代言关系的误认，构成虚假代言。

在造成虚假代言效果的案件中，侵权人主观故意明显，肖像使用场景多样且传播影响力大，不但会对消费者产生误导、欺骗的效果，而且还会对明星本人商业代言的诚信产生不利影响，扰乱商业代言市场秩序，比一般侵害肖像权行为造成的损害后果更大，因此应当承担更重的侵权责任。

本案作为利用信息网络侵害明星肖像权、造成虚假代言效果的典型案例，其在侵害行为、损害后果等方面具有网络侵权的典型特征。法院综合考虑原告的社会知名度，认为被告侵权情节严重，行为影响恶劣，最终判决被告停止侵权、赔礼道歉，并依据《最高人民法院关于审理利用信息网络侵害人身权益民事纠纷案件适用法律若干问题的解释》（法释〔2014〕11号）第十八条第二款规定的赔偿金额上限作为最终赔付金额，体现出侵害肖像权造成虚假代言效果应当承担更重赔偿责任的裁判规则。

本文以本案例为切入点，结合北京互联网法院受理（自2018年9月9日至2020年8月31日）的涉及网络侵害肖像权案件情况[1]，就利用网络环境侵害肖像权案件的主要特征进行分析，进而阐述了使用明星肖像造成虚假代言效果应当承担更重赔偿责任的裁判规则，并对社会公众提出了相关建议。

一、利用网络侵害肖像权案件的主要特征

（一）权利主体所属领域集中

据统计，在涉网侵害肖像权案件中，约98.7%的肖像权利人属于演艺领域，体育领域、文化领域也有所分布。公众人物涉网侵害肖像权案件频发，一方面体现出侵权行为人传播肖像时法律意识淡薄，另一方面也体现出权利人肖像在社会、经济和文化生活中具有较高价值。

随着市场经济和大众消费社会的高度发展，包括肖像权在内的部分人格权的人格要素越来越具有经济价值，这种经济价值既能够给权利人带来可观的经济收益，同时也容易成为部分市场主体商业行为的侵害对象，我国《民法典》关于肖像权保护的相关条文正是对这一现实社会问题的回应。

本案中，权利主体孙某某作为影视明星，在社会上拥有高于普通公众的知名度。其凭借个人的知名度，通过肖像权和姓名权的许可使用，在广告代言、影视拍摄中获得经济收益。被告在未经权利人许可的情况下，擅自使用权利人肖像，给权利人造成了较大的经济损失。

（二）侵权主体分布具有明显的行业特色

据统计，北京互联网法院受理的肖像侵权案件，被告所属以美容、化妆品行业居首，占比为33.5%，其次为医疗和服装服饰行业，各占比为6%，珠宝

[1] 参考《北京互联网法院关于网络环境中侵害肖像权案件的调研报告》。

行业占比约3%。其他侵权行为人广泛分布于教育、旅游、健身、金融、游戏等行业。肖像使用与公众人物在影视剧、综艺节目中的角色形象，以及日常生活中的人物设定等因素密切相关。

本案中，侵权主体所属行业虽然并非美容、化妆品等行业，但是其经营产品为门窗，为公众日常生活所必需，被告对原告肖像的使用与原告在影视剧中扮演的角色形象以及日常生活中的人物性格设定密切相关。

（三）侵权场景集中于头部网络媒体

据北京互联网法院统计，从使用场景上看，84%的肖像被使用于微信公众号中，主要以文章配图的形式展现；15%的肖像被使用于各大电商平台的网络店铺，以及企业官方网站或微博中，以商品或服务推介方式展现。

本案中被告使用原告肖像的场景，既包括微信公众号发布的文章，也包括被告经营的企业官方网站，侵权方式存在于多种场景之中。

（四）侵权损害后果显著扩张

相较于传统媒体，网络媒体传播速度更快、传播范围更广、影响力更大、成本更低廉。网络传播的特点也决定了侵权损害后果的不可控性。例如，“葛优躺”剧照被制作成各类表情包，未经权利人许可被网络用户长期使用于各类网络场景中，甚至出现丑化、污损肖像等行为，成为持续诱发此类侵权诉讼的重要原因。

本案中，网络传播的特点也决定了侵权损害后果的不可控性，这既扩大了侵权损害后果的范围，又为日后消除侵权影响增加了难度。

（五）具有侵害财产利益的显著特征

北京互联网法院受理的肖像权纠纷中，使用公众人物肖像直接用于广告推销的侵害行为约占14.9%，例如在网络店铺中售卖明星同款商品、制造虚假代言等，而约占50.8%的侵害行为以植入软文广告等更为隐蔽的方式出现。肖像权保护传统理念以人格利益为主、财产利益为辅，但在网络环境中出现人格利益和财产利益保护并重的趋势。

本案中，孙某某作为演员，其肖像和姓名的使用具有较高的商业价值。侵权行为人擅用孙某某肖像和姓名造成虚假代言效果，使公众形成被告与原告之间存在品牌代言关系的误认，相较于原告的人格利益，对原告财产利益造成的损失更大。

二、使用明星肖像造成虚假代言效果应当承担更重赔偿责任

造成虚假代言效果，是指侵权人未经肖像权人同意，擅自制作、使用或公开肖像权人肖像，并将上述行为与侵权人所经营的产品或品牌相结合，足以使社会公众产生该产品或品牌与肖像权人存在代言关系的误认。

一般侵权行为的侵权责任构成要件包括侵害行为、损害后果、二者之间的因果关系及过错。从要件构成角度分析，造成虚假代言效果的案件亦有别于一般肖像侵权案件：一是侵害行为具有更加明显的商业特征。在该类案件中商品或品牌与明星肖像结合更加紧密，并通常伴有“鼎力支持”“倾情推荐”等相关推荐语。二是以商业代言的方式使用明星肖像，比使用其他方式影响更大。这种影响一方面体现在侵权期间企业违法获得的利益将显著增加，另一方面体现在对肖像权人的同类代言、个人声誉等将产生不利影响。三是侵权人在明知没有获得授权的情况下使用明星肖像进行商业代言宣传，通过违法行为提升企业效益，相比普通侵权行为主观过错更加明显。

在本案中，原告孙某某作为知名演员，其肖像已经具有较高的商业价值，浙江某公司将孙某某的肖像图片修改成品牌代言的广告且配有孙某某的姓名及推荐语，同时发布在其官方网站和微信公众号上吸引公众注意，极易使公众形成浙江某公司与孙某某之间存在品牌代言关系的误认。

而浙江某公司以营利为目的使用原告肖像，虽然其主张通过与第三方签订了合同，有权使用相关海报和剧照，但其提供的与第三方签订的合同为《销售合同》，并非正式的许可授权合同，也没有主动审查肖像的制作、使用、公开是否获得肖像权人许可，因此存在虚假代言的主观故意和恶意。因此，该类案件中的行为人应当比普通案件承担更重的赔偿责任。

综上，本案在具备网络侵权传播范围更广、影响力更大等特点的同时，兼具产生虚假代言效果，法院依据案件基本事实，最终以《最高人民法院关于审理利用信息网络侵害人身权益民事纠纷案件适用法律若干问题的解释》法释〔2014〕11号规定的赔偿上限作为判赔金额，为网络环境中肖像权人被侵

害的司法保护提供了有益借鉴。

三、对社会公众的建议

在科学技术不断发展的互联网时代，公众肖像以及明星肖像被不当使用的风险在不断增加。特别是未经许可制作、使用、公开公众肖像/明星肖像的，需要承担侵害肖像权的相应法律风险。

对于网络环境下侵害肖像权案件，行为人以营利为目的使用他人肖像时，应当与肖像权人签署肖像许可使用合同。如果所使用的肖像由他人提供，使用者应当承担审慎的注意义务，主动审查肖像的制作、使用、公开是否获得肖像权人许可，并留存相应的证据。对于商品或服务中已经使用他人肖像但不符合使用条件的，应当立即停止侵权、删除肖像载体，避免侵权损害后果进一步扩大，否则将承担高额的赔偿责任。

自然人身体部位肖像权侵权认定

——刘某与某家政服务有限公司网络侵权责任纠纷案[1]

赵晓畅*　张　帆**

典型意义

在判断肖像权的可识别性时，一方面要考虑涉案载体本身的可识别性，另一方面要考虑肖像载体所配文字、图片等其他内容是否会使得一般公众将涉案载体反映形象与自然人相关联。本案系《中华人民共和国民法典》（以下简称《民法典》）实施后的新类型侵犯肖像权案件，适用了《民法典》人格权编的最新规定进行审理，提出了肖像权侵权认定的两步判断法，体现了对公民肖像权进行实质、完整保护的立法精神，在社会生活纷繁复杂、肖像使用形式丰富的当下，有利于社会公众知悉、了解肖像权保护的积极变化，也促使社会形成严格尊重他人肖像的知法守法氛围。

关键词　肖像权　身体部位特写　可识别性　肖像侵权

案情介绍

原告刘某为知名田径运动员，曾获得奥运会冠军荣誉。被告某家政服务有限公司是微信公众号“××保姆”的认证及运营主体。

---

[1] 一审裁判文书字号：北京互联网法院（2022）京0491民初9305号民事判决书（2022年9月9日）。一审审判员：赵晓畅。

* 赵晓畅，北京互联网法院审判管理办公室（研究室）副主任。

** 张帆，北京互联网法院审判管理办公室（研究室）法官助理。

2015年5月8日，被告在其运营的微信公众号发布题为《普通也伟大，平凡也能飞翔》的配图文章，其中使用了9张图片，分别为面部特写图片1张，头部、四肢、躯干等身体部位特写图片8张（包括：左眼特写1张，嘴部特写1张，右耳特写1张，手部特写1张，脚部特写2张，胸部特写1张，背部特写1张），上述图片均贴有文字。文章开头有“他13岁接触跨栏，2004年，雅典奥运，他夺冠破纪录。2006年，瑞士格桑，又以12秒88打破世界纪录，让所有的黄种人扬眉吐气!”等文字描述，文章底部有“不只是刘某，我们每个劳动者，每个普通人都是这样”等文字描述。文末附有“m. 51baomu. cn/w20150408××保姆网，找保姆无忧 数万名保姆、月嫂、育儿嫂在线等候挑选”等宣传内容及微信二维码等信息。

此外，截至2022年4月28日，涉案文章已删除。经比对，涉案文章发布的图片与某品牌官方微博账号于2015年4月7日发布的动图内容一致。

裁判内容

北京互联网法院经审理认为，本案争议焦点是涉案头部、四肢、躯干等身体部位的8张特写图片是否侵犯原告肖像权。

肖像作为特定自然人外部形象最明显的标志，反映特定自然人的外部形象特征，彰显其社会存在，与人格尊严密切相关。肖像权是自然人依法享有的具体人格权，任何组织或个人不得侵害。《民法典》第一千零一十八条第二款规定，肖像是通过影像、雕塑、绘画等方式在一定载体上所反映的特定自然人可以被识别的外部形象，明确肖像界定的三个要素为“外部形象”“载体反映”“可识别性”，其中最关键的是“可识别性”。《民法典》第一千零一十九条第一款规定，未经肖像权人同意，不得制作、使用、公开肖像权人的肖像，但是法律另有规定的除外。本案中，被告使用涉案图片共9张，其中1张为面部特写图片，清晰反映了原告的外部形象，明显具有可识别性，构成对原告肖像权的侵犯。

对于头部、四肢、躯干等身体部位的8张特写图片是否侵犯原告肖像权，北京互联网法院认为，肖像是自然人呈现的可被识别的外部特征，不局限于面部形象，但仍以可识别性作为判断是否属于肖像的核心。以图片为载体的肖像，其可识别性在于该载体是否再现了特定自然人的外观相貌综合特征，并能使一般人凭直观感觉清晰辨认相关内容属于特定自然人。本案中，综合考虑上述8张图片使用方式，结合图片上所附文字内容，能够使社会公众识别出图片内容对应原告本人。理由是：首先，涉案文章使用了1张完整面部肖像，文字中亦提到“2004年，雅典奥运，他夺冠破纪录”“2006年，瑞士格桑，又以12秒88打破世界纪录”，在文末指出了原告姓名，加之原告属于公众人物，加强了相关图片对原告本人的指向性。在“已使用完整面部肖像+文字描述人物特征”的情况下，涉案的左眼特写（包括左脸眉毛以下、嘴巴以上部位）作为原告的面部特征，已经足以使一般人认识到图片对应原告本人，可识别性已经达到肖像所需要的可识别性要求。其次，涉案身体部位图片，包括手、脚、胸腔、背部等部位的特写，在单独使用的情况下一般不足以使社会公众清晰辨认相关部位属于特定自然人，但综合考虑涉案文章篇幅不长、涉案图片风格统一、文字描述内容指向性明确等因素，北京互联网法院认为一般社会公众在阅读涉案文章时，足以产生系列图片均为原告本人的认知，已达到具有可识别性的程度。综上，北京互联网法院认定被告涉案文章中使用的图片构成对原告肖像权的侵犯。

裁判结果

北京互联网法院依照《中华人民共和国民法典》第一百一十条、第一百七十九条、第一千条、第一千零一十八条、第一千零一十九条、第一千零二十条、第一千一百八十二条的规定，判决如下：一、被告某家政服务有限公司于本判决生效之日起十日内在其微信公众号“××保姆”连续登载声明向原告刘某赔礼道歉，致歉内容连续保留十日（致歉内容须经本院审核，如逾期未履行，本院将根据原告申请，选择一家全国范围内公开发行的报纸，刊登本判决主要内容，费用由被告负担）；二、被告某家政服务有限公司于本判决生效之日起十日内赔偿原告刘某经济损失5000元；三、驳回原告刘某的其他诉讼请求。判决后，原被告均未在上诉期内提起上诉，本案判决已经生效。

法官解读

一、《民法典》视野下肖像权的权利内容

（一）肖像

《民法典》第一千零一十八条第二款明确规定，肖像是通过影像、雕塑、绘画等方式在一定载体上所反映的特定自然人可以被识别的外部形象。肖像作为反映特定自然人的外部形象特征的标志，关系到自然人的社会评价，是自然人最重要的主体性要素之一，与人格不可分割。在法理上，肖像的概念有广义、狭义之分，狭义上的肖像强调能体现面部形象特征的才可被称为“肖像”，这是早期的观点。广义上的肖像则为个人外部形象，即非面部形象只要足以呈现特定自然人的形象特征，也可以被认定为“肖像”，该观点为现在多数学者所赞同。在《民法典》中将肖像定义为一种外部形象，从而拓宽了肖像界定的解释空间，并在司法实践中得到进一步体现，如最高人民法院发布的民法典颁布后人格权司法保护典型民事案例“知名艺人甲某肖像权、姓名权纠纷案”中明确，具有明显可识别性的肖像剪影属于肖像权的保护范畴。本案中，被告在其微信公众号中使用的图片既包括狭义上的自然人面部肖像，也包括身体部位特写，对于身体部位特写是否足以呈现本案原告的形象特征，构成自然人可识别的外部形象，还需要结合具体案件情况再作判断。

（二）肖像权

首先，肖像权的权利主体限定为自然人。《民法典》第一百一十条通过列举的方式列出了权利主体享有的具体人格权，肖像权仅列于自然人享有的权项中；第一千零一十八条第一款中进一步明确“自然人享有肖像权”，该表述调整了《中华人民共和国民法通则》（已废止）第一百条规定中“公民享有肖像权”的表述，在法律术语使用方面更加精准，进一步突出了肖像作为反映特定自然人外部形象最明显的标志，与自然人人格尊严的密切相关性。本案中，刘某作为肖像权人，享有肖像权，任何组织或个人不得侵害。

其次，肖像权人享有对自己肖像的制作、使用和公开的权利。《民法典》第一千零一十八条规定，自然人有权依法制作、使用、公开或者许可他人使用自己的肖像。从法理上分析，肖像权的内容主要有以下三个方面：第一，制作权，是指自然人有权通过拍摄、雕塑、制作头像硬币等方式再现其外部形象，他人未经同意不得制作其肖像。第二，使用权，是指自然人有权决定使用自己的肖像以及以何种方式，在何时、何地使用或许可他人使用，包括是否在书籍、报刊、电影、电视、网络等载体中使用其肖像，包括发表、复制、发行、出租、展览等使用方式。第三，公开权，是指自然人对是否公开自己的肖像以及公开之时间、方式、地点有决定权，包括以广告宣传、装饰橱窗、用作商标等方式将其肖像公之于众，肖像的公开是一个从私密到为公众所知的过程。此外，许可他人使用，是指自然人同意他人使用自己的肖像，其中也包括以商业为目的使用肖像。本案中，被告所使用的图片原始来源为某品牌官方微博账号，涉案图片发布于网络平台，但仅能据此推定其同意在特定宣传活动中使用涉案图片，而非肖像权人默许他人使用相关图片。被告虽然在公开渠道获取涉案图片，但其未经许可擅自使用含有原告肖像的图片的行为，仍存在侵害原告肖像权的可能。

再次，肖像权兼具精神利益和财产利益。肖像权的精神利益保护体现在尊重自然人制作肖像、公开肖像、使用肖像的主体意愿。首先，肖像的制作及修改需获得权利人之许可。肖像作为一种直观、真实的自然人外部形象，代表自然人人格特征、精神风貌，因此，不同形式和目的之肖像使用能给权利人带来不同的社会评价，从而影响其精神利益。未经许可的制作、修改可能导致权利人的精神利益受损。其次，肖像的公开需充分尊重权利人的意愿，肖像可以作为自然人的隐私而由权利人决定是否公之于众。最后，肖像的使用目的需要符合权利人意愿。肖像权的财产利益主要表现为，肖像权人通过授权许可他人使用其肖像而获得收益。实践中常见的是利用公众人物肖像进行商业广告宣传。从肖像的商业价值角度而言，因特定形象的肖像可能符合某产品特质及宣传目的，所以自然人的肖像能够带来财产性收益。因此，肖像权人就其肖像之使用理应获得报酬。

本案中，被告未经许可擅自使用含有原告肖像的图片，且考虑到原告作为知名田径运动员，其肖像具有一定商业价值，被告该行为既侵害了原告对其肖像享有的精神利益，又侵犯了原告对其肖像享有的财产利益。从责任承担的角度来看，应区分侵犯何种利益并明确保护方式及责任承担形式。本案中，被告就其损害原告精神利益之责任承担形式包括停止侵害、赔礼道歉，就其损害财产利益之责任承担形式包括停止侵害、赔偿损失。

二、《民法典》视野下肖像权的侵权认定

《民法典》第一千零一十八条第二款明确规定，肖像是通过影像、雕塑、绘画等方式在一定载体上所反映的特定自然人可以被识别的外部形象，明确了肖像界定的三个要素为“外部形象”“载体反映”“可识别性”，其中最关键的是“可识别性”，在司法实践中法官对“可识别性”的判断需要结合个案实际情况进行具体分析。具体到本案，在侵权人使用局部特写照片情况下对肖像的判断标准，需要结合案情分别考虑“外部形象”“载体反映”及“可识别性”。

（一）外部形象的联想

所谓外部形象，即肖像应当能够再现个人的相貌等综合特征，并能引起一般人产生与某一自然人有关的思想或情感活动。外部形象以面部形象为主，但不局限于面部形象，只要能够呈现出自然人的外部形象，并且可以使他人清楚识别出该外部特征属于特定自然人即可。本案中，考虑到涉案文章使用了1张完整面部肖像图片，文字中亦提到“2004年，雅典奥运，他夺冠破纪录”“2006年，瑞士格桑，又以12秒88打破世界纪录”，在文末指出了原告姓名，加之原告属于公众人物，加强了相关图片对原告本人的指向性。据此认定，在“已使用完整面部肖像+文字描述人物特征”的情况下，能够使社会公众识别出图片内容对应原告本人。

（二）反映载体的类型

肖像需要通过一定的载体予以反映，包括影像、雕塑、绘画等方式，并由此产生了漫画形象、PS模糊处理、肖像剪影、个人局部形象等多种类型的肖像使用方式。载体不同并不影响肖像权侵权的判断，因为肖像权所保护的对象并非肖像本身，而是肖像与个人身份直接关联所存在的人格利益，就本案而言，肖像的载体为影像。

（三）可识别性的判断

肖像作为自然人的“标表符号”，具备可识别的天然属性，由此自然人对肖像的公开或使用才得以成为私人事务，并使得肖像与自然人人格尊严相关联。对人格尊严的保护是人格权制度的基本功能，肖像权作为一种标表型人格权，可识别性是肖像的本质特征，亦是其受到法律保护的前提条件，基于可识别性，自然人的肖像权既具备自己行使的积极权能，又具备阻止他人未经许可使用的消极权能。因此，肖像权所保护的“肖像”应具有可识别性，包含特定自然人的个人特征，从而能够明确指代其所对应的权利主体。当下，自然人肖像的传播形式和传播途径都发生了巨大的改变，肖像商业使用中宣传活动方案的多样性和网络平台传播的便捷性极大地丰富和增加了自然人肖像的使用方式、传播速度和传播范围，对司法实践判断肖像权侵权带来一定的挑战。对此，笔者以为在判断肖像的可识别性时，一方面要考虑涉案载体本身的可识别性，另一方面要考虑肖像载体所配文字、图片等其他内容是否会使得一般公众将涉案载体反映形象与自然人相关联。本案中，涉案图片为组图，图片使用方式为图文交叉使用，因此在考虑图片是否具有可识别性的时候，不能只考虑图片本身的可识别性，而需要结合图片本身的特征和图片的使用方式综合判断。据此，在本案中存在大量文字描述且已点明原告姓名的情况下，综合考虑原告本人的知名度，涉案的左眼特写（包括左脸眉毛以下、嘴巴以上部位）作为原告的面部特征，足以使一般人认识到图片对应原告本人，可识别性已经达到肖像所需要的可识别性要求。对于涉案身体部位图片，包括手、脚、胸腔、背部等部位的特写，在单独使用的情况下一般不足以使社会公众清晰辨认相关部位属于特定自然人，但综合考虑涉案文章篇幅不长、涉案图片风格统一、文字描述内容指向性明确等因素，足以认定一般社会公众在阅读涉案文章时，能够产生系列图片均为原告本人的认知，已达到具有可识别性的程度。

（四）肖像权的合理使用

《民法典》第一千零二十条规定了肖像权合理使用的五种情形，包括个人学习、艺术欣赏、课堂教学或科学研究，实施新闻报道，国家机关履行法定职责，展示特定公共环境，维护公共利益或肖像权人合法权益五类。该条款的设定是为了协调自然人的肖像权益与包括促进社会进步、文化发展、新闻自由、社会公共利益、国家利益等在内的诸多公共利益。本案中，被告提出抗辩称涉案文章内容系赞美刘某永不放弃、坚持到底的拼搏精神，并没有对刘某发表任何负面或丑化的评论，未贬损原告的形象，故该公司行为不构成侵权。对此，被告之抗辩事由并非任意一种合理使用情形，即便是最为接近的个人欣赏学习，被告将原告肖像图片置于互联网中，使得任何人可以在任何时间获取，并不符合“在必要范围内使用肖像权人已经公开的肖像”的要件要求。

综上，基于以上四个方面认定被告未经授权使用涉案图片构成对原告肖像权的侵犯。

三、小结

《民法典》对肖像权的立法坚持以人为本的基本原则，侧重于保护肖像权人的合法权益，这是《民法典》加强对人格权保护的体现，也是我国民事立法日益完善的有力例证。在社会生活纷繁复杂、肖像使用形式丰富的当下，对肖像权侵权的认定需要结合具体案情具体判断。该判断可分为两步：一是区分考虑涉案情形是否满足肖像“外部形象”“载体反映”“可识别性”的三个要素，即明确被告是否使用了肖像；二是分析合理使用的可能及是否取得合法授权，即明确被告使用肖像行为的正当性。

自然人虚拟形象的人格权侵权认定及其保护规则

——何某与上海某人工智能科技有限公司网络侵权责任纠纷案❶

孙铭溪[*]　毛春联[**]

典型意义

应用开发商利用涉案软件的功能设计和算法运用，基于何某的姓名、肖像、人物性格等众多人格要素与粉丝群体共同创设了何某的虚拟形象。人民法院对虚拟形象所涉及的人格利益进行了解构，对于不同类型的人格利益，分别以具体人格权和一般人格权进行了保护。本案是全国首例利用算法设计组织实施人格权侵权的新类型案件，入选最高人民法院“民法典颁布后人格权司法保护典型民事案例”。

关键词　虚拟形象　具体人格权　一般人格权

案情介绍

被告（上诉人）上海某人工智能科技有限公司（以下简称上海某公司）

---

❶ 一审裁判文书字号：北京互联网法院（2020）京 0491 民初 9526 号民事判决书（2021 年 8 月 30 日）；二审裁判文书字号：北京市第四中级人民法院（2021）京 04 民终 777 号民事裁定书（2022 年 1 月 12 日）。

一审合议庭组成人员：审判长孙铭溪、审判员刘邢、审判员伊然。

* 孙铭溪，北京互联网法院综合审判三庭庭长。

** 毛春联，北京互联网法院综合审判三庭法官助理。

是某款手机记账软件的开发运营者，用户在该软件中可自行创设“AI陪伴者”，设置陪伴者的名称、头像，设置与该陪伴者的人物关系（如男女朋友、兄妹、母子等）。原告（被上诉人）何某系公众人物，知名度较高，在该款软件中被大量用户设置为陪伴人物。用户在设置“何某”为陪伴人物时，上传了大量何某的肖像图片作为人物头像，同时设置了人物关系。上海某公司通过聚类算法，将陪伴者“何某”按身份分类，并以协同推荐算法向其他用户推介该角色。为了使AI角色更加拟人化，上海某公司还为AI角色提供了“调教”算法机制，即用户上传各类文字、肖像图片、动态表情等互动语料，部分用户参与审核，上海某公司使用人工智能筛选、分类，形成人物语料。用户和该软件为“何某”制作了人物语料，并加入了系统推送，根据话题类别、角色的人设特点等，用于“何某”与用户的对话中，为用户营造一种与何某真实互动的体验。

原告何某诉称：上海某公司作为涉案某款手机记账软件的运营者，将其姓名和头像预先设置于软件中，供用户选择为虚拟陪伴人物。根据聊天场景和虚拟形象的人设，该软件通过智能算法或AI自动回复的方式向用户推送与其有关的“肖像表情包”和“撩人情话”，营造出与其真人真实互动的使用体验。同时，该公司还利用该虚拟形象进行商业推广。上海某公司的行为侵害了其姓名权、肖像权以及一般人格权，根据《中华人民共和国民法总则》（已废止）、《中华人民共和国民法典》（以下简称《民法典》）等法律的规定，请求法院判令上海某公司公开向其赔礼道歉，并判令上海某公司赔偿经济损失及精神损害。

被告辩称：何某主张的角色设置、肖像图片上传、语料“调教”等行为均由用户作出，其仅为网络技术服务提供者，且答辩人在用户协议中已经明确了用户不得作出侵害他人权益的行为，答辩人在何某发出通知后即将含有何某姓名、肖像的“AI陪伴者”删除，故其不应承担侵权责任。

裁判内容

北京互联网法院经审理认为，本案主要的争议焦点包括：一是上海某公司是否仅为网络技术服务提供者；二是上海某公司是否构成对何某的肖像权、姓名权、一般人格权的侵害，其应当承担何种责任。

一、上海某公司不只是技术服务提供者还应为网络内容服务提供者

（一）被告的技术服务鼓励、组织了虚拟形象的创设

涉案软件的服务与技术服务存在本质不同，上海某公司并非提供简单的“通道”服务，而是通过规则设定、算法设计，组织、鼓励用户形成侵权素材，与其共同创设虚拟形象，并使用到用户服务中。在此情形下，虽然具体图文由用户上传，但上海某公司的产品设计和算法应用，直接决定了软件核心功能的实现，上海某公司不再只是中立的技术服务提供者，而是应作为网络内容服务提供者承担侵权责任。

（二）局限于技术服务的角度不利于权利保护及网络治理

涉案软件实际上构成对于何某人格形象的整体性虚拟化使用，对于可能涉及侵权的内容，上海某公司相比于普通用户获得授权的可能性更大，其商业化使用应当获得权利人的许可，如果仅仅从技术服务的角度评价上海某公司的行为，不利于人格权益保护和网络空间治理。

二、上海某公司的行为侵犯了何某的肖像权、姓名权、一般人格权

在上海某公司的规则设定和算法设计下，用户使用何某的姓名、肖像创设虚拟人物，制作互动语料素材，实际上是将何某的姓名、肖像、人格特点等综合而成的整体形象投射到虚拟角色上，形成了何某的虚拟形象，属于对包含何某肖像、姓名的整体人格形象的使用。

（一）被告的行为侵犯了何某的肖像权、姓名权

本案中，肖像、姓名是何某整体形象利用的重要部分。根据《民法典》的相关规定，在此种使用场景中，自然人既有人格利益，也有财产利益。

通过涉案软件的规则设定和算法设计，上海某公司事实上鼓励、组织了用户上传侵害何某肖像权的图片，用户明知其上传的图片会在涉案软件中被推送给不特定用户而仍然实施该行为，因此上海某公司构成对何某肖像权的侵害。

同理，本案上海某公司商业化使用何某姓名的行为并未获得何某的许可，

用户设置何某这一虚拟人物时对于何某姓名的使用亦未获得许可，故上海某公司构成对何某姓名权的侵害。

（二）被告行为侵犯了何某的一般人格权

首先，具体人格权无法完整涵盖涉案软件使用的人格利益。涉案软件将何某的姓名、肖像、性格特征、人格特点等综合而成的整体形象投射到 AI 角色上，并且让用户可以设置与该角色的虚拟身份关系，这是对何某整体形象和人格表征的利用，肖像权、姓名权的人格利益无法完整涵盖。

其次，未被涵盖的人格利益属于一般人格利益。涉案软件使得 AI 角色与真实自然人高度关联，容易让用户产生一种与何某真实互动的情感体验。同时，涉案软件的功能设置还涉及何某自由决定其人格要素如何被使用的范畴，涉及何某的人格尊严，构成对何某一般人格权益的侵害。例如，涉案软件使得用户可以任意设置与“何某”之间的亲密关系，并在对话中设置“爱你”“抱抱”等亲密对话标签。更为显著的是，涉案软件将创作语料的功能称为体现不对等关系的“调教”一词。

最后，尽管何某作为公众人物，人格利益应受到一定限缩，但是上海某公司和用户的行为明显超过了合理的限度。上海某公司未经许可，利用涉案软件对何某的人格表征进行了系统性功能设计和商业化利用；用户在此过程中与虚拟人物的互动又明显区别于开放平台中偶发轻微亲密性或贬损性言论，因此上海某公司与用户构成对何某一般人格权的侵害。

裁判结果

北京互联网法院依照《中华人民共和国民法典》第九百九十条、第九百九十八条、第一千零一十二条、第一千零一十八条，《中华人民共和国侵权责任法》第八条、第十五条、第二十条、第二十二条、第三十六条第一款，《最高人民法院关于审理利用信息网络侵害人身权益民事纠纷案件适用法律若干问题的规定》第十五条、第十八条，《最高人民法院关于适用〈中华人民共和国民法典〉时间效力的若干规定》第一条第二款、第二条、第三条，《最高人民法院关于确定民事侵权精神损害赔偿责任若干问题的解释》第十条的规定，判决如下：一、被告上海某公司于本判决生效之日起七日内在涉案软件最新活动页面持续七天向原告何某公开赔礼道歉，致歉内容应包含本案判决书案号和上海某公司侵害何某肖像权、姓名权及一般人格权的情节并经本院审核，如不履行该义务，本院将选择一家全国公开发行的报纸刊登本判决主要内容，费用由上海某公司负担；二、上海某公司于本判决生效之日起七日内赔偿何某经济损失183000元（包括合理维权支出3000元）；三、上海某公司于本判决生效之日起七日内赔偿何某精神损害抚慰金20000元；四、驳回何某的其他诉讼请求。案件受理费1315元，由上海某公司负担。

上海某公司不服原审判决，提起上诉。法院审理过程中，上海某公司于2022年1月11日向法院提交撤回上诉的申请。北京市第四中级人民法院裁定：准予撤诉。一审判决已经生效。

法官解读

本案中，上海某公司借助“粉丝经济”，以满足粉丝群体与偶像对话的娱乐需求为创新点，利用涉案软件的功能设计和算法运用，使用了何某的姓名、肖像、人物性格等人格要素，与粉丝群体共同创设了何某的虚拟形象。相比于一般的人格权侵权案件，本案涉及的人格要素更为丰富、侵权行为人更为广泛、技术应用更为深入。因此，最高人民法院评价本案明确了自然人的人格权及于其虚拟形象，同时对算法应用的评价标准进行了有益探索，对人工智能时代加强人格权保护具有重要意义。

一、法律关系客体的界定：基于人格要素创设的自然人虚拟形象

近年来，“虚拟形象”作为一种新型的法律关系客体开始进入理论研究和司法实践领域。实践中，作为权利客体的虚拟形象包括了三种类型：一是自然人真实形象经艺术化处理（如漫画、剪影等）所生成的形象；二是自然人创作的虚拟人物（如游戏人物、戏剧人物等）的形象；三是著名建筑物、地标等物体经艺术化处理后的图标等。这三种虚拟形象多以商标权、著作权等知识产权加以保护。

同时笔者检索时注意到，虚拟形象亦常常出现在艺人的经纪合同之中，与

姓名、肖像等人格要素并列，作为经纪公司可以商业化使用的要素❶。然而相比于上述类型，本案中的虚拟形象具有以下特点：一是基于自然人肖像、姓名等众多人格要素而创设，独立于自然人但与自然人高度关联。本案虚拟形象涉及的个人要素较多，包括姓名、肖像、性格特点、行为特点等众多真实的个人要素，因此尽管粉丝群体与被告在共同创设这一虚拟形象时，能够明确认识到该形象并非真实的何某，但仍热衷于将该虚拟形象与真实何某相关联，享受虚拟形象的陪伴。二是深度应用算法等互联网技术，赋予虚拟形象互动功能，加深其拟人化水平。在自然人真实人格要素的基础上，涉案软件还为该虚拟形象提供了进一步拟人化的功能，赋予该虚拟形象虚拟的人设和仿真的互动技能，如任意的人物亲密关系，符合人物特点的表情包、文字等交流语料，直接的“爱你”“抱抱”等亲密对话标签。

二、请求权基础分析：自然人的虚拟形象是人格权的客体

（一）中国法语境下请求权基础的寻找与解释

我国民事法律体系中，民事权利保护的请求权基础模式为“具体权利规定 + 侵权责任规定”。由于所依据的侵权责任相关规定大体一致，因此明确具体权利依据则成为确定请求权基础的关键。

《民法典》颁布以前，我国法律对于自然人虚拟形象的保护并无明确的请求权基础可援引，在借鉴美国法以及德国法的基础上，学者们对自然人的商品化人格要素究竟是何种权利的客体这一问题，形成了两种主要的观点，其一为自然人的商品化人格要素（虚拟形象等）为人格权商品化的表现，应依据人格权加以保护❷；其二为自然人的虚拟形象为形象权（Right of Publicity，或称公开权）的客体，应新设形象权加以保护❸。究其本质，两种观点盖属人格权

❶ 参见河南省濮阳市中级人民法院（2021）豫 09 民终 1119 号、江苏省盐城市中级人民法院（2020）苏 09 民终 2012 号、江苏省盐城市中级人民法院（2020）苏 09 民终 1613 号、上海市黄浦区人民法院（2020）沪 0101 民初 13700 号民事判决书。

❷ 参见王利明：《论人格权商品化》，载《法律科学》2013 年第 4 期。

❸ 参见吴汉东：《形象的商品化与商品化的形象权》，载《法学》2004 年第 10 期。

要素商业化利用的“德国一元化保护模式”与“美国二元化保护模式”之争[1]。笔者认为此项争议随着《民法典》的出台可落幕矣。

1.《民法典》第九百九十条：以开放的人格权体系应对日益新生的人格要素

虚拟形象所涉及的人格要素本就众多，而互联网的高度“拟人化”技术还使人格要素范围不断扩张。《中华人民共和国民法通则》（以下简称《民法通则》，已废止）、《中华人民共和国侵权责任法》（以下简称《侵权责任法》，已废止）仅列举了具体人格权，而《中华人民共和国民法总则》（以下简称《民法总则》，已废止）又仅规定了人格要素的核心内容（人身自由、人格尊严），因此，依据前述法律实际难以将众多的人格利益完整地纳入其规制范畴。《民法典》则弥补了该缺漏，对于自然人人格利益作出了更有利的保护。《民法典》第九百九十条明确，除了具体人格权外，自然人还享有基于人身自由、人格尊严产生的其他人格权益，这实际明确了基于人身自由、人格尊严产生的人格利益均为人格权的权利客体。由于缺乏明确的界定标准，基于人身自由、人格尊严产生的人格权益体系乃是一个开放体系。本案虚拟形象所涉及的众多人格利益即可援引该条款加以完整保护。

2.《民法典》第九百九十三条：以明确的财产属性应对人格要素的日益商品化

学者们主张新设“形象权”这一财产性权利对商品化的人格要素加以保护的主要原因，是《民法通则》《侵权责任法》以及《民法总则》对于人格权的保护偏向于精神利益的保护，忽略了财产利益的保护，人格要素商品化场景下，自然人所受的财产损失相较于精神损失更为显著，若仅对精神损失加以救济，则该救济并不完全，本案虚拟形象的使用即属商业化使用。《民法典》第九百九十三条则以许可使用之权能，明确了部分人格权所具有的财产属性，并与第一千一百八十二条共同构成了侵害人格权财产利益的损害赔偿请求权基础。

---

[1] 参见王泽鉴：《人格权法：法释义学、比较法、案例研究》，北京大学出版社 2012 年版，第 291－292 页。

（二）人格权作为请求权基础的适用规则

1. 逻辑基础：人格权对虚拟形象的保护是对其涉及的人格要素的保护

尽管根据前述论证，虚拟形象可援引人格权作为请求权基础加以保护，但是此处的虚拟形象应被分解为构成该虚拟形象的各人格要素，不管其具体与否，构成该虚拟形象的各人格要素才是人格权的实质权利客体，这与“形象权”有所不同，后者的权利客体即为自然人的人物形象。因为人格权权利体系中并不存在以自然人的整体虚拟形象为客体的权利，故人格权对虚拟形象的保护是对其涉及的人格要素的保护。

2. 规制路径：一般人格权和具体人格权的共同适用

（1）一般人格权与具体人格权的结构自洽

解构虚拟形象所包含的人格要素后，依照各要素的相关权利进行保护时，即可能面临一般人格权和具体人格权能否共同适用的问题，而这首先需要厘清一般人格权和具体人格权的关系（静态）。当前，针对一般人格权和具体人格权的关系存在两种主要的观点。一种观点认为一般人格权是包含了具体人格权的上位概念[1]；另一种观点则认为二者彼此独立、互不隶属，共同构成了人格权体系[2]。两种观点的关系结构整理如图1和图2所示。

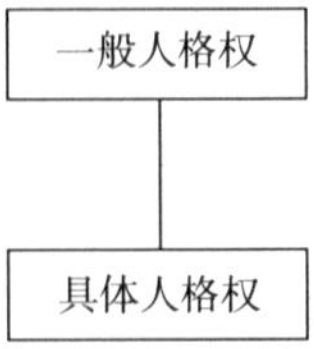

图1　隶属结构示意图

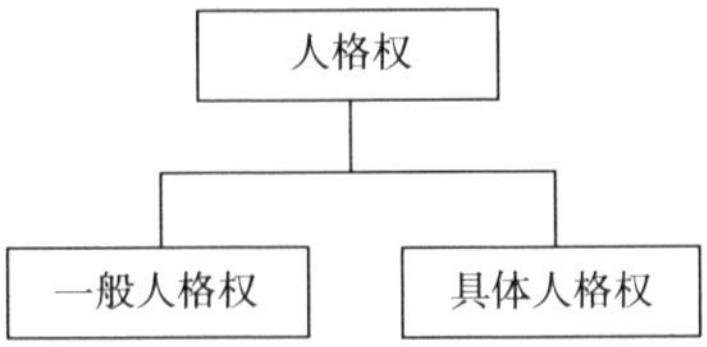

图2　树状结构示意图

笔者认为，《民法典》第九百八十九条更适宜被理解为树状结构，理由如下：

从概念使用的必要性角度来看，《民法典》第九百八十九条、第九百九十

[1] 参见最高人民法院民法典贯彻实施工作领导小组：《中华人民共和国民法典人格权编理解和适用》，人民法院出版社2020年版，第25页。

[2] 参见许可，梅夏英：《一般人格权：观念转型与制度重构》，载《法制与社会发展》2014年第4期；杨立新，刘召成：《论作为抽象人格权的一般人格权》，载《广东社会科学》2010年第6期。

一条、第九百九十二条等条文明确了我国人格权利体系中存在“人格权”的概念，第九百九十条第一款、第一千零二条、第一千零三条等条文明确了我国人格权利体系中存在生命权、身体权等具体人格权。由于第九百九十条第二款所规定的权利具有高度的抽象性与开放性，因此，无论是在理论研究还是司法适用中，均具有设定法律概念的必要性。但隶属结构实际上将“一般人格权”概念等同于“人格权”，将其作为涵盖所有人格利益的概括性权利。如果采用此结构，那么将以何种权利概指第九百九十条第二款所规定的权利？

从规范解释的角度来看，《民法典》人格权编的体例安排明确了人格权是本编所涉及权利的上位概念。《民法典》第九百九十条第一款列举了人格权所包含的具体人格权，第二款则规定，除了第一款列举的具体人格权外，自然人享有基于人身自由、人格尊严产生的其他人格权益。对“其他”作字面解释可知，第二款规定的权利客体与第一款不同，两款所规定的权利客体均是基于人身自由、人格尊严产生的人格利益，第一款所涉人格利益已经形成了明确类型，而后者是排除第一款所涉利益而剩余的权益束。同时，对“除前款规定的人格权外”作体系解释，可得第一款列举的具体人格权与第二款规定的权利应处于同一位次。因此，《民法典》第九百九十条实际上构建了人格权权利体系的树状结构。

树状结构使得一般人格权与具体人格权成为彼此分明的不同权利，为其共同适用提供了可能性。

（2）具体人格权与一般人格权的适用路径

基于前述分析，笔者认为一般人格权和具体人格权在以下情形中得以共同适用：

其一为人格利益多样化场景。当一项侵权行为同时侵害了具体人格利益和一般人格利益时，二者可以用以规制同时涉及的不同人格利益。反对一般人格权与具体人格权同时适用的主要理由是共同适用时，一般人格权的高度抽象性将吸收具体人格要素，排除具体人格权规则的适用。但在树状权利体系结构中，具体人格权的权利客体为法律所类型化的具体人格要素，例如姓名、名誉等；一般人格权的权利客体则是未被法律所类型化的人格要素，即一般人格利益。一般人格权和具体人格权在权利客体上的区分使得二者存在同时适用的基础。

其二为侵权行为方式多样化场景。当对某具体人格利益的侵犯，既采取了受具体人格权规制的方式，又采取了不受具体人格权所规制的方式时，具体人格权和一般人格权亦可以同时适用。具体人格权作为法定权利，其内涵、外延、权能均为法定，具有相当的封闭性。然而，为应对社会现实和新技术的发展，仅仅是保持权利客体体系的开放仍有不足，权利的权能内容亦应保持适当的开放，这也是《民法典》增加部分人格权许可他人使用的权能的主要原因。笔者认为，一般人格权不仅是剩余人格权益束，为了平衡现实发展和权利法定主义，一般人格权同时也是剩余人格权能束，当一项侵权行为方式不能被具体人格权规制时，那么可以通过一般人格权加以规制。但是，《民法典》的规定并不明确，一般人格权是否如具体人格权具备商业化许可使用的权能，从其规定中亦不可得知。

同时，在一般人格权与具体人格权的相长中，二者形成了具体人格利益和一般人格利益的动态关系如图 3 所示。

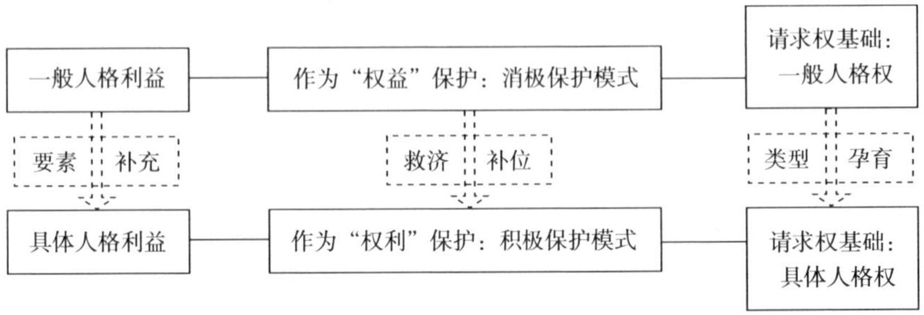

图 3　具体人格利益和一般人格利益的动态关系

如前述两种场景，一般人格权作为框架性权利，对于人格要素的保护具有要素补充和救济补位的作用。值得注意的是，目前普遍认可具体人格权和一般人格权对于人格利益的保护方式存在差异，前者为权利确认后的积极保护，后者为权益确认后的消极保护。同时，一般人格权还是过渡性的权利[1]，具有孕育具体人格权和促进具体人格权发展的作用。随着社会现实和新技术的发展，新生人格利益如果在一般人格权的保护规则下，具备了被类型化为具体人格权的条件时，那么该人格利益应被剥离出一般人格利益，而进入具体人格利益的

[1] 参见刘召成：《民法一般人格权的创设技术与规范构造》，载《法学》2019 年第 10 期。

范畴，形成具体人格权对其加以保护。

三、侵权行为的新特点：新技术应用对侵权行为人认定的影响

（一）以算法为代表的新技术对技术中立原则的突破

随着以算法为代表的新技术日趋成熟，其“非中立性”逐渐显现。尽管究其本质而言，以算法为代表的新技术依然建构于计算机指令代码等互联网基础技术原理之上，但算法等新技术在设计的过程中嵌入了设计者的主观价值和主观目的，即具有了“主观性”而不再客观中立，由此涉及的算法开始运行后，实际上是在贯彻和执行设计者的主观价值和主观目的。

笔者认为对算法进行评价的核心在于，设计者在算法中嵌套的主观价值和主观目的是否合法。如果设计者的目的并非单纯提供一种技术，而是通过算法实施侵权行为或者鼓励、组织他人实施侵权行为，其算法不具有技术中立属性，应当透过设计者提供算法的行为，将算法设计者视作侵权行为人。

（二）技术深度应用对技术服务与内容服务界限的突破

技术的深入应用使得技术开始深入参与到内容的创作提供上，表面看技术服务提供者仅提供了技术支持，但是借由技术的深入应用，实际上其是提供内容的网络服务者。

本案中，上海某公司尽管在侵权素材的提供和虚拟形象的生成中主要提供技术服务，但是侵权素材的分类升级以及虚拟形象的最终形成离不开被告基于该目的而不断优化的技术供给。因此，上海某公司提供的技术即带有参与创设虚拟形象的明显目的，技术服务和内容服务的界限被突破，其应被视为内容服务提供者。

同一作品同时涉及著作权和肖像权的侵权责任认定

——秦某某与某文化发展公司、某图像技术公司网络侵权责任案[1]

张连勇[*]　周文博[**]

典型意义

本案明确，肖像的可识别性不能仅以五官明显显露为基础，而应当结合主客观因素综合判断；肖像权属于人格权，权利人行使著作权不得侵害肖像权人的肖像权；公众人物的个人生活场景不属于公众知情权的范畴。

关键词　公众人物　著作权　肖像权

案情介绍

原告秦某某系演员，某网站未经原告同意擅自将原告的数百张肖像照片放置在其网站，并以数百元或上千元的价格对外公开售卖。部分照片为原告的背影、侧面，且在部分照片中原告面部有墨镜、口罩等遮挡物。该网站图片使用说明载明：此图片是编辑图片，如用于商业用途，请致电或咨询客户代表。版权所有：某某公司。页面底部注：此网站版权属于某图像技术公司。涉案网站

---

[1] 一审裁判文书字号：北京互联网法院（2019）京0491民初12225号民事判决书；二审裁判文书字号：北京市第四中级人民法院（2020）京04民终33号民事调解书。

一审合议庭组成人员：审判长张连勇、审判员陈广慧、审判员崔璐。

* 张连勇，北京互联网法院综合审判一庭庭长

** 周文博，北京航空航天大学研究生。

的ICP备案信息显示网站的主办单位为某图像技术公司。

原告秦某某诉称：二被告共同运营该网站，上述行为侵犯了原告的合法权益，应当承担法律责任。据此，原告主张：(1)二被告应删除侵权页面及链接；(2)二被告应在《人民法院报》上向原告公开赔礼道歉；(3)二被告共同向原告赔偿经济损失40万元，精神抚慰金5万元，维权合理开支5万元，以上共计50万元。

被告某文化发展公司辩称：其不是涉案图片的实际使用者，也不是登载涉案图片的平台，客观上不存在任何被控侵权行为，也不存在雇用、教唆、帮助发布或转发等形式的共同侵权行为，其不是适格的被告。

被告某图像技术公司辩称；(1)其对原告肖像的使用，系进行涉案图片著作权展示和授权过程中不可避免的展示，不是以营利为目的使用原告肖像，被诉行为客观上不构成对原告肖像权的侵犯。其营利对象是图片著作权授权服务，不是肖像权授权。(2)其进行图片著作权授权时明确限制授权图片的使用范围仅限以新闻报道为目的，避免对肖像权人肖像权的侵犯，主观上没有侵权故意。(3)涉案图片均是原告出现在机场、活动、宴会等的新闻报道用图片，只具有新闻报道意义，原告无法直接将涉案图片授权给品牌方获取收益，不具有肖像权授权的价值，故展示涉案图片不会给原告带来实际的损失。(4)原告未提供证据证明其经济损失、精神损失及维权开支，其主张缺少事实基础与法律依据。

裁判内容

北京互联网法院经审理认为，本案的争议焦点为被告在涉案网站使用原告肖像的行为是否构成侵权，具体可以从以下四点进行分析。

一、被告对原告肖像的使用是否构成合理使用

肖像权是自然人人格权的一部分，是一种绝对权，肖像权人对其肖像拥有包括允许他人使用在内的绝对支配权并有权禁止他人非法使用。随着社会的进步和商业交往的深入，尤其是在互联网与社会生活深度融合的背景下，肖像的使用呈现出新的形态和特点，对肖像尤其是名人肖像的商业使用成为普遍现

象，但是任何权利的行使都应以不侵害他人合法权利为原则。同时，对他人肖像的使用并非没有限制，在特殊情况下，为了维护公共利益，可以对自然人的肖像权作出限制，在此情形下，使用他人的肖像构成合理使用。

本案中，被告某图像技术公司辩称其网站对原告肖像的使用，系在网站上进行涉案图片著作权展示和授权过程中不可避免的展示，不构成对原告肖像权的侵犯。对此，法院认为，肖像权与著作权密切关联但又区别明显，当受著作权法保护的作品中载有或者再现了他人肖像时，不可避免地会产生作品的著作权人行使著作权与他人肖像权的冲突。本案中，被告并未提交其取得涉案图片著作权授权的证据，即使被告享有涉案作品的相关著作权，但在公开展示、销售该些图片时，由于该些图片载有自然人的肖像，其应当取得肖像权人的许可，否则肖像权人有权禁止被告的此种非法使用行为。

二、原告是否属于公众人物，其肖像权是否应当受到限制

公众人物在我国现行法律中并无明确定义，一般理解为社会生活中具有一定知名度的人。原告系演员，参演了一定数量的影视剧，在与演员聂某结婚后，尤其是聂某主演了热播电视剧后，在本案发生的相应时间段内，其获得了媒体和部分公众更多的关注，从这个意义上讲，可以认定其为具有一定受关注度的公众人物。原告因此受到的公众和媒体的关注属于公众知情权的范畴，从一般意义上讲，法律对此不宜过度干预，原告在此种场景下的肖像权应当受到一定的限制；反之，对于与公众知情权无关的领域，如其个人生活场景，其肖像权仍应受到与普通公民同等的保护。

三、被告进行图片著作权授权时限制授权图片的使用范围是否构成合理使用

某图像技术公司辩称，其进行图片著作权授权时已明确图片的使用范围仅限以新闻报道为目的，是避免对肖像权人肖像权的侵犯的主动行为，其主观上不存在过错，故不应构成侵权。对此，法院认为，虽然被告将涉案图片归类于网站的“编辑图片”中，并称其对外授权时会限制该些图片的使用范围为新闻报道，但被告之涉案行为本身显然不是因满足公众知情权的新闻报道中不可避免的使用行为。一般而言，在新闻报道中使用图片，使用者为该新闻报道的

撰写者，使用图片的直接目的是撰写新闻报道，而被告将涉案照片通过其网站展示的目的是销售获利。故被告的该项抗辩缺少事实和法律依据，法院依法不予采信。

四、原告对其面部遮挡或侧脸的照片是否享有肖像权

原、被告争议较大的是被告在其网站公开售卖原告面部有遮挡或侧脸的涉案照片是否构成对原告肖像权的侵犯。通常认为，肖像是以自然人面部为中心的形态和神态的客观表现，使用他人肖像构成侵权的前提是行为人所使用的肖像应当具有可识别性。对此，法院认为，在自然人五官有遮挡或者因角度问题仅展现侧脸的情况下，不应一概否认该自然人肖像的可识别性，而应综合各项主、客观因素，对诉争的自然人肖像的可识别性作出判断。具体到本案，首先，原告及其丈夫为避免受到过度关注或者干扰，在个人出行时通常会选择对面部进行一定的遮挡，比如戴帽子、墨镜、口罩等，此种情形一般不会影响其粉丝、专司跟拍明星摄影师等人群的识别；其次，被告对该些照片的信息进行了编辑整理，标注了与人物身份相关的信息，属明知该些照片中的人物即原告的情形，但其仍展示并销售该些图片，系明显利用原告肖像获取非法利益的行为，若不加以禁止，会严重侵害原告的肖像权利益；再次，涉案的面部被遮挡的照片或者侧脸的照片仍可以被卖出，证明该些照片仍具有一定的商业价值，并不会导致购买者对该些照片所载肖像产生识别上的误认；最后，该些图片大多系组图形式，关注原告的人群对这些照片并不会产生识别上的误判。综上，法院认定，此部分照片虽然面部进行了一定的遮挡或者是侧脸，但并不影响对原告的识别。

裁判结果

北京互联网法院依据《中华人民共和国民法通则》第一百条、第一百二十条第一款，《中华人民共和国侵权责任法》第二条、第六条、第二十条、第二十二条之规定，判决如下：一、本判决生效之日起十日内，被告某图像技术公司在《人民法院报》上登载声明，向原告秦某某赔礼道歉（致歉内容须经本院审核，如被告某图像技术公司逾期不履行，本院将依原告秦某某申请，选

择一家全国发行的报刊，刊登判决主要内容，费用由被告某图像技术公司负担）；二、被告某图像技术公司于本判决生效后十日内赔偿原告秦某某经济损失200000元及合理支出1800元；三、被告某图像技术公司于本判决生效后十日内赔偿原告秦某某精神抚慰金10000元；四、驳回原告秦某某的其他诉讼请求。

一审判决后，原、被告均提起上诉，二审中双方达成和解。

法官解读

一、本案背景及意义

本案的主要争议焦点是，权利人行使著作权是否可以不经肖像权人许可。由于肖像作品的形成往往伴随着著作权人的拍摄、绘画等智力劳动，肖像权与著作权往往密不可分。肖像作品是著作权人智力成果的体现，附带一系列财产利益，肖像权是附带精神利益的人格权，但对很多人尤其是名人来说，亦附有巨大的经济利益。随着互联网与社会生活的深度融合，肖像的使用呈现出新的形态和特点，对肖像尤其是名人肖像的商业使用成为普遍现象。在这种背景下，肖像权人与著作权人之间的纠纷也日渐增多，矛盾更加尖锐。处理好两者之间的平衡问题对于保护人格权益、优化营商环境均具有重要意义。

本案明确了权利人行使著作权不得侵害他人肖像权，确立了该类案件中的肖像权优先原则，体现了对自然人人格利益的优先保护。同时，本案还对自然人肖像的可识别性判定标准进行了优化，即不再要求肖像清晰可见，在自然人五官有遮挡或者因角度问题仅展现侧脸的情况下，不应一概否认该自然人肖像的可识别性，而应综合各项主、客观因素，对自然人肖像的可识别性作出判断。当然，本案所传递的价值并非所有含有他人肖像的图片、音像的使用都需获得肖像权人许可，对于法律明确规定的新闻报道等合理使用场景，权利人行使著作权可不经过肖像权人许可。

二、肖像权与著作权的冲突化解

本案中，原告主张被告未经许可以营利为目的使用其肖像，根据原、被告提供的证据，法院查明的事实与原告主张的事实和理由基本一致，案件审理之时，根据《中华人民共和国民法通则》（以下简称《民法通则》，已废止）之规定，被告的行为确实侵害了原告的肖像权。现行的《中华人民共和国民法典》（以下简称《民法典》）第一千零二十条专门就肖像的合理使用确立规则，也符合本案的相应情形，本案中阐释的规则与《民法典》规定精神高度一致，很好地厘清了肖像权的保护范围，对于《民法典》在肖像权的保护问题上的适用产生积极的引领效应。

在案件审理过程中，被告认为其对原告肖像的使用，系在网站上进行涉案图片著作权展示和授权过程中不可避免的展示，不是以营利为目的使用原告肖像，其被诉行为客观上不构成对原告肖像权的侵犯。被告营利的对象是图片著作权授权服务，不是肖像权授权。且被告主张其进行图片著作权授权时亦明确限制授权图片的使用范围仅限以新闻报道为目的，避免对肖像权人肖像权的侵犯，主观上不存在过错。被告作为国内规模相对较大的图片公司，近年来在图片版权保护方面作出了较大努力。基于以上情况，从法律上厘清肖像权与著作权之间的关系以及衡平肖像权人和著作权人之间的利益则是公正审理此类案件的目的和价值所在。

此外，虽然被告在庭审中未对原告面部有遮挡的图片提出异议，但在庭前会议中，原、被告双方就原告认为被告侵权的肖像图片进行了充分比对，被告不认可其中 268 张原告面部有遮挡的图片系原告的肖像图片。虽然《民法通则》（已废止）对肖像权给予了一定的保护，但并未规定肖像的判定标准，本案中亦需对侵害肖像权的司法判断标准予以梳理，尤其是对在面部有部分遮挡的情形下是否能够作出侵害肖像权的认定作出明确的回应，体现了网络环境下肖像权司法保护面临的新问题、新挑战。

三、案件审理思路

本案审理过程中参阅了大量法律文献、案例并对《民法典》人格权编肖像权一章进行了仔细研判。肖像权和著作权关系密切，学术界亦普遍认识到了二者在权利性质、保护基础、人身专属性、保护方式等方面均有所不同。[1]关

---

[1] 参见王利明：《人格权法研究》，中国人民大学出版社 2018 年版，第 431 页。

于肖像作品肖像权和著作权的冲突，不同国家有不同的解决模式，意大利《版权法》规定“未经肖像权人同意，肖像不得展览、复制或销售”。俄罗斯在民法典总则中规定了人格权制度，同时在著作权法中规定了如何保护肖像权人的利益，俄罗斯《著作权法》规定“描绘他人的造型艺术作品，只有征得被描绘者的同意，或者被描绘者逝后，征得其子女和未亡人的同意后，方可发表、复制和传播”❶。

在二者发生冲突时，即使是获得肖像权人同意制作的肖像作品，著作权人也应当尊重肖像权人的权益。❷王泽鉴教授认为，肖像等人格特征之所以有一定的财产价值，系个人努力的成果，应由其享有独占的权利，任由他人加以利用，有违“未耕种者不能收取成果”的原则；❸王利明教授以拍摄他人肖像照、绘制他人肖像画为例认为，著作权人行使著作权不应损害肖像权人利益。❹张红教授认为，无偿使用他人之肖像获取自身利益或扩大影响之行为显然与合理使用的初衷相违背，因此，以商业性质或受益目的使用不构成合理使用。❺

我国《民法典》提出了肖像的许可使用制度，其中人格权编肖像权一章对肖像权作出了更具体、更全面的规定，不再将“以营利为目的”作为侵权判断的标准，确立了肖像权的许可使用制度和作为权利限制和例外的合理实施规则相结合的肖像权保护的法律体系；当人格权和财产权发生冲突时，倾向于保护人格权，确立了对人格权的优先保护原则。

肖像权更多地体现为自然人的人身权益，是一种基本权利，而著作权更多地体现为财产权益，虽然也附带人身权益，但是一种派生权利。从法益位阶来讲，基本权利高于派生权利。❻因此，自然人的肖像权位阶应当在著作权之上，权利人行使著作权不能侵害他人的肖像权，著作权人行使著作权时应当首先充分保护肖像权人的利益。反之，则会造成人格权保护之巨大困难，如果无法保

---

❶ 参见程啸，杨明宇：《肖像权与肖像作品著作权冲突的研究》，载《四川大学学报（哲学社会科学版）》2000年第3期。

❷ 参见程啸，杨明宇：《肖像权与肖像作品著作权冲突的研究》，载《四川大学学报（哲学社会科学版）》2000年第3期。

❸ 王泽鉴：《人格权保护的课题与展望——人格权的性质及构造：精神利益与财产利益的保护》，载《人大法律评论》2009年第1期。

❹ 参见王利明：《人格权法研究》，中国人民大学出版社2018年版，第423—432页。

❺ 参见张红：《肖像权保护中的利益平衡》，载《中国法学》2014年第1期。

❻ 参见张红：《肖像权保护中的利益平衡》，载《中国法学》2014年第1期。

证最基本的人格权益，那么大力保护知识产权、优化营商环境这些美好愿景则无实现之可能。

另外，对于肖像的判定标准，有学者认为肖像是自然人以面部为中心的形态和神态的客观表现形式，是某人之所以区别于其他人的外部特征。❶肖像不仅应当反映人的面部形象，而且肖像所反映的面部形象应当清晰、真实，使一般人能够明确地辨认出该肖像为何人的形象。❷但法院认为，在自然人五官有遮挡或者因角度问题仅展现侧脸的情况下，面部形象不够清晰，亦不应一概否认该自然人肖像的可识别性，而应综合各项主、客观因素，对诉争的自然人肖像的可识别性作出判断。原告为避免受到过度关注或者干扰，在个人出行时通常会选择对面部进行一定的遮挡，比如戴帽子、墨镜、口罩等，虽然对原告不了解、不关注的一般公众，可能无法识别涉案图片是否原告的肖像，但原告进行面部遮挡一般不会影响其粉丝、专司跟拍明星摄影师等人群对原告的识别；而且，被告在涉案网站中对涉案图片的信息进行了编辑整理，标注了与原告身份相关的信息，属明知该些照片中的人物即原告的情形。然而被告仍展示并销售该些图片，系明显利用原告肖像获取非法利益的行为，同时也不符合《民法典》中对于肖像合理使用之规定。原告的面部被遮挡的照片或者侧脸的照片仍可以被卖出，证明该些照片仍具有一定的商业价值，并不会导致购买者对该些照片所载肖像产生识别上的误认。综上，法院认为，有些照片虽然面部进行了一定的遮挡或者是侧脸，但并不影响对原告肖像的识别。

四、小结

文章千古事，得失存心知。判决是法官的名片，亦体现了法官的良心。判决作出后，引发了学术界一定范围内的争鸣，我们尊重不同的学术观点，亦赞成通过学术论讨促进学术繁荣进步。但需要回应的是，本判决并无过分注重人格利益保护而忽略营商环境之意，良善的营商环境需要每一个包括自然人在内的市场主体的积极维护，但如果自然人的人格利益无法得到法律的充分保护，市场规则必然走向混乱，那么良善的营商环境便无从谈起。

---

❶ 参见王利明：《人格权法研究》，中国人民大学出版社 2018 年版，第 417 页。

❷ 参见王利明：《人格权法研究》，中国人民大学出版社 2018 年版，第 420 页。

第三编

利用信息网络侵害隐私权和个人信息权益

不当泄露个人通信方式侵扰他人生活安宁的侵权性质认定

——黄某与霍尔果斯某影业公司、珠海某影公司隐私权纠纷案❶

龚　娉*　朱艳茹**

典型意义

由于“手机实名制”和“网络实名制”政策的落实、普及，私人手机号码被广泛应用于各类社交应用软件的账号创建，客观上与个人生活安宁的关联也更加密切。私人手机号码不是私密信息，但私人手机号码一般由权利人决定向特定的人群公开，不当泄露可能使他人正常生活受到严重侵扰。本案中法院从保护私人生活安宁状态的角度，将非直接通过手机号码骚扰他人的行为，认定为隐私权侵权，明确了隐私权安宁利益保护的具体适用规则。

关键词　手机号码不当泄露　安宁利益　过错责任　违法性判断

案情介绍

某网络热播剧播出画面中显示黄某实名的私人手机号码，导致黄某频繁遭

❶ 一审裁判文书字号：北京互联网法院（2020）京0491民初9079号民事判决书（2020年9月23日）。

一审审判员：龚娉。

* 龚娉，北京互联网法院立案庭法官。

** 朱艳茹，北京航空航天大学学生。

受陌生电话及微信信息的侵扰，黄某以制作该剧的霍尔果斯某影业公司、珠海某影公司侵害其私人生活安宁为由诉至法院，要求二公司消除影响、赔礼道歉，并赔偿其精神损害赔偿金等。

霍尔果斯某影业公司认为，涉案网剧拍摄期间涉案手机号码由剧组授权工作人员购买并使用，后在停止使用后，通过运营商进行二次销售，对此制作方并不知情，因此制作方无侵权故意。播出时收到原告投诉后立即采取措施，已对涉案画面模糊处理，并告知了原告，在此过程中不存在任何放任行为，主观上亦无过失。原告提交的证据不能证明有关骚扰电话和微信与网剧有关，也不能证明其正常生活被扰乱和造成了严重的精神损害后果。珠海某影公司认为，其仅是网剧出品方，并未参与实际制作，对网剧内容无审查、监督义务。

裁判内容

北京互联网法院经审理认为，本案发生在《中华人民共和国民法典》（以下简称《民法典》）实施前，当时法律未对隐私权概念予以明确规定。结合已经公布并将实施的《民法典》的规定以及在先司法实践，可以确认隐私通常包含两方面内容：一方面是自然人的私人生活安宁；另一方面是自然人不愿为他人知晓的私密空间、私密活动、私密信息。因此，私人生活安宁（安宁权）的保护是被纳入隐私权制度中的。

私人生活安宁是指自然人维持安稳宁静的私人生活状态、排斥他人不当侵扰的权利；既包括安稳宁静的生活状态不受他人通过电话、短信、社交应用软件等进行物理性侵扰，也包括私人生活状态不必陷于显著被侵扰的危险中。判断是否构成侵害时，应考量其个人生活状态是否有因被诉行为介入而产生变化，以及该变化是否对个人生活安宁造成一定程度的侵扰。一般而言，需要依据社会习俗、一般理性人的感受标准等因素进行判断，同时也要结合案件的具体场景和情形具体分析。安宁权侵权责任适用过错责任原则，具体从以下四方面考察本案：

（1）关于加害行为。本案中，涉案网剧制作方在黄某不知情的情况下把涉案手机号码用于剧中角色并公开在网络上，可能导致广大网民通过电话、社交应用软件等方式侵扰黄某，将黄某置于被侵扰的危险中，无论是否有陌生网民实际打扰，已违背了黄某不希望私人生活遭受他人侵扰的意愿，会使其陷入被侵扰的恐惧和压力，构成对其个人生活的侵扰性介入，涉及侵害其私生活领域内应有的安宁状态。

（2）关于损害后果。根据在案证据，从涉案手机号码被使用和公开的方式、范围等不难判断，黄某的私人生活安宁明显存在被陌生网民侵害的危险。实际上，黄某在该号码公开后就接连收到多个陌生来电和微信好友申请，彼时黄某正处于学习、工作相对繁忙的毕业前夕，短期内却受到多人较高频次的电话和微信侵扰，对其生活产生巨大负面影响可想而知。另外，制作方处理了授权网站的播出画面后，黄某仍收到陌生网民的微信打扰，可见还存在被继续侵扰的潜在风险。上述侵扰情形，显然已超出黄某应当容忍的限度，破坏了黄某的安宁状态。

（3）关于因果关系。本案中，无论是黄某的安宁状态明显存在被侵扰的风险，还是实际受到的网民侵扰，均是由于涉案网剧公开了涉案手机号码，且该号码被设定为剧中角色所有，激发了观剧网民的好奇心理所致。因此，被诉行为与黄某遭受的损害后果间有着必然联系，存在客观的因果关系。

（4）关于主观过错。根据在案证据，第一，制作方在涉案网剧中使用涉案手机号码，未采取任何风险防范措施。虽然制作方主张拍摄时委托剧组人员购买了涉案手机号码，属于有权使用，但并无确实证据证明，黄某亦不予认可，法院对此不予确认。第二，即便如制作方所言，制作方作为专业的影视剧制作单位，其有能力理解并判断一部影视剧从制作到播出的正常周期，然而从黄某现持有涉案手机号码的情况可知，制作方所称合法使用的期间明显短于涉案影片制作与播出的正常周期。第三，现有技术和艺术表达方式均能给制作方提供多种方法和选择，处理真实信息呈现的问题，以降低侵权风险，结合本案案情，有关处理方式简单易得，不会因此让制作方承担过高的制作成本。基于以上分析，制作方对涉案网剧画面使用涉案手机号码，未尽相应的注意义务，对可能存在的侵权风险持放任态度，主观上存在过错。

综上，涉案手机号码被涉案网剧不当披露，造成了黄某私人生活安宁被侵扰，超出了合理容忍的限度，对此制作方主观上存在过错，构成对黄某隐私权的侵害。

裁判结果

北京互联网法院依照《中华人民共和国民法总则》第一百一十条,《中华人民共和国侵权责任法》第二条、第八条、第十五条、第二十二条之规定,判决如下:一、被告霍尔果斯某影业公司、珠海某影公司于本判决生效之日起十日内向原告黄某赔偿精神损害抚慰金3000元;二、被告霍尔果斯某影业公司、珠海某影公司于本判决生效之日起十日内向原告黄某赔偿律师费1000元;三、驳回原告黄某的其他诉讼请求。一审判决后,原告、被告双方均未上诉,一审判决已经生效。

法官解读

本案例判决发生在《民法典》实施前,通过法律解释、学理通说和司法实践经验的结合,将安宁利益引入隐私权范畴予以保护,与《民法典》的隐私权概念相契合。私人手机号码不属于私密信息,不当泄露不会构成处理私密信息侵害隐私权的行为。但非直接通过手机号码侵扰他人的行为仍可能严重影响他人生活安宁,从而构成隐私权侵权。随着信息技术和数字技术的发展推动,以及"手机实名制"和"网络实名制"政策的落实、普及,私人手机号码被广泛应用于各类社交应用软件的账号创建,客观上与私人生活安宁的关联更加密切。明确如何认定安宁权侵权对于隐私权的保护亦十分重要。

一、安宁权概念及侵权认定

自《民法典》生效后,在私法领域,隐私权有了明确的法律定义,即自然人对其"私人生活安宁和不愿为他人知晓的私密空间、私密活动、私密信息"享有的免于"刺探、侵扰、泄露、公开等方式侵害"的权利。安宁权是隐私权的核心内涵之一。所谓安宁,有秩序正常、没有骚扰和(心情)安宁、宁静两层意思。生活安宁利益旨在保护自然人宁静、稳定的社会生活,其主体为自然人,客体则是私生活的自主安排,安宁生活不被打扰的人格利益。人的自然性和社会性决定了人在社会生活中,既需要与他人交往,又需要独处,保持私生活的安宁。当自然人受到外界不必要的侵扰时，受害人在心理上表现出恐惧、焦虑、不安等负面精神状态，外化为无法专心工作等外部表征，严重扰乱受害人原有生活的安宁。

就目前我国社会生活发展的状况来看，不仅传统方式对他人特定的空间（如持续多日敲门骚扰、上门发送书面推销函、静坐他人门前讨债发泄不满等）进行骚扰的行为时有发生，通过电子邮件、短信、电话、即时通信工具等媒介侵入和骚扰他人的心理、虚拟空间的现象更是屡见不鲜，成为现实生活和司法实践中最为常见的侵害私人生活安宁的行为。

本案例中，被告把现为原告合法所有的涉案手机号码，在原告不知情的情况下用于剧中角色并公开在网络上，不仅导致多个网民通过电话、社交应用软件等方式侵扰了原告，而且将原告置于被侵扰的显著危险中，违背了原告不希望私人生活遭受他人侵扰的意愿，且会使其陷入被侵扰的恐惧和压力，构成对其个人生活的侵扰性介入，导致权利人的通信安宁被侵扰，妨害权利人的正常生活安宁。被告在涉案网剧中使用涉案手机号码，未尽相应的注意义务，未采取必要风险防范措施，存在主观过错，造成对原告私人生活安宁的侵扰，构成隐私权侵权。

由此不难发现，安宁权既包括私人生活安宁不受他人行为的直接侵扰，也包括不因他人行为而陷入被侵扰的显著危险中。因此，侵权主体不仅可以是直接实施物理性侵扰行为之人，也可以是非直接实施物理性行为但导致了权利人被他人侵扰或者置权利人于被侵扰的显著风险中之人，如本案例中的网剧制作方。同时在认定标准上，须考虑权利人的个人生活状态是否有因该行为介入而产生变化，以及该变化是否对个人生活安宁造成一定程度的侵扰。这里对“一定程度侵扰”的判断，并非以当事人个人感受为标准，而应以一般理性人的感受标准结合社会习俗等相对客观因素来评判。再者，安宁权侵权适用过错责任原则。判定行为人的过错时，应根据行为性质、行为致害的可预见性和避免成本等因素，结合行业习惯等进行考虑，合理确定行为人是否尽到相应的注意义务。

二、妥善区分处理安宁权保护与其他隐私权保护之间的关系

《民法典》第一千零三十二条第二款规定：“隐私是自然人的私人生活安宁和不愿为他人知晓的私密空间、私密活动、私密信息。”据此明确隐私权保

护的客体范围可以分为：私人生活安宁和私密空间、私密活动、私密信息。如何辨别和认定被诉侵权行为所侵害的客体权益是司法实务审理这类纠纷的难点。本案例中，首先应当辨别出私人手机号码不是私密信息，不属于不愿被他人知晓的信息。被诉侵权行为不属于处理他人私密信息，也就不能认定为构成处理私密信息侵害隐私权的行为。因此，被诉侵权行为涉及的其实是权利人的安宁利益。其次，被诉侵权行为虽不是以电话、短信、即时通信工具、电子邮件、传单等方式直接骚扰他人，但不当泄露私人手机号码将权利人置于被他人侵扰以及被侵扰的显著风险之中，仍可构成侵害安宁权。因此，本案例从保护私人生活安宁状态的角度，将不当泄露私人手机号码的行为认定为隐私权侵权。

三、妥善区分处理隐私权保护与个人信息保护之间的关系

《民法典》第一千零三十四条规定："自然人的个人信息受法律保护。个人信息是以电子或者其他方式记录的能够单独或者与其他信息结合识别特定自然人的各种信息，包括自然人的姓名、出生日期、身份证件号码、生物识别信息、住址、电话号码、电子邮箱、健康信息、行踪信息等。个人信息中的私密信息，适用有关隐私权的规定；没有规定的，适用有关个人信息保护的规定。"从上述规定来看，个人信息分为私密信息和非私密信息，个人信息与作为隐私权客体的私密信息既有交叉亦有不同。对此法律缺乏清晰界分，在司法实务过程中常出现认定难的窘境。

除了上述在价值取向、调整客体和救济模式等方面的相似性外，隐私权与个人信息保护之间也存在多方面的差异。一方面，二者适用的场合存在差异。隐私是平等主体间交往关系的结果，因为主体之间的交流互动，产生了一定的人际关系及相应的保密需求，权利义务双方处于平等地位。个人信息保护制度的目的则主要是避免政府或大型商业主体滥用"算法权力"进而损害个人的人格利益，此时个人与处理者之间处于一种信息能力不平等的地位。另一方面，二者解决的核心问题不同，隐私权解决的核心问题是私密性与公开性的关系，个人信息权益解决的核心问题则是个人信息上所承载的利益之间的平衡问题。

在司法实践中，对以刺探、公开、披露等方式侵入他人的私人生活领域，干扰他人的生活安宁，则应采取隐私权保护模式；若主要针对私密信息的滥

用、误用、不当使用，侵害到个人的参与决定利益或增加个人信息被识别并不当使用的风险，则需要通过个人信息保护制度进行处理。❶

本案例中，由于现在手机号码需要进行实名认证，电话号码类的个人信息和个人生活安宁具有极强的关联性，应由权利人决定向特定的人群公开。若非法律规定或经权利人许可，被他人不当披露给不特定人群，就可能导致权利人的通信安宁被侵扰，妨害权利人的正常生活安宁。在此，当事人所争议的信息获取、使用行为并不是围绕信息的识别分析为核心而展开，而主要由于手机号码暴露后对其私人生活安宁的侵扰，因此本案适用隐私制度保护中的安宁权进行处理，而非个人信息保护。

四、探求隐私保护的技术以及完善个人隐私保护技术规则

当今世界的数字化记忆常常引发隐私焦虑。数字社会，用户的隐私困境一方面源于个人隐私数据的“裸奔”；另一方面，还由于数字记忆对数字身份的记录会永久侵犯私人生活安宁，限制个人及社会的修复与更新。隐私数据在同一时间内的生活、娱乐、工作之间横向流通，与伴随终生的纵向的交叉串线加重了隐私暴露的危害性，隐私焦虑的阴霾笼罩在当代数字化生存的人的头顶。

隐私保护技术针对的对象是数字技术发展所导致的隐私问题。对于个人隐私保护而言，以往曾行之有效的技术保护方式在数字技术迅速的挖掘能力、强劲的关联性以及高效的计算处理能力下，显得捉襟见肘，无法解决隐私保护的难点和痛点。这就需要按照数字技术社会的进化规律考虑新的隐私保护技术的研发和应用。我们应进一步规范个人隐私保护技术相关规则，将个人隐私保护技术规定纳入法律法规制定之中，强化相关技术规则的执行力度❷。

大数据时代个人隐私保护是全社会面临的共同挑战。我国现有的法律法规初步构建起了个人隐私保护路径，一定程度上为解决我国个人隐私保护所面临的问题提供了思路，但仍存在个人隐私与个人信息概念混乱、法律法规中个人隐私技术描述不够具体等挑战。我国应从建立健全个人隐私保护的法律法规体系等方面入手，有效保障个人隐私权利与权益。

---

❶ 参见蔡一博，郭福卿：《隐私与个人信息区分下的衔接保护》，载《学术交流》2022 年第 12 期。

❷ 参见盛小平，唐筠杰：《国内法律法规视角下的个人隐私保护研究》，载《科技情报研究》2022 年第 4 期。

网拍名人书信是否侵犯隐私权认定

——丁某与北京某图书有限公司、赵某侵犯隐私权纠纷案❶

赵长新*　孟丹阳**　陈梦梦***

典型意义

书信手稿是否具有隐私属性，需要根据内容是否私密及当事人主观意愿综合判断。涉及家事安排、思想交流、感情抒发等纯属家庭成员间亲密交流的家信内容属于隐私。名人与公共利益无关的私人生活受法律保护。收藏品交易平台应当对书信、手稿等涉及隐私属性的物品来源、内容尽到合理的审核义务，否则要与侵权人承担连带责任。本案是具有典型意义的因网络拍卖私人书信而侵害他人隐私权以及死者隐私的侵权案件，系《中华人民共和国民法典》（以下简称《民法典》）生效前判决，其裁判要旨与《民法典》立法精神相契合，获全国法院系统2020年度优秀案例分析二等奖。

关键词　名人书信　隐私权　网络拍卖　收藏品交易平台

---

❶ 一审裁判文书字号：北京互联网法院（2018）京0491民初1813号民事判决书（2019年8月23日）；二审裁判文书字号：北京市第四中级人民法院（2020）京04民终26号民事裁定书（2020年3月10日）。

一审合议庭组成人员：审判长赵长新、审判员郭晟、审判员颜君。

* 赵长新，北京互联网法院党组成员、副院长。

** 孟丹阳，北京互联网法院立案庭法官助理。

*** 陈梦梦，北京航空航天大学法学院学生。

案情介绍

原告丁某系已故漫画家丁某1与沈某夫妇独子、唯一法定继承人。“某旧书网”系隶属于被告一北京某图书有限公司（以下简称某图书公司）下的网络交易平台。

原告丁某诉称：2016年9月，原告发现某旧书网出现大量丁某1、沈某夫妇及其家人、朋友间的私人信件及丁某1手稿的拍卖信息，内容涉及大量家庭内部生活隐私，其中18封信件（以下简称涉案信件）由被告二赵某拍卖。某图书公司未经权利人允许擅自展示涉案信件，未尽到审查义务。被告赵某和某图书公司的行为构成对丁某1、沈某及原告丁某本人隐私权的侵犯。原告请求法院判令二被告停止侵权行为，删除某旧书网上全部涉及丁某1、沈某及其家人的书信拍卖信息并公开赔礼道歉；判令被告赵某和某图书公司连带赔偿丁某精神损害抚慰金和律师费；判令被告赵某将涉侵权信件返还。

被告一某图书公司辩称：被告某图书公司主体不适格，其经营的某旧书网只是网络商品交易服务的提供者和经营者；作为平台已履行“通知－删除”义务；涉案书信、手稿内容不构成对原告隐私权的侵害；丁某1作为名人其隐私权的行使要顾及社会公共利益。

被告二赵某辩称：赵某并未侵犯丁某隐私权，原告主体不适格；涉案书信、手稿系其以合理对价购买，丁某无权主张返还；赵某实施的网上拍卖行为无侵权故意，未造成丁某财产损失及精神损害，也非首位将涉案书信、手稿在市场上公布的人，不符合侵犯隐私权的认定条件；丁某主张赔偿律师费没有法律依据；公众人物的隐私权要部分让渡于社会公共利益。

北京互联网法院审理查明，2016年8月至11月，被告二赵某作为拍主在某旧书网公开拍卖丁某1、沈某与亲友之间的书信及丁某1手稿共计18件。其中，丁某1、沈某、丁某以及丁某1之父丁某2之间的书信共10封，丁某1手稿1封，他人写给丁某1的书信共7封。拍品详情涉及涉案书信手稿的品相、规格以及丁某1夫妇的生平等；拍品照片可清晰阅读涉案书信手稿的内容。在拍卖过程中及结束后，任何人在进入该板块后均可以看到以上信息。

裁判内容

北京互联网法院经审理认为，本案争议焦点包括：一是原告丁某、被告一某图书公司主体是否适格；二是被告二赵某拍卖涉案书信、手稿的行为是否构成侵犯隐私权；三是被告一某图书公司作为平台经营者是否应承担连带侵权责任，被告如果构成侵权，其应承担何种法律后果。

一、原告丁某、被告一某图书公司主体适格

原告丁某作为丁某1、沈某之子，在二人去世后，有权维护死者的隐私，并有权维护自己的隐私权。原告丁某的起诉具有明确的被告，某图书公司承担侵权责任与否并非判断其是否为适格被告的条件，因此某图书公司是适格被告。

二、被告二赵某拍卖行为侵犯隐私权

关于赵某对名人书信的网拍行为是否侵犯隐私权的问题。首先，涉案书信手稿内容包含个人隐私。家信往来，基于彼此信赖，其内容往往涉及家庭生活的安排、个人感情的真实交流，体现了彼此的性情、情趣以及价值观。因此，家信具有鲜明的私密性，很可能涉及隐私权范畴。此外，隐私权的认定还应适当考虑当事人合理的主观因素，即在不违背善良风俗、符合社会公众普遍价值判断标准的情况下，尊重当事人对于私人空间范围的划定。本案中，一部分涉案书信为丁某1及其家庭成员之间的亲密交流，属于个人隐私；另一部分系他人写给丁某1的书信，内容属于公开事务，未涉及丁某1、沈某、丁某的隐私。涉案手稿未公开发表，其内容涉及丁某1在当时的思想表达，仍属丁某1的隐私。

其次，涉案家信、手稿不属于社会公共利益。为促进社会公共利益可以合理、审慎地利用一部分隐私，由于其用意系出于社会整体考虑，不属于侵权行为。赵某出售丁某1家信、手稿，完全基于营利目的，与社会公共利益无关。名人的公众属性并不导致其民事权利被限制，更不等同于私人生活的完全曝光，与公共利益无关的私人生活应当受到充分的保护。涉案家信、手稿不能因

丁某1具有“名人”身份而自然进入公共领域供他人阅览、谋利。

最后，被告二赵某应当承担侵犯隐私权的责任。赵某未证实其获得涉案书信手稿的合法来源，该未经权利人授权公开售卖丁某1家信、手稿的行为，已经构成对丁某1、沈某隐私的侵害，并侵犯了丁某的隐私权，应当承担侵权责任。

三、被告三某图书公司承担连带侵权责任及二被告应承担的法律后果

作为收藏品电子交易平台，某图书公司不仅要通过技术手段、人工干预确保交易的公平、安全，也要对交易的收藏品这一特殊商品的合规性，特别是对书信、手稿等涉及隐私属性的内容尽到合理的审核义务。某图书公司对参与拍卖交易的买卖双方均收取占成交价一定比例的佣金，并组织丁某1书信拍卖专场，更应对拍卖交易涉及的商品及信息的合法合规性审查承担较高的注意义务。此案中某图书公司未能审慎履行上述审核义务，应承担连带侵权责任。

利用互联网侵害人身权益的后果，往往比物理空间更为严重。涉案家信、手稿内容在某旧书网长期向社会公开，导致丁某1、沈某、丁某的隐私长期暴露，并给丁某造成严重的精神痛苦。赵某、某图书公司以此获利，侵权程度更为严重。因此，二被告应当向丁某公开赔礼道歉。丁某主张二被告赔偿其精神损害抚慰金、律师费，法院予以部分支持。丁某主张返还涉案书信、手稿，但是涉案书信、手稿均已拍卖成交并交付买家，未由赵某占有，因此对返还涉案书信、手稿的主张，法院无法支持。

裁判结果

北京互联网法院依照《中华人民共和国民法总则》第一百零九条、第一百一十条，《中华人民共和国侵权责任法》第十五条第（六）项至第（八）项、第十八条、第二十二条、第三十六条，《最高人民法院关于审理利用信息网络侵害人身权益民事纠纷案件适用法律若干问题的规定》第五条、第九条、第十二条、第十六条、第十七条、第十八条，《最高人民法院关于确定民事侵权精神损害赔偿责任若干问题的解释》第三条第二项、第八条第二款、第十条，《中华人民共和国民事诉讼法》第一百一十九条第（一）项、第（二）项

之规定判决：一、二被告在某旧书网首页公开向丁某赔礼道歉；二、被告赵某赔偿丁某精神损害抚慰金及合理开支（律师费）共计 3 万元，被告某图书公司承担连带责任；三、驳回丁某其他诉讼请求。

二被告某图书公司和赵某不服原审判决，提起上诉。法院审理过程中，某图书公司、赵某分别于 2020 年 3 月 4 日、2020 年 3 月 9 日向法院提交撤回上诉的申请。北京市第四中级人民法院裁定：准予撤诉。一审判决已经生效。

法官解读

一、关于涉案书信手稿内容是否属于个人隐私

隐私的观念最早兴起于西方，随着人文主义和自由主义思想的发展，形成了两种不同的隐私文化。一种是美国从自由的角度理解隐私，另一种是欧洲大陆将隐私保护根植于人格尊严之上。[1] 对于隐私权性质的界定，理论和实务中一直存在争议。

为有效回应信息社会公民对自己生活空间、生活信息私密性以及私生活安宁性的新需求，我国《民法典》专章对隐私权作出规定。其中，第四编第六章第一千零三十二条第二款规定，隐私是自然人的私人生活安宁和不愿为他人知晓的私密空间、私密活动、私密信息。鉴于《民法典》于 2021 年 1 月 1 日起施行，可以参照其中的立法精神。

一是隐私的认定与划分。根据隐私的定义，结合不同的社会发展时期将一些隐私利益纳入保护范围，不过不能无限制扩张，要围绕定义内涵进行隐私范畴的划分。

《最高人民法院关于审理利用信息网络侵害人身权益民事纠纷案件适用法律若干问题的规定》（2014 年）第十二条，对利用网络侵犯隐私权的行为进行了规定，即网络用户或者网络服务提供者利用网络公开自然人基因信息、病历资料、健康检查资料、犯罪记录、家庭住址、私人活动等个人隐私和其他个人

---

[1] 参见张新宝：《从隐私到个人信息：利益再衡量的理论与制度安排》，载《中国法学》2015 年第 3 期。

信息，造成他人损害，被侵权人请求其承担侵权责任的，人民法院应予支持。现实场景下的隐私、个人信息的范围很广，边界划定较为复杂，故上述规定对隐私、个人信息采取列举的形式加以规定，同时使用“等”字来表达权利内容可以甚于列举范围。对于隐私的界定，结合《民法典》的立法精神，可以从以下两个方面进行考察：一要考察内容私密性；二要考察当事人的主观因素。

对于书信内容的私密性判断，要结合当时特定的历史时期。在移动通信尚未普及之时，书信往来是公众之间彼此联络、传递信息、交流思想感情的主要方式。对于大量的书信往来，可以从形式标准上加以区分：一是通信相对人或阅读对象，是指向家庭成员、普通亲友等特定人还是指向不特定公众；二是通信内容是一般性介绍近况或感想、交流公开事务、表达问候的内容还是涉及私人感情、私人活动的亲密交流等话题。本案中，丁某1、沈某、丁某以及丁某1之父丁某2之间的10封书信内容，是涉及私人生活秘密、家人之间亲密交流的家信，具有明显的内容私密性，当然属于隐私范畴。他人写给丁某1的7封书信，主要是一般性的涉及公开事务的往来信件，不涉及私人话题或秘密，不属于隐私范畴。

对于当事人主观因素的判断，不以承载隐私的信息是否具有商业价值为影响因素。对于涉及个人不愿为他人知道的信息，无论该信息的公开对权利人造成的影响是积极的还是消极的，无论该信息是否具有商业价值，只要该信息不属于公共领域并且本人不愿意公开，就应当受到隐私权的保护。❶ 本案中，被告二未举证证明涉案手稿已经公开发表，且手稿承载了丁某1的思想表达，属于隐私范畴。

二是隐私的首次公开即一次用尽的问题。受制于存在形态，隐私一旦被披露就不再是隐私，也就是说，披露他人隐私造成的损害后果常常具有不可逆性。尤其是在网络环境下，一旦在互联网上披露了他人的隐私，就无法再通过“恢复原状”等方式予以救济，其私密性也无法予以恢复。❷ 因此，对于隐私的损害行为，要考察是否首次公开。对于并非首次公开的情况，考虑到隐私一

---

❶ 参见张新宝：《隐私权的法律保护》（第2版），群众出版社2004年版，第8—9页。

❷ 参见王利明：《论个人信息权的法律保护——以个人信息权与隐私权的界分为中心》，载《现代法学》2013年第4期。

次披露就不再是隐私，不能用隐私权进行保护，是否可以运用排除对个人信息的不当利用等保护方式尚存在探讨的空间。本案中，赵某主张涉案书信手稿系通过合法途径支付合理对价购买，购买前已在市场上多次流转，且拍卖时图片已添加水印遮挡内容，但并未提供证据予以证明，法院未予采信。

二、名人隐私是否要让渡于社会公共利益

一般而言，隐私主要体现的是人格利益，隐私权主要是一种精神性的人格权，财产价值并不十分突出。不过，名人的隐私信息并非如此。一些名人的个人信息可能包含人格利益和财产利益，既包括精神价值，也包括财产价值，甚至主要体现为财产价值。[1]在这些名人信息中，就包含承载了隐私的个人信息，并且往往在市场中具有广泛的利用价值。如果利用范围过宽，容易造成对名人隐私的侵害；如果利用范围过窄，不利于满足社会公共利益和公众兴趣。因此，对于承载了名人隐私的个人信息保护与利用的需求冲突，要考虑社会公共利益与个人容忍义务的范围进行调和，实现利益平衡。

一是书信手稿承载了名人效应。名人是在社会中具有一定知名度、影响力的人，属于“社会公众人物”。“社会公众人物”是与“政治公众人物”并列的概念，前者是指具有一定知名度而在社会生活中引人注意的人士，主要涉及公众兴趣的问题；后者是指政府公职人员等国家官员，主要涉及国家利益、公共利益和舆论监督的问题。[2] 对于社会公众人物又可以作进一步的划分，比如一些影星、歌星或体育明星等公众人物，还有在某一行业或领域有出色成果或贡献的知名人士。本案中的书信手稿，正是由于丁某1在漫画界的名人身份而具备了区别于普通人往来信件的商业价值，因此书信手稿承载了更多依附于人身的史料价值和学术价值。

二是名人的部分被视为隐私的个人信息利用问题。作为备受关注的社会公众人物，从公共利益或公众兴趣等社会整体考虑，应承担相应的与其社会角色相匹配的容忍义务。部分承载了隐私的个人信息在不违反公序良俗的情况下，可转化为公共信息。不过要根据权利义务对等原则以及比例原则作进一步划

---

[1] 参见王利明：《论个人信息权的法律保护——以个人信息权与隐私权的界分为中心》，载《现代法学》2013年第4期。

[2] 参见王利明：《公众人物人格权的限制和保护》，载《中州学刊》2005年第2期。

分。对于明星而言，其需要出现在大众视野中来追求一定的曝光率，职业特性和社会角色决定其个人隐私受到社会公共利益或公共兴趣需要的限制。对于名人而言，并非靠个人，而主要靠作品的影响来吸引大众的关注。因此，其个人私生活等隐私受到公共利益或社会公共兴趣需要的限制相对有限。

三是名人隐私的合理限缩与适度保护问题。为促进社会公共利益而合理、审慎地利用一部分隐私，不属于侵权行为。不过，名人的公众属性，并不意味着其民事权利当然地被限制，更不等同于其私人生活的完全曝光，与公共利益无关的私人生活应当受到充分的保护。本案中，对于丁某1的书信隐私内容已经进行了层次划分，对于其中虽然未公开但涉及丁某1与他人关于公共事务交流的部分不作为隐私加以保护。既然社会公众人物是因为其事业中的公共利益因素而使得隐私的范围受到限制，那么，与公共利益无关的部分就仍然应该受到保护。[1] 本案中，丁某1系漫画界名人，并不意味着其与亲人之间的私下往来的书信及其他未经公开发表的手稿因丁某1具有的“名人”身份而自然进入公共领域供他人阅览、谋利。并且，本案中被告二赵某网拍丁某1家信、手稿的行为，并非出于社会公共利益的目的，而是基于自身的营利目的。因此，被告二辩称丁某1的隐私要让渡于社会公共利益的主张，法院不予支持。

根据《中华人民共和国侵权责任法》（以下简称《侵权责任法》，已废止）第十八条第一款规定，被侵权人死亡的，其近亲属有权请求侵权人承担侵权责任。《最高人民法院关于确定民事侵权精神损害赔偿责任若干问题的解释》（2001年）第三条规定：“自然人死亡后，其近亲属因下列侵权行为遭受精神痛苦，向人民法院起诉请求赔偿精神损害的，人民法院应当依法予以受理：……（二）非法披露、利用死者隐私，或者以违反社会公共利益、社会公德的其他方式侵害死者隐私。”本案中，丁某作为丁某1、沈某之子，在丁某1、沈某去世后，有权就披露死者隐私的行为请求侵权人承担侵权责任。另外，丁某认为涉案书信手稿涉及其本人，其作为利害关系人，亦有权提起侵权之诉。故丁某作为本案原告适格，有权提起隐私权侵权诉讼。

三、涉案书信手稿承载的其他权利属性

除隐私权外，涉案书信、手稿还承载着物权以及著作权的属性。

[1] 参见李新天，郑鸣：《论中国公众人物隐私权的构建》，载《中国法学》2005年第5期。

一是涉案书信、手稿的物权属性。涉案书信手稿内容记录于纸张之上，即形成了民法上的物。在丁某1、沈某在世时，其物权应当归属二人所有。在二人去世后，丁某通过继承取得了涉案书信手稿的物权，可以请求无权占有该物者予以返还，但请求权基础与隐私权则截然不同。本案中，对于原告丁某主张返还涉案书信、手稿的诉讼请求，由于涉案书信、手稿均已拍卖成交并交付买家，未由被告二赵某占有，因此法院无法支持返还涉案书信、手稿的主张。

对于原告丁某与书信、手稿持有人关于涉案书信、手稿所有权的相关事实，由于被告二未提供证据证明其通过合法渠道并支付合理对价购得书信、手稿，根据现有证据也无法查明涉案书信、手稿流入市场的原因及途径，因此，本案中未予以认定。不过，关于所有权取得的问题，《民法典》第二编第二分编第九章专门进行了特别规定，可以参照其中的立法精神。

二是涉案书信、手稿的著作权属性。涉案书信中的家信、手稿，系书写者独立创作的表达个人感情及观点，叙述个人生活及工作事务方面的内容，是以文字、符号等形式表达出来的文学、艺术领域内的智力成果，符合作品独创性要求，构成我国著作权法保护的作品。参照“杨某某（笔名杨某）与某拍卖有限公司、李某诉前禁令案”，禁令裁决某拍卖有限公司在拍卖、预展及宣传等活动中不得以公开发表、展览、复制、发行、信息网络传播等方式实施侵害钱某1、杨某某、钱某2写给李某的涉案书信手稿著作权的行为。因此，对于涉案书信、手稿的著作权，从发表权、复制权、信息网络传播权等方面也有保护的可能。由于本案中丁某提出诉求的基础在于书信、手稿的隐私权属性，故对此不作过多论述。

四、线上收藏平台的审核注意义务

作为专门为特殊收藏品提供交流、交易的电子商务平台，某旧书网不仅要通过技术手段、人工干预确保交易的公平、安全，也要对提交交易的收藏品这一特殊商品的合规性，特别是对书信、手稿等可能涉及隐私属性的物品来源、内容尽到合理的审核义务。

一是收藏品的特殊属性。近年来，随着国家对文化产业的大力扶持，收藏品市场呈现出蓬勃发展的景象，越来越多的人将收藏品的交流作为陶冶情操、涵养文化的有益方式；同时，收藏品的稀缺性亦使其产生价值，可为收藏者带来可观的收益，成为人们投资的重要途径。

二是线上交易的公开性。伴随着电子商务、互联网技术及各行业之间的不断融合，收藏品交流、交易场所已经逐渐从传统的线下交易市场、拍卖行，扩展至电子商务平台。本案中，丁某1的家信、手稿内容通过线上收藏平台长期向社会公开，借助互联网在公共空间散布传播，导致丁某1、沈某、丁某的隐私长期暴露，给丁某造成了严重的心理伤害和精神痛苦。利用互联网侵害人身权益的损害后果，远比物理空间更为严重。

某图书公司作为某旧书网的经营者，对网站负有管理义务。某图书公司应当根据其公示的《某旧书网服务协议》《某旧书网关于商品审核规则》，主动审核商品信息特别是含个人隐私的信息，一旦发现问题应及时删除。被告一某图书公司在明知涉案书信手稿被拍卖的情况下，未对涉及隐私的拍品是否经过合法授权、是否已经公开发表等进行基本审核，反而允许赵某进行拍卖，并从中获利，未尽到平台的审核义务。此外，某图书公司对参与拍卖交易的买卖双方均收取占成交价一定比例的佣金，并组织丁某1书信拍卖专场，更应对拍卖交易涉及的商品及信息的合法合规性审查承担较高的注意义务。本案中，某图书公司未能审慎履行上述审核义务，依据《侵权责任法》第三十六条第三款的规定，认定被告一某图书公司与实施侵权行为的网络用户即被告二赵某承担连带责任。

作为专业的收藏品交易平台，某图书公司应当以本案为鉴，加强对入驻商户出售商品的特殊属性、权利来源等方面的审核力度；另外，某图书公司应当防患于未然，将与收藏品相关的重要法律知识，特别是涉及隐私权的内容，以公示的形式对网络用户进行警示和教育，避免再次发生类似侵权行为，从而促进收藏品交易的电子商务模式健康、有序的发展。

关联产品数据共享的有效告知同意认定

——黄某与腾讯科技（深圳）有限公司、腾讯科技（北京）有限公司、腾讯计算机系统有限公司隐私权、个人信息保护纠纷案❶

孙铭溪*　张乃毓**　张钰晗***

典型意义

本案对个人信息处理者在关联产品中共享用户数据、个人信息和隐私的区分、个人信息处理举证责任等问题进行了深入剖析，对行业合规产生重要影响，对个人信息保护和数据合理流动的平衡原则进行了有效探索。本案是首例阅读软件侵害用户个人信息权益案件，写入最高人民法院工作报告，入选中国消费者协会发布的2019—2020年“全国消费维权十大典型司法案例”。

关键词　民事　个人信息与隐私　场景判断　告知同意

---

❶　一审裁判文书字号：北京互联网法院（2019）京0491民初16142号民事判决书（2020年7月30日）。

一审合议庭组成人员：审判长孙铭溪、审判员颜君、人民陪审员郝作成。

*　孙铭溪，北京互联网法院综合审判三庭庭长。

**　张乃毓，北京互联网法院审管办（研究室）法官助理。

***　张钰晗，北京航空航天大学法学院学生。

案情介绍

微信读书软件（版本号：v3.3.0，以下简称微信读书）系一款手机阅读应用，用户可以在该软件上阅读书籍、分享书评等。在应用软件市场中，微信读书的开发者是腾讯科技（深圳）有限公司广州分公司，注销后由腾讯科技（深圳）有限公司（以下简称腾讯深圳公司）承继其权利义务。微信的开发者是腾讯科技（北京）有限公司（以下简称腾讯北京公司），两软件的运营者为腾讯计算机系统有限公司（以下简称腾讯计算机公司）。

本案的原告黄某在通过微信登录微信读书时发现，即时通信软件微信和微信读书之间通过不授权无法登录使用的方式，将通讯录好友关系的数据交予微信读书，在微信读书的“关注”栏目下出现了使用该软件的原告通讯录好友的名单。在原告没有进行任何添加关注操作的情况下，原告微信读书软件中“我关注的”和“关注我的”页面下出现了大量原告的微信好友。此外，无论是否在微信读书中添加关注关系，原告和共同使用微信读书的微信好友也能够相互查看对方的书架、正在阅读的读物、读书想法等。

原告黄某诉称：微信及微信读书的上述行为侵犯了原告的个人信息权益和隐私权，腾讯公司（三家公司共称为腾讯公司）作为微信和微信读书的开发、运营方，应当承担相应的侵权责任。原告请求法院判令腾讯公司停止其侵权行为，解除微信读书中的关注关系、删除好友数据、停止展示读书记录等，并要求腾讯深圳公司、腾讯北京公司和腾讯计算机公司向自己赔礼道歉。

腾讯公司辩称：微信读书没有为原告自动添加好友，微信读书获得原告的微信好友关系数据、向原告共同使用微信读书的微信好友展示读书信息，均在用户协议中有约定，经过了原告的授权同意。

裁判内容

北京互联网法院经审理认为，本案主要的争议焦点包括：一是微信好友关系、读书信息是否属于个人信息和隐私；二是腾讯公司是否存在自动添加关注微信好友的行为；三是微信读书收集和处理原告好友列表和读书信息的行为是否进行有效告知并获得原告同意，进而判断是否构成对原告个人信息权益的侵害；四是腾讯公司是否构成对原告隐私权的侵害。

一、原告的微信好友关系、读书信息构成原告的个人信息

判定某项信息是否属于个人信息，应考虑以下两条路径：一是识别，即从信息到个人，由信息的特殊性识别出特定自然人，可识别性需要结合具体的场景进行判断。二是关联，即从个人到信息，某特定自然人在活动中产生的信息即为个人信息。符合上述两种情形之一的信息，即应判定为个人信息。OPEN_ID 是腾讯公司对用户的识别码，读书软件获取性别、年龄、OPEN_ID 信息构成识别性信息；在这些可识别自然人的信息的基础上，好友列表、读书信息等关联性信息亦构成个人信息。

二、原告有初步证据证明腾讯公司实施了自动添加关注的行为，腾讯公司掌握相关数据未予提交，应认定原告的主张成立

从原告提交的已经公证的用户评论看，包含着大量有关读书软件自动关注社交软件好友的内容，确存在自动为用户添加关注的可能，腾讯公司也陈述可能存在自动关注的版本。在此前提下，除非要求原告从初次登录到不能预计的、不特定的被添加关注时间点期间，一直采取公证或其他证据保全措施，否则无法证明被自动添加关注的事实。因此，法院认定原告完成了初步举证，腾讯公司主张原告主动添加关注以及涉案版本的读书软件已经修改了自动添加关注功能，应该提供相应的证据。腾讯公司未提交相关证据，法院采信原告的主张，认定原告读书软件中的关注关系为自动添加。

三、微信读书对原告个人信息的收集和处理未有效告知并获得原告同意，构成对原告个人信息权益的侵害

针对微信读书处理原告个人信息的行为进行整体分析，双方的主要争议焦点在于腾讯公司是否获得原告有效的知情同意。

《中华人民共和国网络安全法》明确了网络运营者收集使用个人信息，应符合合法、正当、必要原则，并经被收集者同意。知情及同意不仅包括信息主体对收集信息种类的知情，还包括对收集、使用的目的、方式和范围的知情及

同意，且应充分、自愿、明确。

首先，结合微信读书使用个人信息的场景。第一，从微信读书与微信的关系来看，两个软件共用好友关系不符合一般用户的合理预期，应用软件更不应简单地将微信好友迁移至个人生活各领域的具有社交属性的软件中。第二，从微信读书中的读书信息组合与人格关系来看，这些有关人们精神世界的信息组合，可能勾勒刻画出一个人的人格侧面，承载着用户的人格利益。因此，用户应当享有建立或者拒绝建立“人设”的自由，这种自由行使的前提是用户清晰、明确地知晓此种自由。第三，从微信读书处理信息的行为来看，在未明确告知用户的情况下，网络服务提供者在不同应用中迁移好友关系不符合一般用户的合理预期。综上，微信读书存在较高的侵害用户隐私的风险，并未对用户进行显著的告知，确保用户充分了解，知悉信息处理的方式、范围及风险。

其次，分析微信读书中的告知和获取同意的方式。用户协议直接以无提示的方式规定上述读书信息“不属于个人隐私或不能公开的个人信息”，意图规避可能存在的侵害个人信息或隐私的风险。即使设置了用户可手动开启私密阅读等选项，也因告知得不清晰、不充分而可能影响用户的真实选择意愿。综上，微信读书仅以用户协议概括地获得用户的授权，并未以合理的“透明度”告知原告并获得原告的同意，具有过错，侵害了原告的个人信息权益。

最后，微信读书自动为用户添加关注而获取读书信息的行为，应当需要更显著提示用户并获得用户明确同意。本案中，微信读书并没有获得原告的知情同意，存在过错，侵犯了原告的个人信息权益。

四、腾讯公司未侵害原告的隐私权

个人信息与作为隐私权客体的私密信息既有交叉亦有不同，判案时需要合理区分隐私权和个人信息权益。个人信息处理者是否侵害隐私权，应结合信息类型、内容是否具有私密性、信息处理方式、个人合理预期等予以综合判定。根据场景化原则分析原告被公开的阅读信息，尚不足以形成对原告人格的刻画，进而达到对其人格利益造成损害的程度，故未达到私密性标准。因此，原告主张的好友列表和读书信息不足以纳入私密信息，以保护个人信息权益的方式足以保护原告本案中受到的损害，故北京互联网法院认为，腾讯公司不构成对原告隐私权的侵害。

裁判结果

北京互联网法院依照《中华人民共和国民法总则》第一百一十一条❶，《中华人民共和国侵权责任法》第八条❷、第十五条❸，《中华人民共和国网络安全法》第四十三条、第七十六条第（五）项，《最高人民法院关于审理利用信息网络侵害人身权益民事纠纷案件适用法律若干问题的规定》第十二条❹、第十六条❺、第十八条❻的规定，判决如下：一、被告深圳市腾讯计算机系统有限公司于本判决生效之日停止微信读书收集、使用原告黄某的微信好友列表信息的行为，并删除微信读书中留存的原告黄某的微信好友列表信息；二、被告深圳市腾讯计算机系统有限公司于本判决生效之日解除原告黄某在微信读书中对其微信好友的关注；三、被告深圳市腾讯计算机系统有限公司于本判决生效之日解除原告黄某的微信好友在微信读书中对原告黄某的关注；四、被告深圳市腾讯计算机系统有限公司于本判决生效之日停止将原告黄某使用微信读书软件生成的信息（包括读书时长、书架、正在阅读的读物）向原告黄某共同使用微信读书的微信好友展示的行为；五、被告腾讯科技（深圳）有限公司于本判决生效之日起七日内以书面形式向原告黄某赔礼道歉，致歉内容须经本院审核，如逾期不履行该义务，本院将选择一家全国公开发行的报纸刊登本判决主要内容，费用由被告腾讯科技（深圳）有限公司负担；六、被告深圳市腾讯计算机系统有限公司于本判决生效之日起七日内以书面形式向原告黄某赔礼道歉，致歉内容须经本院审核，如逾期不履行该义务，本院将选择一家全国公开发行的报纸刊登本判决主要内容，费用由被告深圳市腾讯计算机系统有限公司负担；七、被告腾讯科技（深圳）有限公司、腾讯科技（北京）有限公司、深圳市腾讯计算机系统有限公司于本判决生效之日起七日内连带赔偿原告

❶ 现变更为《中华人民共和国个人信息保护法》（2021年修正）第二条、第十条。

❷ 现变更为《中华人民共和国民法典》第一千一百六十八条。

❸ 现变更为《中华人民共和国民法典》第一百七十九条。

❹ 本条已删除。

❺ 现变更为《中华人民共和国民法典》第一千条。

❻ 现变更为《最高人民法院关于审理利用信息网络侵害人身权益民事纠纷案件适用法律若干问题的规定》（2020年修正）第十二条。

黄某公证费6660元；八、驳回原告黄某的其他诉讼请求。

一审判决作出后，双方当事人均未提起上诉，本案已生效。

法官解读

本案是全国首例手机阅读软件侵害用户个人信息权益的典型案件。本案对个人信息的界定和范围，在实践中如何具体适用合法、正当、必要原则，怎样才是征得用户有效的同意进行了鲜明的回应；同时，对关联产品中的个人信息共享提出“透明度规则”。本案裁判亦与之后颁布的《中华人民共和国个人信息保护法》（以下简称《个人信息保护法》）法律精神及相关规定一致，为司法实践中准确适用《中华人民共和国民法典》（以下简称《民法典》）及相关法律中个人信息保护提供了有益参考和有价值的实践素材。

一、个人信息的定义与范围

本案裁判时，关于个人信息定义和范围的法律规范主要是《中华人民共和国网络安全法》（以下简称《网络安全法》）第七十六条第（五）项：“个人信息，是指以电子或者其他方式记录的能够单独或者与其他信息结合识别自然人个人身份的各种信息，包括但不限于自然人的姓名、出生日期、身份证件号码、个人生物识别信息、住址、电话号码等。”当时已经颁布尚待实施的《民法典》定义与之相近，并将电子邮箱、健康信息、行踪信息等也纳入个人信息范围。此外，《信息安全技术　个人信息安全规范》（GB/T 35273—2020）（以下简称《个人信息安全规范》）中对个人信息的概念表述为：“以电子或者其他方式记录的能够单独或者与其他信息结合识别特定自然人身份或者反映特定自然人活动情况的各种信息。”该标准参考了欧盟《一般数据保护条例》（GDPR）的规范，在实践中被广泛认可。本案判决借鉴了《个人信息安全规范》对个人信息的定义方法，认为个人信息的核心特点为“可识别性”，既包括对个体身份的识别，也包括对个体特征的识别；对个体身份的识别确定信息主体“是谁”，对个体特征的识别确定信息主体“是什么样的人”，即该信息能够显现个人自然痕迹或社会痕迹，勾勒出个人人格形象。《个人信息保护法》第四条规定了个人信息是“是以电子或者其他方式记录的与已识别或者可识别的自然人有关的各种信息”，事实上采纳了“可识别”及“已识别+关联”的观点，本案完全符合之后颁布实施的《个人信息保护法》对个人信息的定义。故而，在已知用户昵称、性别、OPEN_ID 这些可识别自然人的信息的基础上，好友列表、读书信息等关联性信息亦构成个人信息。

二、关联产品中共享个人信息时告知同意原则的适用

在理论和实践中，用户勾选用户协议或隐私政策是否构成有效的处理个人信息的同意，一直存在争议。

本案裁判发生在《民法典》颁布后实施前、《个人信息保护法》正在制定的背景下，本案对在实践中如何具体适用合法、正当、必要原则，怎样才是征得用户有效的同意等进行了鲜明的回应，为后续类案裁判提供了实务经验。

知情同意原则之所以成为个人信息处理合法性的最重要原则，源于个人信息处理行为，特别是规模化、自动化个人信息处理行为中，个人信息主体与处理者的信息能力并不对等。由于互联网环境下的个人信息处理通常通过签订格式化电子协议的方式完成告知同意，在《个人信息保护法》实施之前，在格式条款下“告知同意”有效性的问题成为纠纷中的重点问题。实践中，个人信息处理者采用“默示同意”“一次性同意”等方式普遍性获得个人同意的现象较为突出。本案的裁判虽然发生在《个人信息保护法》颁布之前，但明确提出了个人信息处理中告知同意的“透明度”标准，即一般理性用户在具体场景下，对信息处理主体处理特定信息的目的、方式和范围知晓的清晰程度，以及作出意愿表示的自主、具体、明确程度。这也与《个人信息保护法》中对个人信息相关的处理事项的精神一致。

首先，来看微信读书中的告知和获取同意的方式。《微信读书软件许可及服务协议》中，与好友列表及读书信息处理有关的条文包括第 2.1 条：“你启用本软件后……可以浏览你的微信好友通过本服务阅读、分享的读物及其读书想法等。”第 5.5 条：“你理解并同意，本服务默认生成软件使用信息（包括但不限于你的书架、你正在阅读的读物、你推荐的读物及你的读书想法等信息）并向与你有微信好友关系的其他用户开放浏览可见。”这些内容不仅没有显著提示，并且，两处“好友”更容易让一般用户想到的是微信读书软件内的好友，而难以联想到注册微信读书即可在没有微信读书好友关系的情况下，

将微信好友关系迁移到微信读书，且读书信息默认被公开。无论是从形式还是内容上看，其告知并没有直观引起相对人的注意或者留下较深的印象。因此，关于微信好友列表与读书信息的使用方式上，微信读书的告知是不充分的。

随着互联网平台的发展，越来越多的头部企业基于其较为成熟的互联网产品形成的极强的用户黏性，不断尝试将已有用户迁移到新的产品中去，随之而来的是关联产品的个人信息数据共享。

本案中，腾讯公司对用户个人信息使用方式的突出特点是，将社交软件的好友列表数据共享给读书软件，进而在好友间开放读书信息。腾讯公司认为其在用户协议中已经约定了阅读记录会向共同使用微信读书的微信好友公开，已经获得了有效的用户同意。经法院查明，腾讯公司仅在冗长的用户协议中告知阅读记录向好友公开，无法让用户充分知晓个人信息适用方式、范围，并不能认定被告获得有效同意。

从微信和微信读书的关系来看，两个软件共用好友关系不符合一般用户的合理预期。随着互联网产业的不断发展，互联网生活日益丰富，用户可以自由选择在各类应用中的社交圈，这是互联网自由、开放、多元的体现。一个用户社交软件中的好友并不当然可以成为音乐软件、短视频软件或者游戏软件中的好友，更何况现今微信已经几乎承载了大多数用户的全部社会关系，应用软件更不应简单地将微信好友迁移至个人生活各领域的具有社交属性的软件中。

本案合议庭认为，虽然社交软件与读书软件均由腾讯公司运营，但同一信息处理者在关联产品中共享个人信息，需要个人信息主体在充分知情的前提下，自愿、明确同意该处理方式。同时，读书信息中可能包括用户不愿意向他人公开的信息，且腾讯公司处理的方式对用户人格权益有较大影响，因此，仅以用户概括性地同意用户协议，不能认定腾讯公司充分履行了告知和获得用户同意的义务。

最后，北京互联网法院鼓励互联网公司在“一对众”整体模式下，通过个性化设置不断完善用户个人信息及隐私保护功能，如通过对去标识化后的大数据进行分析来判断用户对各类信息的隐私偏好，细化信息处理选择功能，从而为用户宣告“不愿为他人知晓”提供清晰路径，更好地保障广大网络用户权益，促进产业健康规范发展。

2021 年，工业和信息化部发布的《工业和信息化部关于开展信息通信服务感知提升行动的通知》（工信部信管函〔2021〕292 号）明确要求企业建立个人信息保护“双清单”，以便用户清晰掌握个人信息在手机应用程序、软件开发工具包及其他第三方之间的共享情况。以某大型网络购物平台为例，其《个人信息共享清单》详细记载了第三方软件或平台的功能、收集个人信息的范围、所属机构、隐私保护说明等信息。落实好“双清单”制度，既增加了平台信息管理的责任，也能更好地保护个人信息权益。

三、个人信息与私密信息判断的场景化原则

《民法典》明确将隐私权与个人信息权益归入人格权编，并对隐私、个人信息以及保护方式进行了定义。从隐私的定义来看，包括了私生活安宁、私密空间、私密活动、私密信息几个方面，而私密信息属于个人信息范畴，这意味着隐私中的信息隐私属于个人信息范畴。

个人信息与作为隐私权客体的私密信息既有交叉亦有不同。从权利类型看，隐私权具有绝对权属性，个人信息是受法律保护的法益，并非绝对权。从立法价值取向看，隐私权与个人信息权益都从根本上体现了自然人的人格尊严和人格自由价值，但个人信息权益同时涉及信息利用、流通价值。从利益内容看，隐私权主要体现精神利益，而个人信息权益可能同时包括精神利益及财产利益。从保护客体和损害后果来看，隐私权保护具有私密性的信息，一经泄露即易导致个人人格利益受到损害；而非私密信息的个人信息，仅在被过度处理的情形下才可能使信息主体受到人格或财产损害。从权利特点和保护方式上看，隐私权更注重消极性、防御性，保护更为严格；而个人信息权益保护在注重预防侵害的同时，还强调信息主体积极、自决地利用权益，如选择、访问、更正、删除等。

大数据时代，大量的个人生活轨迹有了数字化呈现，个人信息可能存在个人自主、社会交往、公共利益价值上的交融，需要合理界分私密信息与一般个人信息，进而达到个人权益保护与公共利益平衡。私密信息强调关于“不愿为他人知晓”及“私密性”，“不愿为他人知晓”的主观意愿应符合社会一般合理认知。该社会一般合理认知，可能受到地域、文化传统、法律传统、习惯风俗、经济发展状况、社会普遍价值观等因素的影响。数字时代，用户对于具有社交属性的网络软件上的个人行为信息可能有不同的隐私期待，因此，有必

要深入实际应用场景，以“场景化模式”探讨该场景中是否存在侵害隐私的行为。从合理隐私期待维度上，个人信息基本可以划分为几个层次：一是符合社会一般合理认知下共识的私密信息，如有关性取向、性生活、疾病史、未公开的违法犯罪记录等，此类信息要强化其防御性保护，非特定情形不得处理；二是不具备私密性的一般信息，在征得信息主体的同意后，即可正当处理；三是兼具防御性期待及积极利用期待的个人信息，此类信息的处理是否侵权，需要结合信息内容、处理场景、处理方式等，进行符合社会一般合理认知的判断。

基于此种分析方法，法院认为在互联网移动应用场景下，用户对于软件内的读书信息进行积极利用或消极防御均属于合理预期，故不宜将读书信息一刀切地划入隐私的范畴，还要结合具体信息内容、信息处理方式等进行判断。

具体到本案中，从两个关联产品共享的信息来看，好友列表、读书信息都属于用户可能存在隐私期待或积极利用期待的信息，不宜笼统地划入个人信息范畴。好友列表进行了两个产品中的迁移，更进一步是为了在微信好友中相互公开读书信息。再进一步结合信息的使用方式，公开读书信息这一处理方式，存在着较高的侵害隐私风险。具体到本案中，因个案中信息尚未达到私密性标准，认定侵害个人信息权益已经足以保护原告的权益，故未认定侵害隐私权。

App 收集用户画像信息用于个性化推送的司法认定

——罗某与某软件运营公司个人信息权益侵权责任纠纷案❶

颜　君[*]　俞　露[**]

典型意义

信息处理者收集用户画像信息用于个性化信息推送，并非用于网络服务的基础服务功能或用户在有选择基础上自主选择的附加功能，不属于《中华人民共和国个人信息保护法》（以下简称《个人信息保护法》）第十三条第一款第（二）项规定的订立、履行合同所必需，应征得个人的同意。信息处理者在网络登录注册界面收集用户画像信息，未向用户提供“跳过”“拒绝”等不同意提交相关信息情况下的登录方式，属于强迫或变相强迫用户作出同意，该收集、处理个人信息的行为因未取得有效同意构成侵权。本案为全国首例适用《中华人民共和国民法典》（以下简称《民法典》）裁判的 App 强制收集用户画像信息侵权案，入选最高人民法院工作报告和中消协典型司法案例十大提名案例。

关键词　民事　用户画像信息　履行合同必需　强迫同意

---

❶　一审裁判文书字号：北京互联网法院（2021）京 0491 民初 5094 号民事判决书（2022 年 8 月 1 日）；二审裁判文书字号：北京市第四中级人民法院（2022）京 04 民终 494 号民事判决书（2022 年 11 月 28 日）。

一审合议庭成员：审判长姜颖、审判员孙铭溪、审判员颜君。二审合议庭成员：审判长张勤缘、审判员张岩、审判员胡怀松。

*　颜君，北京互联网法院综合审判三庭副庭长。

**　俞露，北京航空航天大学学生。

案情介绍

原告罗某诉称：被告在未告知隐私政策的情况下，要求用户必须填写“姓名”“职业”“学习目的”“英语水平”等内容才能完成登录，属于强制收集用户画像信息。同时，原告还主张被告存在未经同意向其发送营销短信、向关联软件共享信息等行为，侵犯其个人信息权益。原告诉至法院，要求法院判令被告向原告提供个人信息副本、停止侵权、删除个人信息、赔礼道歉并赔偿损失。

被告辩称：根据被告服务的性质，需根据不同用户需求，为用户推荐合适的服务内容，因此，收集相关标签是提供服务所必需，并未违反个人信息收集的必要性原则，且该信息是原告主动填写，原告通过自己主动作出的行为同意了被告的收集行为。

法院经审理查明，原告在登录涉案网站时，进入账号登录页面输入用户名和密码，点击登录，即出现若干问答界面，需要对用户“职业”“学习目的”“英语水平”等内容进行填写，填写完成后进入个人基本信息界面，输入中英文名等必填内容才能完成注册，最后进入首页使用界面。上述过程中并无“跳过”选项，亦无关于同意收集个人信息的提示。原告另行取证，在新用户注册登录时，在上述过程中，出现若干问答界面前，会出现个人信息收集授权同意界面，用户在勾选同意后方可进入下一界面。

裁判内容

北京互联网法院经审理认为，本案主要的争议焦点包括：一是涉案用户画像信息是否构成个人信息；二是被告在用户首次登录过程收集用户画像信息用于个性化推送是否侵害了原告的个人信息权益。

一、涉案用户画像信息构成个人信息

法院从“识别”和“关联”两个不同角度，结合信息本身的特性、信息处理主体情况，以及具体使用场景和手段等因素对涉案信息进行考量。

从“识别”的角度看，一些信息虽单独呈现不足以识别特定自然人，但与其他信息结合可起到识别特定自然人的效果。被告在其运营的App“51talk”“多说英语”登录阶段获取的信息包括职业类型、学龄阶段、英语水平、学习目的等，上述信息通过原告特定账户收集，在被告CRM管理系统中被存储于与原告账户对应的标签信息中，进而与被告业已持有的原告特定手机号和账户信息相关联，即可对应识别出原告主体身份，故结合上述信息性质，信息收集、存储和使用的场景，以及信息处理者持有信息组合的情况等可见，上述信息与原告账户、手机号等结合的信息组合达到了可识别的标准，构成个人信息。

从“关联”的角度看，对于作为信息处理者的被告来说，上述信息是在其控制之下的已识别特定自然人的特定账户中，通过用户提交的方式，进一步收集的与已识别的特定自然人有关的信息，该信息体现了与个人人格形象相关的各种自然或社会属性，故属于个人信息。

二、被告在用户首次登录过程收集用户画像信息用于个性化推送的行为侵害了原告的个人信息权益

原告主张被告未征得其同意，在登录环节强制收集非必要信息，对原告进行用户画像，构成侵权；被告则主张该收集过程为其提供个性化信息推送服务的必需，不构成侵权。双方争议焦点仍集中在被告行为是否存在合法性基础上。《民法典》第一千零三十五条确立了个人信息处理规则的基本框架，即合法、正当、必要原则和“知情－同意”原则。《个人信息保护法》虽实施于涉案行为发生之后，不直接适用于此案，但如前所述，其相关规范精神可有助于对《民法典》规定内涵的阐释。《个人信息保护法》进一步对“知情－同意”的法定例外情形和同意的有效性判断标准进行了明确，取得个人信息处理合法性基础的具体情形主要分为两类：一是基于同意的处理，即告知并取得信息主体的同意；二是基于法定许可的处理，一般指在法律法规另有特别规定的情况下，无须取得同意即可实施个人信息处理活动。如前所述，在存在具体化判断依据的情况下，可优先以具体化条件作为判断依据，而个人信息处理合法性基础的具体化条件主要分为“知情－同意”和法定许可两方面。

（一）被告收集行为是否构成订立履行合同所必需

北京互联网法院结合相关行业规范和产品功能设置等判定涉案收集行为是否属于订立、履行合同所必需。

第一，从相关行业规范和标准上看，《常见类型移动互联网应用程序必要个人信息范围规定》中明确，学习教育类 App 基本功能服务为“在线辅导、网络课堂等”，必要个人信息为注册用户移动电话号码。从该规定可见，被告作为学习教育类软件运营者，不应将电话号码之外的个人信息作为必要收集范围。《个人信息保护法》和《信息安全技术　个人信息安全规范》（GB/T 35273—2020）（以下简称《个人信息安全规范》）等均明确规定，个性化决策推送信息不应作为必要或唯一的信息推送模式，需同时提供不针对个人特征的选项或提供便捷的拒绝方式。据此，被告不得以其仅提供个性化决策推送信息这一种业务模式为由，主张收集用户画像信息为其提供服务的前提。

第二，从涉案软件或网站功能设置本身上看，履行合同所必需的范围，应限定在软件或网络运营者提供的基本服务功能，或用户在有选择的基础上自主选择增加的附加功能。本案中，被告抗辩其收集目的为针对不同用户需求精准推送适合用户的个性化课程，属于为增进用户体验优化设置的一种信息推送模式，然而，被告运营的软件或网站提供服务的基本功能为提供在线课程视频流和相关图文、视频等信息，对用户画像信息进行收集的目的并非用于支撑其基础服务功能，亦无证据表明本案原告曾自主选择使用该项优化设置功能，故被告以其软件或网站功能实现为由实施收集行为的依据不足。

（二）被告是否取得“知情－同意”

根据已查明的事实，由于被告在未经原告允许的情况下为原告配置了账户和密码，导致原告登录“51talk”网站和“多说英语”软件时与一般用户注册界面不同，未经过勾选个人信息相关知情同意的步骤，直接进入登录页面，因此，被告在原告登录过程中收集用户画像信息，未事先征得原告同意。

在此基础上，原告主张，即使勾选了同意界面，被告在登录环节强制收集非必要信息，仍构成侵权。本案中，涉案软件在用户首次登录界面要求用户提交职业类型、学龄阶段、英语水平等相关信息，未设置“跳过”“拒绝”等不同意提交相关信息情况下的登录方式，使得提交相关信息成为成功登录、进入功能使用首页的唯一方式。此种同意或对个人信息的提供，是在信息主体不自由或不自愿的情况下，强迫或变相强迫地作出，不能被认定为有效同意。因此，在首次登录页面设置相关个人信息收集界面，未提供“跳过”或“拒绝”等选项，属于对原告个人信息的强制收集，不产生获取有效授权同意的效力。

综上，被告未事先征得原告有效同意，在“51talk”和“多说英语”两款产品中强制收集原告职业、学龄阶段、英语水平、学习目的等用户画像信息的行为构成侵权。

裁判结果

北京互联网法院依照《中华人民共和国民法典》第一千零三十二条、一千零三十三条、一千零三十四条、一千零三十五条、一千零三十七条之规定，判决如下：一、被告某软件运营公司于本判决生效之日起十日内向原告罗某提供清晰的个人信息副本，具体内容需经本院审核；二、被告某软件运营公司于本判决生效之日起停止关于原告名下131××××8688和130××××0038两部手机号码及其用户画像信息、账户密码信息、订单信息等个人信息的处理行为；三、被告某软件运营公司于本判决生效之日起删除原告名下131××××8688和130××××0038两部手机号码及其用户画像信息、账户密码信息、订单信息等个人信息（已执行）；四、被告某软件运营公司于本判决生效之日起十日内以书面形式向原告罗某赔礼道歉，致歉内容须经本院审核，如逾期不履行该义务，本院将选择一家全国公开发行的报纸刊登本判决主要内容，费用由被告某软件运营公司负担；五、被告某软件运营公司于本判决生效之日起十日内赔偿原告罗某律师费1500元、取证费1400元，共计2900元；六、驳回原告罗某的其他诉讼请求。案件受理费300元，由被告某软件运营公司负担。

被告某软件运营公司不服原审判决，提起上诉。二审法院北京市第四中级人民法院于2022年11月28日作出（2022）京04民终494号判决，判决驳回上诉，维持原判。一审判决已经生效。

法官解读

本案为全国首例适用《民法典》裁判的 App 强制收集用户画像信息侵权案，具有广泛的社会影响力和关注度。数字经济时代，数据作为生产要素的利用、流动和保护问题，成为构建新时代网络空间治理秩序的重要组成部分。在移动互联网产业中，以个性化推荐模式作为基础的商业创新层出不穷，用户画像作为个性化推荐过程中需要处理的典型个人信息，其保护和处理规则的确立和完善对于行业发展具有重要规范意义。案件争议焦点涉及用户画像信息的法律属性以及其在收集和处理中的重要规则，及时回应了数字经济时代下用户画像的收集和处理相关的热点问题，确立了用户画像产业应用的法律规则适用标准，为包括用户画像在内的个人信息处理行为提供了清晰的指引。

一、用户画像信息的法律属性

用户画像是指一种抽象出用户信息全貌的手段。根据《个人信息安全规范》的规定，通过收集、汇聚、分析个人信息，对某特定自然人个人特征，如职业、经济、健康、教育、个人喜好、信用、行为等方面作出分析或预测，形成其个人特征模型的过程称为用户画像。当用户的标签被描述得越多，用户画像就越清晰。这些标签的叠加逐渐构成一个个体，因此，用户画像也成为塑造公民数字身份的重要技术手段。[1] 本案中被告通过强制收集的方式直接获取了客户的“姓名”“职业”“学习目的”“英语水平”等信息并予以记录，属于收集用户画像及其应用行为。

如何判断用户画像信息是否构成个人信息，可以结合信息本身的特性、信息处理主体情况，以及具体使用场景和手段等因素，从“识别”和“关联”两个角度对涉案信息进行考量。

首先，从“识别”的角度看，即从信息到个人，由信息本身的特殊性识别出特定的自然人。一些信息虽单独呈现不足以识别特定自然人，但与其他信息结合可起到识别特定自然人的效果。被告在网站登录阶段获取的信息包括用

[1] 参见徐娟：《用户画像中的人权保护》，载《河北法学》2023 年第 2 期。

户的职业类型、学龄阶段、英语水平、学习目的等，上述信息通过原告特定账户收集，在被告CRM管理系统中被存储于与原告账户对应的标签信息中，进而与被告业已持有的原告特定手机号和账户信息相关联，即可对应识别出原告主体身份，故结合上述信息性质，信息收集、存储和使用的场景，以及信息处理者持有信息组合的情况等可见，上述信息与原告账户、手机号等结合的信息组合达到了可识别的标准，构成个人信息。

其次，从“关联”的角度看，即从个人到信息，由信息本身的特殊性识别出特定的自然人。例如，已知特定的自然人，由该特定自然人因其行为活动而产生的信息（如该自然人的位置信息、通话记录、浏览记录等信息）。对于作为信息处理者的被告来说，上述信息是在其控制之下的已识别特定自然人的特定账户中，通过用户提交的方式，进一步收集的与已识别的特定自然人有关的信息，该信息体现了与个人人格形象相关的各种自然或社会属性，故属于个人信息。

因此，如果用户画像信息被判定属于个人信息的范围，那么根据《个人信息保护法》的规定，用户画像行为首先应当遵守收集、处理自然人个人信息的“合法、正当、必要”基本原则。此外，基于使用目的、使用场景以及处理信息的种类等具体情形，还应区分是否需要获得用户同意，以及采取何种同意方式等问题。

二、用户画像信息采集阶段应当遵守相关规定

（一）保障用户的选择权和知情权

形成用户画像的第一步是对个人信息及相关数据的采集，在这一步骤，企业应当充分保障用户的知情权与选择权。依据《个人信息保护法》第四十四条及第四十七条之规定，企业在收集和处理个人信息用于用户画像时，个人信息主体应当被充分告知相关处理活动的情况，并有权限制或拒绝企业对其个人信息进行处理。同时，个人有权要求企业对其个人信息处理规则进行解释说明。

（二）“知情－同意”原则

《个人信息保护法》明确了取得个人信息的真实性、准确性、完整性告知

规则，企业在收集个人信息进行用户画像时，应充分重视告知同意的质量，清晰地向用户告知精准营销或个性化内容推荐等处理活动的目的和方式，并取得个人同意。直接使用已有的用户数据库或用户主动上传的内容进行用户画像和分析，需确保该部分数据在取得时已对用户履行了告知义务，且数据处理范围和目的不超过个人同意的范畴。

（三）“最小必要”原则

《网络安全法》第四十一条规定，网络运营者不得收集与提供服务无关的个人信息。《个人信息保护法》也提出了处理个人信息两个最小原则，即对个人信息主体影响最小原则，以及处理目的的最小范围原则。在处理目的“最小范围”内收集个人信息的规定是为了禁止“过度收集”，也是防止过度商业化利用的关键。

三、收集用户画像信息用于提供个性化推送服务不构成订立、履行合同所必需

从相关行业规范上看，《个人信息保护法》明确规定，个性化决策推送信息不应作为必要或唯一的信息推送模式，需同时提供不针对个人特征的选项或提供便捷的拒绝方式，保障个人信息主体拒绝接收基于其个人信息推送的商业广告的权利。据此，被告不得以其仅提供个性化决策推送信息这一种业务模式为由，主张收集用户画像信息为其提供服务的前提。

同时，为了保障基于利用个人信息自动化决策的用户的知情同意权，利用个人信息自动化决策须遵守透明度原则与公平合理原则，即经营者应当使其决策公开、合法且能够被他人所知悉，自动化决策结果符合公平、合理的要求。[1]

《个人信息保护法》第十三条对“知情－同意”的法定例外情形进行了明确，规定了若干在法律法规另有特别规定的情况下，无须取得同意即可实施个人信息处理活动。本案中，被告对应的抗辩理由为涉案收集行为为其提供服务

---

[1] 参见杨立新，赵鑫：《利用个人信息自动化决策的知情同意规则及保障——以个性化广告为视角解读〈个人信息保护法〉第24条规定》，载《法律适用》2021年第10期。

所必需。对此，《个人信息保护法》第十三条第一款第（二）项规定，为订立、履行个人作为一方当事人的合同所必需，可作为处理个人信息的合法事由之一。

对于如何判断信息的收集、处理行为系订立、履行合同所必需，本案判决提出了明确、可操作的衡量标准，即如果某项功能并非涉案软件的基础服务功能，亦非用户在有选择的基础上自主选择增加的附加功能，则不能被认定为履行合同所必需。因此，在本案中，即使被告抗辩，其仅提供个性化决策推送信息这一种业务模式，收集用户画像信息为其提供服务的前提，亦不能被认定为被告实现该功能为其提供服务所必需。从涉案软件或网站功能设置本身上看，履行合同所必需的范围，应限定在软件或网络运营者提供的基本服务功能，或用户在有选择的基础上自主选择增加的附加功能。被告抗辩其针对不同用户需求推送个性化信息，虽可视为增进用户体验之举，但不能据此认定此为基础功能或用户必选功能，而作为履行合同所必需。

相关行业标准和部门规章已明确规定，学习教育类 App 基本功能服务为“在线辅导、网络课堂等”，并不包含个性化信息推送；个性化决策推送信息不应作为必要或唯一的信息推送模式，需同时提供不针对个人特征的选项或提供便捷的拒绝方式。因此，本案中，被告所提供的个性化信息推送功能不能被认定为提供服务所必需，进而免除其取得“知情－同意”的义务。

四、在注册登录界面未设置“跳过”“拒绝”等选项收集用户画像信息构成强制收集

“知情－同意”原则是个人信息处理合法性基础的核心原则。同意必须是由个人在充分知情的前提下自愿、明确作出的，基于欺诈、胁迫等情况被强制作出的同意并不产生相应效力。此项对用户“知情－同意”权益予以充分保障的精神在《个人信息保护法》第十四条、第十六条中予以明确体现，具体规定包括，基于个人同意处理个人信息的，该同意应当由个人在充分知情的前提下自愿、明确作出。法律、行政法规规定处理个人信息应当取得个人单独同意或者书面同意的，从其规定。个人信息的处理目的、处理方式和处理的个人信息种类发生变更的，应当重新取得个人同意。个人信息处理者不得以个人不同意处理其个人信息或者撤回同意为由，拒绝提供产品或者服务；处理个人信

息属于提供产品或者服务所必需的除外。

可见，知情同意得以贯彻的前提是用户同意系出于其真实意愿和自由意志。本案中，涉案软件的设置方式，要求用户在首次登录界面提交职业类型、学龄阶段、英语水平等相关信息，未设置“跳过”“拒绝”等不同意提交相关信息情况下的登录方式，使得提交相关信息成为成功登录、进入功能使用首页的唯一方式。此种产品设计将导致不同意相关信息收集的用户为实现使用软件的目的，不得不勾选同意或提交相应的信息。此种同意或对个人信息的提供，是在信息主体不自由或不自愿的情况下，强迫或变相强迫地作出，不能被认定为有效同意。

综上，被告收集、处理用户画像信息的行为不构成订立、履行合同所必需，且未事先征得原告有效同意，构成侵权。

五、用户画像的合规建议

对于经营者来说，为优化产品或服务质量而实施用户画像，如果其采集和使用的用户信息并不涉及个人的身份信息、生物识别信息、基本资料等直接画像信息，或者其收集的相关信息已经完成匿名化处理，那么经营者对用户画像信息的利用只需要遵循“合法、正当、必要”的基本原则并且不违反《个人信息安全规范》中规定的有关用户画像的具体使用限制即可。但是，如果经营者实施的用户画像能够单独或者与其他信息结合，识别出特定自然人身份或者反映出特定自然人活动的情况，则此类用户画像信息进入个人信息处理的范畴。此时，经营者除了遵守前述用户画像规则和限制外，还应当遵守以“知情-同意”为核心的个人信息处理规则，遵守《个人信息保护法》以及《中华人民共和国数据安全法》等法律规定。基于个人敏感信息而进行的用户画像，更应当履行《个人信息保护法》规定的个人信息处理者的特别义务，以免承担行政、刑事等严重法律责任。

法院的判决为用户画像的产业应用确立了明确的法律规则适用标准，能够为包括用户画像在内的个人信息处理行为提供清晰的指引，从具体事实和场景出发，强调个人信息权益保护与数据要素流通秩序的协调统一，为确立一般性的行业合规规则提供基础，有助于数字经济产业规范、有序、健康发展。

《民法典》视野下公开个人信息侵权的认定规则与裁判路径

——孙某某与北京某网讯科技有限公司、第三人北京某互联网信息服务有限公司人格权纠纷案[1]

颜　君[*]　杨　光[**]　李俊良[***]

典型意义

本案争议焦点涉及公开个人信息再利用的行为规则，以及个人信息初始收集者、后续信息利用者等主体的归责原理。本案裁判平衡了个人信息保护和公开数据利用的关系，对公开个人信息权属确定和侵权认定的裁判规则进行了有益探索，被誉为“通知－删除”规则在个人信息权保护领域适用的典范。

关键词　公开个人信息　授权范围　信息处理者

案情介绍

原告孙某某诉称，其在北京某网讯科技有限公司（以下简称某网讯公司）网站搜索姓名“孙某某”关键词，发现某网讯公司网站非法收录并置顶了其

[1] 一审裁判文书字号：北京互联网法院（2019）京0491民初10989号民事判决书（2022年9月11日）。

一审合议庭成员：审判长颜君、人民陪审员刘晓春、人民陪审员王玮。

* 颜君，北京互联网法院综合审判三庭副庭长。

** 杨光，北京市第二中级人民法院法官。

*** 李俊良，北京航空航天大学法学院硕士研究生。

在校友录网站上传的个人账户头像，即个人证件照。2018 年 10 月 23 日，孙某某向某网讯公司网站发出通知要求删除其证件照，但未获任何回复。孙某某认为，涉案照片及其与孙某某姓名的关联关系涉及个人隐私、个人信息，在校友录网站图片源地址已关闭的情况下，某网讯公司上述行为构成侵权。故诉至法院，要求判令某网讯公司赔偿经济损失 1 元和维权费用 40 元。

被告某网讯公司辩称，展示孙某某照片的行为不侵犯其个人隐私和个人信息权益。某网讯公司仅为网络搜索服务提供者，提供中立的技术服务，涉案照片存储于可正常浏览的第三方公开网页，某网讯公司只是基于搜索功能实施了正常合法的抓取行为，因此，某网讯公司不构成侵权。

第三人北京某互联网信息服务有限公司（以下简称某信服公司）述称，显示有孙某某肖像的网站并非某信服公司所运营，涉案信息与某信服公司无任何关联性，早在 2012 年到 2013 年间，校友录网站已经对外停止服务和访问，不存在授权任何人和机构使用其任何信息的可能。综上，孙某某的诉讼请求与某信服公司无关。

法院经审理查明：原告在被告提供的搜索引擎页面上输入其姓名“孙某某”作为关键词进行图片检索，可以获取原告的照片，呈现原告照片页面的 URL 地址均为被告的服务器地址。根据庭审查明事实，上述情况出现的过程为：涉案照片由原告上传至第三人运营的校友录网站，存储于校友录网站的服务器中；校友录网站的域名地址虽已无法访问，普通网络用户不能通过常规访问方式查找到涉案照片信息，但由于校友录网站存放照片的精确服务器地址仍然向用户开放，通常的搜索引擎爬虫技术仍可访问到涉案照片。

原告于 2018 年 10 月 23 日提交问题反馈，请某网讯公司删除该个人证件照，并删除与关键词“孙某某”的关联。此次问题反馈状态为“待处理”。诉讼中，被控侵权行为于 2019 年 4 月 16 日停止。

裁判内容

北京互联网法院经审理认为，本案主要的争议焦点包括：一是本案所涉搜索结果展示的信息是否属于个人信息；二是搜索引擎对已公开信息的爬取和展示是否属于违法使用个人信息；三是应以何种规则确定某网讯公司应承担何种责任。

一、涉案姓名、照片及其关联关系等内容构成个人信息

根据《中华人民共和国民法总则》（已废止）第一百一十条、第一百一十一条的规定，自然人享有隐私权，自然人的个人信息受法律保护。一般认为，个人信息的认定标准为具有“可识别性”。涉案信息通过关键词搜索加结果展示的形式，将“孙某某”这一自然人姓名和带有其面目特征信息的头像照片进行关联，成为可识别为唯一特定自然人的信息，该信息反映了孙某某面部形象的个体特征，属于个人信息。虽然涉案信息中包含肖像照片，但由于二者保护的法益不同，构成要件、保护方式和损害结果等方面亦存在差异，因此，权利人有权根据被控侵权行为的实际情况，选择更为有利的权利主张方式。

二、被控侵权行为属于违法使用个人信息的行为

现行法律明确规定不得非法处理信息，收集、处理个人信息的行为，应在明示使用信息范围并经自然人同意的前提下进行。亦即，信息处理者应在被收集者授权同意的范围内处理信息，不得超范围传输、公开、使用个人信息。关于孙某某对涉案信息授权的使用范围，双方均未就该项事实进行举证，法院结合立法规定、当事人举证能力、证据距离以及盖然性经验法则等因素论述如下：从立法规定来看，信息处理者应明示使用信息的范围，而某信服公司缺乏明示告知授权范围的证据；从当事人举证能力和证据举例来看，由于存储涉案电子数据的网站门户早已对外关闭，孙某某客观上无法收集相应证据，而某信服公司作为证据存储网站的管理者和信息处理者，其在提供证据信息和资源上占据优势的情况下，表示不清楚具体权限；从待证事实发生的盖然性来看，根据现有事实追溯的信息运用场景，校友录网站主要用于实现校内社群社交功能而非全网传播。因此，法院认定，孙某某仅授权某信服公司在一定权限范围内使用和公开涉案信息。某信服公司将涉案信息置于公开网络后，某网讯公司的搜索行为使得涉案信息可被全网不特定用户检索获取，在客观上导致该信息在孙某某授权范围之外被公开，属于未经同意处理个人信息的行为。

三、某网讯公司应基于“通知－删除”规则承担相应责任

根据《中华人民共和国侵权责任法》（以下简称《侵权责任法》，已废

止）第三十六条第二款的规定，对于网络技术服务提供者，通知删除的情节系考量侵权责任认定的关键因素，故北京互联网法院对通知删除前后的情况分别予以评述。

在通知删除前，某网讯公司作为网络技术服务提供者是否存在主观过错，应结合是否进行人工编辑整理、应具备的信息管理能力、涉案信息侵权类型和明显程度、涉案信息社会影响程度以及是否采取了预防侵权的合理措施等因素综合进行判定：涉案信息不属于裸照、身份证号等明显侵权或者极具引发侵权风险的信息，作为一般个人信息，存在权利人愿意积极公开、一定范围公开或不愿公开等多种可能的情形，为鼓励网络信息的利用和流通，对于网络公开的一般个人信息，应推定权利人同意公开，故某网讯公司在接到权利人的通知前，难以预见涉案信息是未经授权公开的信息。某网讯公司对涉案信息不存在明知或应知的主观过错，不构成对孙某某个人信息权益的侵害。

通知删除后，网络服务提供者应及时采取必要措施，遏制侵权行为的扩大。在收到删除通知后，某网讯公司在其有能力采取相匹配必要措施的情况下，未给予任何回复，其怠于采取措施的行为，导致涉案侵权损失的进一步扩大，构成对孙某某个人信息权益的侵害，北京互联网法院对原告要求赔偿损失的诉讼请求予以全额支持。

裁判结果

北京互联网法院依照《中华人民共和国民法总则》第一百一十条、第一百一十一条❶，《中华人民共和国侵权责任法》第十五条、第二十条❷、第三十六条❸之规定，判决如下：一、被告北京某网讯科技有限公司于本判决生效之日起七日内，向原告孙某某赔偿经济损失 1 元；二、被告北京某网讯科技有限公司于本判决生效之日起七日内，向原告孙某某赔偿维权费用 40 元。

宣判后，双方均未提出上诉，该判决已生效。

---

❶ 现变更为《中华人民共和国民法典》第一百一十条、第一百一十一条。
❷ 现变更为《中华人民共和国民法典》第一千一百八十二条。
❸ 现变更为《中华人民共和国民法典》第一千一百九十五条。

法官解读

本案为涉及公开个人信息侵权认定的案件。案件争议焦点涉及公开个人信息再度利用的行为规则，以及网络信息流动过程中多个节点主体的归责原理，及时回应了数字经济时代下数据利用的热点问题。从人格权案件裁判思路来看，《侵权责任法》采用“大侵权模式”，将人格权请求权吸收其中，故司法实践通常直接从侵权责任构成的角度进行论述。《民法典》将人格权独立成编，采取了人格权请求权和侵权损害赔偿请求权相分离的“分离模式”，人格权请求权与侵权损害赔偿请求权构成要件不同，无须以损害实际发生为前提，亦无须证明行为人具有过错，强调行为人的人格权保护义务，有利于强化人格权的保护，凸显了人格权请求权的独立性。[1] 本案结合人格权独立成编的背景，吸纳人格权请求权和侵权损害赔偿请求权相分离的立法理念，未采取传统侵权案件“四要件”并行式的论证路径，而是采纳了以“权属—行为—归责”为三要素的纵深式裁判思路：首先确定涉案信息的具体属性，然后根据不同的信息类型和对应的行为规范评价是否存在违法行为，最后再根据被告主体的主观过错形态确定侵权责任的承担。

一、人格权权属类型之确定：姓名加静态面部特征达到“可识别”标准则构成个人信息

首先，《民法典》“二元”保护体系下，个人信息保护采取了有梯度的区分保护政策，对私密信息、一般个人信息和公开个人信息采取了不同的保护方式。[2] 故需根据不同的信息类型判别对应的行为规范。再者，无论从两大法系的经验、《民法典》立法过程，还是一般社会民众的认知看，隐私和个人信息的界分一直存在争议。[3]《民法典》虽明确了隐私和个人信息的定义，但具体到法律适用，哪些信息属于隐私或个人信息，尚需司法在具体案件中逐步确

---

[1] 参见王利明：《论人格权请求权与侵权损害赔偿请求权的分离》，载《中国法学》2019 年第 1 期。

[2] 参见张新宝：《从隐私到个人信息：利益再衡量的理论与制度安排》，载《中国法学》2015 年第 3 期。

[3] 参见王利明：《和而不同：隐私权与个人信息的规则界分和适用》，载《法学评论》2021 年第 2 期。

定。并且，由于隐私权概念的流动性和判定的场景化，信息的类型化区分呈现复杂性和个案化。因此，鉴于区分保护政策和信息类型判断的复杂性，涉个人信息案件往往需首先鉴别涉案信息的法律属性和类型。

本案从保护客体和保护方式等区别入手，[1] 论证了姓名加静态面部特征信息组合达到“可识别”的标准，构成个人信息，但并非隐私或私密信息。该信息虽与肖像权在载体形式上存在重合，但由于二者保护法益不同，不违背“请求权竞合”理论，[2] 可依原告主张通过个人信息权益进行保护。

二、人格权侵权行为之认定：公开个人信息后续利用行为的违法性认定条件

本案中，被告抗辩，涉案照片存储于可正常浏览的第三方公开网页，被告只是基于搜索功能实施了正常的合法抓取行为，不构成侵权。判断涉案爬取行为是否侵权，首先需通过“找法”定位裁判依据。正如前文所述，《民法典》对私密信息、一般个人信息和公开个人信息采取了有梯度的区分保护规则：对于一般个人信息，通常情况下，应以“知情同意”为合法性判断前提；而对公开个人信息，为鼓励信息流通和数据共享，立法则采取了更为宽松的保护方式，合理处理公开个人信息的行为仅在该自然人明确拒绝或者处理该信息侵害其重大利益的情况下构成侵权（参见《民法典》第一千零三十六条的规定）。故需首先明确涉案信息是否适用公开个人信息的行为规范。

（一）公开信息是否合法应以信息初始收集者的信息来源是否合法为前提

本案信息流动涉及两个节点，某信服公司为初始信息处理者，某网讯公司为后续信息处理者。[3] 对于判定后续信息处理者爬取的公开信息是否属于《民

[1] 已有诸多论文从权利性质、权利内容、保护方式等方面对隐私和个人信息的界分作出论述，例如，王利明：《和而不同：隐私权与个人信息的规则界分和适用》，载《法学评论》2021 年第 2 期；许可、孙铭溪：《个人私密信息的再厘清——从隐私和个人信息的关系切入》，载《中国应用法学》2021 年第 1 期。本文因篇幅所限，不再赘述。

[2] 参见马千里，林挚：《李某诉北京某网讯科技有限公司、刘某人格权纠纷案——认定自然人侵犯公民个人信息权益与隐私权的裁判要素及裁判方法》，全国法院系统 2020 年度优秀案例分析获奖案例。

[3] 《个人信息安全规范》第 5.4 条使用了间接获取个人信息的提法，本文为理解方便，使用初始信息处理者和后续信息处理者指代信息处理的前后节点主体。

法典》第一千零三十六条第（二）项规定的合法公开信息，合议庭存在两种不同意见。一种意见认为，涉案信息已置于公开网络，应作为合法公开信息对待，搜索引擎无法预见、从技术上亦无法实现对初始信息收集是否合法的判断，若对搜索引擎等后续信息利用者苛以鉴别信息来源合法性的义务，将极大地影响公开信息的流通和利用，使得信息处理的合规性判断极不稳定，信息处理者动辄引咎，有违互联网公开信息共享的技术惯例。另一种意见认为，即使信息从客观上看已置于公开网络，仍需根据初始信息处理者的行为判断信息公开的合法性，否则将可能因信息处理过程的违法行为导致权利人失去对信息应有的合法控制，“知情同意”的个人信息保护体系将在多处理节点流转中被架空。

不论从《民法典》颁布前后的法律规定，[1] 还是从行业标准来看，[2] 已全网公开的客观事实不能直接作为信息使用的合法性基础。虽然后续信息处理者，特别是在通用全网爬取技术应用场景下，核实个人信息合法性来源存在一定的现实困难和技术障碍，[3] 但公开是事实判断，合法公开是价值判断，在法律有明确规定的前提下，应以法律规定为依据进行合法性价值评判。合议庭经反复评议后认为，技术现状与立法保护的鸿沟不应以降低法律适用标准来解决，严格法律适用虽短期可能带来产业的阵痛，但长期来看可促进产业提高合规水平和健康发展。因此，合议庭最终决定，判断公开信息是否属于合法公开信息，均应以初始信息处理者获取的授权范围或合法性来源为基础，例如，自然人授权公开，又如，裁判文书基于司法公开的目的合法公开，该规则对后续

---

[1] 2014 年《最高人民法院关于审理利用信息网络侵害人身权益民事纠纷案件适用法律若干问题的规定》第十二条第一款第（四）项和《民法典》第一千零三十六条，均规定自然人自行公开或其他合法公开。涉案裁判发生于《民法典》出台后至实施之前，可参照适用《民法典》精神，且上述两项规定对合法公开个人信息的表述并无差异。但需注意的是，由于个人信息保护立法的密集出台，相关规定呈现一定不稳定性，例如，《个人信息保护法（草案二次审议稿）》第二十六条仅规定“已公开”个人信息，采取了客观标准，而非合法性标准，但要求信息处理者遵循信息公开时的用途。

[2] 《个人信息安全规范》第 5.4 条规定，间接获取个人信息应要求个人信息提供方说明个人信息来源，并对个人信息来源的合法性进行确认，应了解个人信息提供方已获得的个人信息处理的授权同意范围。

[3] 该质疑在《个人信息保护法》立法论证时亦有提及，有观点认为，公开个人信息的后续处理者难以预见或判断公开信息来源的合法性或公开时的用途。参见《〈个人信息保护法（草案）〉专家研讨会成功举行》，网络来源：http：//tsinglaw. com/news - dynamics/85. html，访问时间：2023 年 6 月 5 日。

信息利用者亦不例外。

（二）信息处理者对个人信息公开授权范围负有举证义务

在“知情同意”原则下，是否告知授权范围并获取授权是判断信息处理合法性的关键。由于公开范围呈现技术复杂性，❶ 认定授权公开范围往往构成此类案件事实和证据认定的难点。本案中，原告对初始信息处理者某信服公司的授权范围成为侵权认定的关键事实。对该事实的认定可从实体法适用和程序法规则两个角度论证。

从实体法来看，《民法典》明确规定，信息处理者收集、使用个人信息需明示处理信息的范围。《个人信息保护法（草案二次审议稿）》进一步强化了对授权的要求，规定公开个人信息需取得单独同意。❷ 从现有立法和进一步趋严的立法精神看，单从自然人将个人信息上传网络的客观行为不能推定其具有默示将信息公开的意图，信息处理者需主动告知授权范围，并征得权利人同意。本案被告未说明信息来源的授权范围，未尽到合法性来源说明义务，鉴于明示公开授权范围为信息处理者的法定义务，在是否公开及公开范围不明的情况下，应认定信息处理者未尽到告知义务，未取得相应授权。

从程序法来看，原告主张其上传涉案信息时的授权范围为“仅班级同学可见”，但由于案件事实年代久远，双方均无证据予以证明，该事实陷入真伪不明状态，需根据举证责任分配进行裁判。从一般侵权案件的举证责任分配规则来看，应由原告证明存在违法行为，但对于涉案行为是否超越原告授权，该事实为原告主张存在侵权行为和被告抗辩存在合法授权的一体两面，尚需根据案件具体情形合理考量。在技术和信息掌控等方面，信息处理者和自然人存在信息不对称的情况，信息处理者在信息占有和技术资源上占据优势。根据举证责任分配规则，考虑到证据能力、证据距离，以及原告主张事实发生的盖然性等因素，此案中关于授权范围的举证责任由信息处理者一方承担更为妥当。

---

❶ 随着 WEB2.0 社交软件的兴起，出现了仅好友可见、三天可见、微信群转发等多期间、多主体的特定公开范围。同时，基于搜索引擎、个性化推荐等自动化信息分发机制，公开范围只是考察某种技术条件下理论上信息可能被扩散的范围，并非结果上被多大范围所获悉。

❷ 《个人信息保护法（草案二次审议稿）》第二十六条规定，个人信息处理者不得公开其处理的个人信息，取得个人单独同意的除外。

因此，由于被告一方未尽到合法来源说明义务，亦未能举证证明涉案信息具有合法范围授权的事实，应承担举证不能的不利后果，故应认定涉案信息不属于《民法典》第一千零三十六条第（二）项规定的合法公开信息，本案仍应适用一般个人信息侵权认定的“知情同意”规则，以涉案公开行为超越授权范围为由确认行为的违法性。

三、不同信息处理主体归责原理之厘清：中立的搜索引擎技术提供者个人信息侵权认定适用“避风港”规则

按照《民法典》第一千零三十七条的规定，对于违法处理信息的行为，可直接要求删除。鉴于前文已论证了涉案行为的违法性，故本案中的权利人可基于该项人格权请求权直接主张删除信息。而本案中，涉案信息业已删除，原告提出的为损害赔偿之诉，该项诉请基于侵权损害赔偿请求权，其构成要件需以被告存在过错为前提。对于网络服务提供者而言，应根据《民法典》有关网络侵权的特殊侵权责任条款判定被告是否存在过错。

（一）搜索引擎技术提供者应被认定为中立的技术服务提供者

《民法典》第一千一百九十四条至第一千一百九十七条规定了网络侵权责任的认定标准，❶ 原则上仍以过错为归责原则，对技术服务提供者和内容服务提供者规定了不同的侵权责任认定方式。技术服务提供者主要提供接入、缓存、信息存储空间、搜索以及链接等服务，不直接提供信息内容，故往往只对用户侵权行为承担间接侵权责任。

对于二者的区分，司法实务中存在一定争议，著作权领域将直接上传作品至网络空间的行为认定为直接侵权，并据此发展了“用户感知标准”“服务器标准”“法律标准”等司法观点。❷ 由于人格权领域并无“提供作品”这一信息网络传播权有关作品利用行为的定义，故严格的“服务器标准”不能简单地移植到人格权领域。

---

❶ 本案为《民法典》实施前裁判的案件，故应适用《侵权责任法》第三十六条的规定，内容无实质性变化。

❷ 参见刘银良：《信息网络传播权的侵权判定——从“用户感知标准”到“提供标准”》，载《法学》2017 年第 10 期。

即使在本案中，有证据表明被告某网讯公司在其服务器上存储有涉案信息，但经过技术调查表明，搜索引擎服务商存在为优化搜索服务、减少搜索时间，对搜索信息实施建立索引、暂存等技术行为，纵观涉案信息流转过程，搜索结果页面指明了信息来源网址，该服务功能仍主要指向信息来源和原图链接，而非指向信息内容本身。搜索引擎商使用无差别通用技术对海量信息进行批量采集，优化网络用户信息获取机制，若未加入偏好性人工编辑或技术干预，应被视为中立的技术服务提供者，而非内容提供者。

（二）中立的搜索引擎技术提供者在个人信息领域仍适用“避风港”规则

对于网络技术服务提供者，对其过错的判定可基于《民法典》第一千一百九十二条“通知”后的明知，或第一千一百九十七条应知或明知的情形。对于应知或明知的判断，需根据《最高人民法院关于审理利用信息网络侵害人身权益民事纠纷案件适用法律若干问题的规定》第六条规定的多项因素进行综合判断。[1] 此处着重围绕体现个人信息侵权案件特征的信息属性和信息处理者主体类型两方面进行论述。

第一，关于涉案信息方面。在个人信息领域，判断信息处理引发侵权的明显程度，仍应贯彻有梯度的区分保护政策，根据具体信息属性区分对待。对于私密信息、高度敏感信息等明显侵权或者极易引发侵权风险的信息，例如裸照、身份证照片等，更倾向于认定可明显感知侵权，或应属于采取网络安全必要技术措施予以主动筛查的范畴。而对于一般个人信息，为鼓励网络信息自由流通，维护信息再度利用者的稳定预期，一般情况下，应鼓励对公开个人信息的合理再度利用行为。由于个人信息性质中立的天然属性，信息再度利用者从主观上难以判断信息初始处理者的收集和传播是否合法，故对其应知的过错判定当持谨慎态度。

第二，关于信息处理者方面。通常而言，对一般社会主体的注意义务是所在群体的平均注意能力，即以“善良管理人”的标准来划定。[2] 而对网络服务

---

[1] 《最高人民法院关于审理利用信息网络侵害人身权益民事纠纷案件适用法律若干问题的规定》第六条规定具体包括网络信息侵害人身权益的类型及明显程度、网络服务提供者应当具备的管理信息能力，以及所提供服务的性质、方式及其引发侵权的可能性大小等。

[2] 参见卢家银：《网络服务提供者在隐私侵权中的注意义务》，载《南京社会科学》2020 年第 6 期。

提供者而言，需根据其具备的管理信息能力、所提供服务的性质、方式及其引发侵权的可能性大小等因素综合评判。对于不同类型的网络服务商，其处理信息类型和方式不同，可能引发的侵权风险亦存在差别。例如，社交软件的运营往往涉及大量自然人个体信息、关系信息和交往信息的处理，运营者应具备与其处理信息相匹配的较高安全技术措施。又如，通过预设程序定向对某些网站进行爬取的运营者，其对认识到被爬取网站涉及的个人信息及可能引发的风险具有更高的注意义务。而对于通用全网信息爬取者，其预见到爬取信息类型及引发风险可能性的难度则相对较高。

在判断网络服务提供者是否“应知”时，可结合上述因素综合衡量，但经权利人“通知－删除”后，网络服务提供者的主观状态变为明知，故对其未采取必要措施造成损失的，应对损害的扩大部分承担连带责任。

综上所述，为防止公开信息处理动辄引咎的局面，维持信息流通利用的稳定性，应强调初始信息处理者的源头责任，同时通过对后续信息处理者过错认定的调节阀，对一些技术中立且尽到一定信息管理义务的运营者适用“避风港”规则。如此，一方面，可通过落实后续信息处理者对信息来源授权范围的核查义务，加强对个人信息的全流程动态保护；另一方面，通过引入网络服务提供者“避风港”规则的过错责任调节阀，对某些中立的技术行为进行豁免，通过利益衡量维持权益保护和数据利用的适度平衡。最后，从裁判思路上，本文以“校友录头像被爬”案为切入点，将《民法典》人格权独立成编后，对人格权请求权和侵权损害赔偿请求权衔接适用的裁判思路进行了梳理，归纳了以“权属—行为—归责”为要素的个人信息侵权认定路径，并重点回应了《民法典》背景下公开个人信息的权属确定和侵权认定规则，为个人信息提供精准保护，为数据行业健康发展提供了前瞻性的指引。

个人信息权益与隐私权网络侵权认定及其保护规则

——凌某某与某短视频公司隐私权、个人信息权益纠纷案[1]

刘书涵[*]　孜力努尔·再比不拉[**]

典型意义

社交软件运营者需要得到软件使用者明确授权才可以处理用户的个人信息。而个人信息中还有一部分是可以纳入隐私权保护的私密信息。如何界定个人信息与隐私的范围以及判断在处理个人信息时得到有效授权，是保障公民隐私和个人信息权益的重要方面。本案对用户提出的诉求进行逐一审查并作出判断，即判断被告的行为是否构成侵权，较好地实现了原告与被告的合法权益的平衡。本案作为网络侵权责任纠纷的典型案例，涉及大众生活所使用的软件和常出现的个人信息收集问题，保障了用户个人信息权益和隐私权，回应目前社会中存在的热点法律问题和群众对个人信息权益保护的司法需求，具有普遍性的指导意义。

关键词　个人信息权益　私人生活安宁　隐私信息　侵权行为

---

❶ 一审裁判文书字号：北京互联网法院（2019）京0491民初6694号民事判决书（2020年7月20日）。

一审合议庭组成人员：审判长刘书涵、审判员张连勇、审判员朱阁。

* 刘书涵，北京互联网法院综合审判二庭庭长。

** 孜力努尔·再比不拉，北京航空航天大学学生。

案情介绍

被告某短视频公司是某短视频软件的开发者和运营者。该短视频软件是一款面向全年龄段的短视频社交平台，属于社交软件，用户可以使用手机号或绑定第三方账号进行注册、登录、使用，在运行过程中会在用户授权情况下合理范围内收集、使用、储存用户的特定个人信息。原告凌某某于 2019 年 2 月 9 日在手机通讯录除本人外没有其他联系人的情况下，使用涉案手机号码注册登录该软件后，在“关注”列表中发现大量好友被推荐为“可能认识的人”，包括多年未联系的同学、朋友，大部分为原告的微信好友，但原告未使用微信账号登录，也从未将微信账号绑定于该软件。某短视频公司及其关联公司对 cookie 生命周期设置为 10 年并通过 POST 回传方式将 cookie 保存于第三方域名的服务器。

原告凌某某诉称：姓名、手机号码、社交关系、地理位置、手机通讯录均具有强烈的人身属性，与原告形成对应关系，反映其社交情况，原告不愿意并未曾对外公开，构成个人隐私，某短视频软件和其另外一款关联 App 在原告不知情的情况下获取和窥探其个人信息和隐私信息，并未对此类行为进行授权，被告非法获取、知悉、保存和利用涉案信息，以上信息属于原告享有合法权益的个人信息，被告的行为严重打扰了原告的私人生活安宁，构成对原告隐私权的侵害。根据《中华人民共和国网络安全法》、《中华人民共和国侵权责任法》（以下简称《侵权责任法》，已废止）等法律的规定，请求法院判令某短视频公司停止未经明确授权收集涉案信息的行为，立即删除上述涉案信息，书面告知获取“可能认识的人”的具体方式和详细算法，公开赔礼道歉并赔偿经济损失、精神损害抚慰金与维权合理费用。

被告辩称：被告不存在原告主张的侵权行为，被告收集、使用信息的来源合法，目的正当，未超出用户授权许可范围，符合用户合理预期，未侵害用户利益及公共利益。被告无侵害原告隐私权和个人信息的行为，故不应承担侵权责任。

裁判内容

北京互联网法院认为，本案争议的焦点为：一是被告的行为是否构成对原告个人信息权益及隐私权的侵害；二是如构成侵权，被告应如何承担侵权责任。

一、被告的行为构成对原告个人信息权益的侵害，但不构成侵害原告隐私权

（一）原告的姓名和手机号码属于个人信息，被告构成侵害个人信息权益；不属于私密信息，不构成侵害隐私权

自然人的姓名与其使用的手机号码无论单独抑或组合均具有可识别性，属于个人信息。被告于 2019 年 2 月 9 日在原告注册某短视频软件前收集、存储原告姓名和手机号码并使用的行为并未征得原告同意。在原告未注册时，其不存在在某短视频软件中建立社交关系的可能，被告从其他用户手机通讯录中收集到原告的姓名和手机号码后，通过匹配可以知道软件内没有使用该手机号码作为账户的用户，应当及时删除该信息。但被告并未及时删除，直至原告起诉时，该信息仍然存储于被告的后台系统中，超出必要限度，不属于合理使用，构成对原告该项个人信息权益的侵害。

在日常社会交往中，姓名和手机号码发挥着身份识别和信息交流的重要作用，通常会向他人告知，一般不属于私密信息。某短视频软件作为短视频平台，具有个性化音视频推荐、互动交流等功能，原告登录某短视频软件时，对上述功能应当有合理预期，被告向原告推荐有限的“可能认识的人”，不构成对原告生活安宁的侵扰，不存在侵害原告隐私权的行为。

（二）原告的社交关系属于个人信息，被告构成侵害个人信息权益；不属于原告隐私，不构成侵害隐私权

日常生活中，常见的社交关系载体诸如特定人的手机通讯录列表、社交软件中的好友列表和群列表等，均属于个人信息。通过对被告存储的数据进行查询

亦可以抽取、汇总出原告与其他用户的社交关系列表。虽然这些原始社交关系信息并未以列表形式体现，但却能够体现出原告的社交关系，应属原告的个人信息。被告在未征得原告同意的情况下，通过读取其他用户手机通讯录收集、存储原告的社交关系，并基于此种关系向原告推荐可能认识的人，除前述构成合理使用的读取、匹配行为外，未及时删除该项个人信息并在原告注册后未征得原告同意的情况下，进行推荐的行为构成对原告该项个人信息权益的侵害。

基于通讯录联系人的社交关系，已经成为用户迁移、拓展自身社交关系的主要利用对象，众多用户在使用具有社交功能的软件时，也同意对其通讯录联系人相关的社交关系进行读取和匹配。原告亦未能证明与被推荐的“可能认识的人”的社交关系存在需要特殊考虑和处理的构成私密信息的场景，本案所涉社交关系不具有私密性，不属于隐私。在具有互动交流功能的某短视频软件平台上，被告基于此种社交关系，向原告推荐有限的“可能认识的人”，不构成对原告生活安宁的侵扰。

（三）原告的地理位置信息属于个人信息，被告构成侵害个人信息权益；不属于私密信息，不构成侵害隐私权

因手机号码具有可识别性，在收集了手机号码的情况下，被告收集的位置信息与手机号码信息组合，能够识别到特定人，属于个人信息，与该位置的精确程度无关。根据该软件的《隐私政策》，通过 IP 地址获得地理位置亦应征得用户同意。被告在未征得原告同意的情况下收集原告的地理位置信息，构成对原告该项个人信息的侵害。

首先，原告提供的证据仅能证明被告知悉的地理位置为其所在的城市信息，该信息除特殊情形外通常不会加以保密，在一定范围内被人知悉，一般不具有私密性。原告未证明其对该信息特别加以保密，或存在其他特殊场景下的特殊利益，故其所在城市的位置信息不属于私密信息。

其次，被告将该信息展示于原告的视频主页面中，基于地理位置推荐个性化的音视频信息或服务，原告未证明被告公开了该信息，未证明被告对该信息的使用侵扰其生活安宁。被告未构成对原告隐私权的侵害。

二、被告应就其侵害原告个人信息权益承担侵权责任

根据《侵权责任法》，被告应当停止并删除未经授权收集、存储的个人信

息。被告应当在商业秘密利益受到保护的前提下，明示收集、使用信息的目的、方式和范围，公开其收集、使用个人信息的规则，告知和公开“算法”不属于对原告的个人信息进行保护的必要措施。综合考量被告的侵权方式、范围和情节，被告应以书面形式向原告道歉，道歉内容需经法院确认。

对个人信息的消极利用会给信息主体带来人身和财产受到侵害的风险，对个人信息的积极利用会给使用者带来利益。虽然双方均未提供原告因个人信息权益受到侵害所遭受的财产损失或被告因此获得利益的相关证据，但被告对个人信息的采集和利用必然会为其商业运营带来利益。被告在未征得原告同意的情况下采集原告的个人信息并加以利用，应当进行一定的经济赔偿。原告主张的公证费支出，为固定本案证据所需，属于维权合理费用，被告应予支付。

裁判结果

北京互联网法院依照《中华人民共和国民法总则》第一百一十一条，《中华人民共和国侵权责任法》第十五条、第二十条，《中华人民共和国网络安全法》第四十三条、第七十六条第（五）项，《最高人民法院关于审理利用信息网络侵害人身权益民事纠纷案件适用法律若干问题的规定》第十六条之规定，判决如下：一、被告某短视频公司于本判决生效之日删除 2019 年 2 月 9 日前通过某短视频软件收集并存储的原告凌某某姓名和涉案手机号码的个人信息；二、被告某短视频公司于本判决生效之日删除未经原告凌某某同意通过某短视频软件收集并存储的其地理位置信息；三、被告某短视频公司于本判决生效之日起七日内以书面形式向原告凌某某道歉（致歉内容须经本院审核，如拒不履行该义务，法院将在全国公开发行的报纸刊登本判决的主要内容，费用由被告某短视频公司负担）；四、被告某短视频公司于本判决生效之日起七日内赔偿凌某某经济损失 1000 元；五、被告某短视频公司于本判决生效之日起七日内赔偿凌某某维权合理费用 4231 元；六、驳回原告凌某某的其他诉讼请求。案件受理费 650 元，由原告凌某某负担 350 元，由被告某短视频公司负担 300 元。

本案一审判决后，双方提出上诉，二审中，双方均撤回上诉，现已生效。

法官解读

互联网的发展推动社交平台的兴起与发展，多种类的线上社交平台逐渐进入大众视野，改变了当代人的社交方式。这类互联网平台通过提供产品和服务的方式收集大量的个人信息，对个人信息的收集、开发、运用、存储等有重大推动作用。本案围绕收集的个人信息是否侵害合法权益而展开，涉及个人信息的类型多样，逐一展开界定有明确的指导意义。

一、个人信息权益与隐私权的界定

1890 年，沃伦（Samuel D. Warren）等人首次提出隐私权的概念；《中华人民共和国民法典》（以下简称《民法典》）第一千零三十二条明确规定：自然人享有隐私权。隐私是自然人的私人生活安宁和不愿为他人知晓的私密空间、私密活动、私密信息。传统的隐私权仅为个人隐私信息，但数字时代的来临，使隐私权除私人信息外，还增加了生活安宁权和其他的隐私权益。简而言之，隐私权是指个人依法享有拒绝不合法地收集隐私信息资料和防止私人信息与活动秘密被公布于众的权利。即个人在不妨害公共利益和他人合法权益的前提下，可以按照自己的意愿隐瞒和处理个人信息，可以归纳为对个人信息具有的“支配权和控制权”。

个人隐私信息是隐私权保护的第一重点，始终处于核心地位。《民法典》第一千零三十四条对个人信息作出定义，即个人信息是以电子或者其他方式记录的能够单独或者与其他信息结合识别特定自然人的各种信息，包括自然人的姓名、出生日期、身份证件号码、生物识别信息、住址、电话号码、电子邮箱、健康信息、行踪信息等。对个人隐私信息的不合理收集和利用会导致其永久性披露，影响当事人正常的生活，破坏社会秩序。因此，要合理规制“私人信息是否公开、向何人公开、公开到何种程度”[1]。

个人信息具有易获性、广泛性与价值性，对其的保护基于三点特征。在数字科技发展的现阶段，对个人信息的保护是因为数据库的建立，使个人信息和

---

[1] 参见汤啸天：《防治 SARS 疫病与个人隐私权的保护》，载《中国卫生法制》2003 年第 3 期。

隐私从传统私法领域向公法领域转变。个人信息储存在互联网中，属于“数据”，具有隐私性。同时又具有易获性，对其的保护尤为重要。用户自愿将其储存在虚拟空间中，只有获得授权才可以适度使用信息。某短视频软件利用大数据和算法技术对个人信息进行未经授权的收集和使用，侵害用户的个人信息权益。用户的姓名、手机号码、地理位置等信息都具有个人识别性，与特定个体相关联，属于个人信息。在用户不知情的情况下使用可能会导致“匿名化”失效，导致特定个体对个人信息的自主权降低。

二、个人信息权益请求权

在学界基本认同隐私权属于“人格权”范畴，宪法虽不是私法，但对人格尊严也有保护，可以认为宪法保护属于间接保护。在行政法领域，《中华人民共和国传染病防治法》也有多条涉及隐私权保护的规定，即“不得泄露涉及病人、密接者的个人隐私信息和资料”。在民法领域，《民法典》将隐私权保护归于“人格权编”，弥补了隐私在私法领域上的漏洞，超过 7 条的民法法条均有与隐私权相关的规定，从立法领域认可隐私权属于人格权的范畴，学界之前的观念在法律上得以肯定。在我国，将个人信息保护权定位为民事权益，适用于《民法典》人格权编的相关规定，人格权的客体是人格利益，个人信息权益与人格权有相同之处，保护的是独立存在的、人的尊严的精神利益，个人信息保护请求权可以适用人格权编对人格权请求权的规范。

《中华人民共和国个人信息保护法》（以下简称《个人信息保护法》）对个人在信息处理活动中的权利作出规定，包括知情权、决定权、限制或者拒绝权。根据个人信息保护请求权三个形式要件（侵权行为；危及他人人身、财产安全；被侵权人有权请求侵权人[1]）规定个人对个人信息的查阅和复制、转移、更正和补充、删除等权利，具备请求权的权利外观，不包括实体性权益，其实现依赖于信息使用者的一定行为。

在本案事实中，原告对被告作为网络运营者未经授权收集的相关个人信息

---

[1] 参见张璐：《请求权基础下个人信息权益保护的规范体系》，载《科技与法律（中英文）》2022 年第 8 期。

应当具有知情权、查阅权、拒绝权和删除权。

知情权，指用户有权知悉网络运营者的基本信息、信息处理的目的、储存时间等内容，法律规定处理个人信息要坚持公开透明的原则，是个人信息权益的本权。查阅权，指用户有权查阅个人信息的使用方法、存储环境、使用情境、传输对象等，信息处理发生在具体场景中，不了解具体环境无法准确判断信息处理是否符合信息主体的权益，是个人信息权益的保护方法。[1] 本案中原告在注册登录前，手机号码等个人信息已被被告收集，此类信息可以被细化读取定位到原告个人，而原告对被告处理信息的行为和环境并不知情，其个人信息权益受损。原告作为信息所有者有权行使知情权和查阅权，应当且有权得知存储信息的网络运营者的信息和目的，如何获取和存储时长等。被告未经授权获取信息的行为构成对原告个人信息权益的损害，属于侵权行为，应当在不泄露商业秘密和技术的范围内提供以上信息。

拒绝权，指信息主体有权限制或拒绝他人对其个人信息进行处理，也可以撤销同意。删除权，是指个人信息处理已经违反法律规定，超过约定的范围，或信息主体认为行为继续会有损其本人利益时，用户要求网络运营者及时停止对个人信息的处理并删除相关个人信息的权利。在本案中，某短视频软件在任何用户注册登录前，会弹窗显示《用户隐私协议》等文件，用以明确告知个人信息的收集范围和使用用途。在本案中，原告主张并未在打开某短视频软件时收到隐私协议的弹窗，被告的行为限制了原告拒绝权的行使，但未提供相应的证据予以证明。网络运营者作为信息处理者应向个人信息处理者提出权利行使请求。受理机制是个人权利行使机制的启动环节，应包括个人信息处理者提供的身份验证规则，个人信息处理者拒绝个人行使个人信息保护请求权的，应以法定事由为限。[2] 原告请求被告删除储存在系统中的一切涉案信息和数据是有请求权基础的，信息主体要求网络运营者删除违法收集的个人信息的，无须以构成实际损害为前提，原告的请求有法律依据和事实依据。

---

[1] 参见张璐：《请求权基础下个人信息权益保护的规范体系》，载《科技与法律（中英文）》2022 年第 2 期。

[2] 参见张新宝：《论个人信息保护请求权的行使》，载《政法论坛》2023 年第 2 期。

三、原告的隐私权及其请求权基础

隐私权的内涵体现为“不受外界干扰的、独处的”权利，信息的流通使隐私权得到扩大解释，在内容上涉及个人内在与私人事务，包括身体或思想；在主观上渴望排除他人知情，社会一般人也期待不欲为他人所知；在行为上采取积极或消极方式排除他人知晓❶。隐私包含两个方面的内容：一方面是自然人的私人生活安宁；另一方面是自然人不愿为他人知晓的私密空间、私密活动、私密信息。就私人生活安宁来说，在判断是否构成侵害隐私权时，应考量其个人生活状态是否有因被诉行为介入而产生变化，以及该变化是否对个人生活安宁造成一定程度的侵扰；就不愿为他人知晓的私密空间、私密活动、私密信息可以综合考量社会一般合理认知以及有无采取相应保密措施等因素进行判断。因不同类型人群的隐私偏好不同，且互联网具有开放、互联和共享的特点，在网络环境中对隐私的界定及判断是否构成侵权需要结合具体场景具体分析。隐秘性是隐私的必然要求，同时也构成私密信息的重要特征。《民法典》对私密信息的界定在主观上采取了“不愿为他人所知晓”的标准，在客观上以“预期具有合理性”进行界定。权利人对自身私密信息的保护存在合理的预期，该预期具有合理性，符合一般公众的观念，权利人行使请求权时不能以个人主观不愿为他人知悉而直接提起诉讼，必须结合社会公共利益、一般道德观念等因素进行论证说理。

在本案中，被告作为网络运营者获取原告信息是否构成对其隐私权的侵害，是否需要承担侵权责任，需要分析获取的信息是否为私密信息且该行为是否侵扰原告的私人生活安宁。原告的姓名、手机号码、社交关系和地理位置，在特定情形中是属于私密信息的，但在互联网社交平台上，基于合理使用原则，以上信息的合理收集会给用户带来更好的社交体验感，提高平台使用的流畅性，是保证平台发挥其功能的必要手段。在社交生活中，姓名和手机号码是一种基本身份识别的信息，社交关系在本案的特定情形中，即某短视频软件“可能认识的人”，属于在其范围内的使用信息，原告并未证明其对地理信息

---

❶ 参见王思敏：《私密信息的界定——从隐私权的内核与外延展开》，载《哈尔滨学院学报》2022 年第 4 期。

特别加以保密，或存在其他特殊场景下的特殊利益，因此被告获取以上四种信息并未侵害原告的隐私权。

另外，是否破坏原告的私人生活安宁。私人生活安宁指自然人享有的安稳宁静、不受骚扰的私人生活状态❶，法院在本案中强调，网络私人生活安宁的界定应结合具体场景，侵扰行为导致网络私人生活状态发生变化，安宁利益因此遭受一定程度损害的，构成网络私人生活安宁权侵权❷。网络空间具有公开性和虚拟性，是网络人格权的体现，即便没有明确的法律条文规定“网络生活安宁”，但在司法实践中已有运用和体现，是私人生活安宁权向网络空间延伸的产物❸，主要保护网络私人空间安宁、网络日常生活安宁和网络通信安宁。在本案中，原告主张被告的行为破坏其生活安宁权，但未提供证据予以支持。笔者认为，某短视频软件作为社交平台，获取原告的姓名、手机号码、社交关系和地理位置应当得到明确授权（前文已作叙述），其本意是借助此类信息提供更为便捷的社交圈，提高用户体验感，该行为符合某短视频软件所具有的互动交流功能的合理预期，在合理范围内收集、运用不会破坏私人生活安宁，主张侵犯隐私权的要件不满足。

四、平台对个人信息不构成合理使用

“合理使用”首次提出是在知识产权领域，是民法上合理原则、正当原则的体现，随着信息技术的发展，延伸到信息数据处理领域，《个人信息保护法》第六条规定：“处理个人信息应当具有明确、合理的目的，并应当与处理目的直接相关，采取对个人权益影响最小的方式。收集个人信息，应当限于实现处理目的的最小范围，不得过度收集个人信息。”

某短视频软件及类似的社交平台的运营要依赖合理限度的信息收集和使用，数据是数字经济时代重要的生产要素，信息是数据的基础，对个人信息过于绝对化的保护，可能导致个人信息处理和数据利用的成本过高，甚至阻碍信息产业的健康发展，需要在具体应用场景中考察是否存在构成个人信息合理使用的情形，即在没有对信息主体造成不合理损害的前提下，认定某些个人信息

❶ 参见刘保玉，周玉辉：《论安宁生活权》，载《当代法学》2013 年第 2 期。

❷ 参见郭红伟：《论网络私人生活安宁权及其保护限度》，载《华东政法大学学报》2022 第 6 期。

❸ 参见郭红伟：《论网络私人生活安宁权及其保护限度》，载《华东政法大学学报》2022 第 6 期。

的利用行为可以不必征得信息主体的同意。本案中，被告储存未经信息主体同意而进行超过合理期限的存储，有可能不合理地扩大了个人信息泄露或被不当利用的风险，也超过了处理个人信息的必要原则；在原告未注册时，不存在在某短视频软件中建立社交关系的可能和合理预期，被告从其他用户手机通讯录收集到原告的姓名和手机号码后，匹配得知信息主体未进行注册，应当及时删除信息，被告并未实施该行为，将原告的信息储存在后台之中，已经超出个人信息使用的必要限度，构成对原告个人信息权益的侵害。

平台使用个人信息是否对个人权益造成影响应当从处理目的和处理方式进行分析。首先，处理目的应当合法、合理。法律明确规定要以明示的目的和方式进行个人信息处理，本案被告收集、使用、存储原告的个人信息的目的是最大限度为原告发挥平台存在的功能，并无非法处理的目的，也未从事禁止的个人信息使用活动。基于实现个人信息财产价值的内在要求和实现公共利益的客观需要[1]，该行为创造一定商业利益的同时，为用户创造了便捷的社交网络。其次，处理方式应当具有逻辑，得到授权。需要遵守“知情同意原则”，某短视频软件在登录时显示《用户隐私协议》等文件，获取用户的明确同意，本案中原告主张未接收到弹窗，并未提供授权。被告基于其他人（共同好友）的授权获取了原告的信息，除前述构成合理使用的读取、匹配行为外，未及时删除该项个人信息并在原告注册后未征得原告同意的情况下，进行推荐的行为并未遵守知情同意原则，损害了其信息自决权。综上所述，在本案中，被告并未履行合理使用，应当对非合理使用造成的损失承担赔偿责任。

[1] 参见邹开亮，曾文琴：《个人信息合理使用制度初探》，载《长春大学学报》2023 年第 3 期。

网络服务提供者停用死者账号未排除近亲属通过合理途径行使权利不构成侵权

——郭某等与上海某科技公司等个人信息保护纠纷案❶

曾智湄* 张怀文**

典型意义

死者近亲属为自身合法、正当利益，有权对死者的相关个人信息行使权利。但死者生前个人账号通常还包含了死者以及第三人的隐私、个人信息等，允许死者近亲属直接登录账号存在侵害第三方合法权益的风险。个人信息处理者在用户死亡后停用其账号，未排除近亲属通过合理途径行使上述权利的，不构成侵权。本案为《中华人民共和国个人信息保护法》（以下简称《个人信息保护法》）颁布后首例近亲属对死者个人信息行使权利的案件。

关键词 网络账号 个人信息处理者 近亲属 死者个人信息

案情介绍

李某4于北京某公司下属鲜生店从事专职配送工作。2021年10月4日，李某4死亡，经公安局鉴定系猝死。郭某、李某1、李某2、李某3（以下简

---

❶ 一审裁判文书字号：北京互联网法院（2021）京0491民初47643号民事判决书（2023年1月6日）。

一审审判员：曾智湄。

* 曾智湄，北京互联网法院综合审判二庭副庭长。

** 张怀文，北京互联网法院综合审判二庭法官助理。

称四原告）分别系李某4的妻子、儿子、女儿、父亲。

四原告诉称，北京某公司对李某4工作进行管理统计，掌握李某4的考勤签到记录、薪资账单、保险记录；上海某人力公司根据北京某公司提供的配送单量等按月向李某4发放薪资；李某4在工作中产生的上述信息存储在深圳某公司运营的“某驾到”App中，该App隐私政策显示深圳某公司参与用户在该平台部分信息的收集使用，并与其关联公司共享、委托合作伙伴处理，故北京某公司作为“某马”主营业务在北京地区的责任主体、上海某科技公司作为“某马”App的开发主体共享上述信息。李某4去世后，四原告发现李某4的“某驾到”账户被停用，导致四原告无法查阅李某4的上述信息，故四原告主张四被告侵害了其就李某4上述信息享有的权利，要求判令四被告提供李某4“某驾到”App中账户服务期间所有的考勤签到记录、薪资账单、保险记录；判令四被告支付四原告精神损害赔偿金10000元；判令四被告在“某马”官方网站，“某马”“某驾到”App首页显著位置发布致歉声明；判令四被告修改“某驾到”App用户数据管理规则，不得限制用户查阅、复制、导出在该App所生成的所有个人信息。

四被告辩称，深圳某公司已提供其他供四原告调取李某4个人信息的合理途径，且四被告均未控制四原告主张的个人信息，故均不构成侵权。

另查明，深圳某公司为“某驾到”App的运营主体，该App隐私政策中规定了就个人信息保护问题行使权利的联系部门及具体联系方式。在四原告就李某4死亡提起的生命权纠纷案中，曾向法院申请调取包括涉案个人信息在内的李某4在“某驾到”App、相关后台管理系统和线下储存的相关信息，北京某公司亦在上述案件中提供了物流配送服务合同、李某4在“某驾到”App的注册信息、送单信息等。“某驾到”App系为骑手和物流配送需求者提供服务的第三方平台，该App中确不存在四原告所诉的考勤签到记录、薪资账单、保险记录等个人信息，四被告与李某4无雇佣关系。

裁判内容

北京互联网法院经审理认为，本案主要的争议焦点包括：一是考勤签到记录、薪资账单、保险记录是否属于个人信息；二是四原告是否有权对李某4的相关个人信息主张权利；三是停用李某4账号是否侵犯四原告对李某4个人信息享有的权利。

一、考勤签到记录、薪资账单、保险记录属于个人信息

判定某项信息是否属于个人信息，应考虑以下两条路径：一是识别，即从信息到个人，由信息本身的特殊性识别出特定自然人；同时，识别个人的信息可以是单独的信息，也可以是信息组合。可识别性需要从信息特征以及信息处理方的角度结合具体场景进行判断。二是关联，即从个人到信息，如已知特定自然人，则在该特定自然人活动中产生的信息即为个人信息。符合上述两种情形之一的信息，应判定为个人信息。

从一般意义上讲，考勤签到记录、薪资账单、保险记录产生于自然人的具体工作中，上述信息能够反映自然人主体的工作时间、频率、由此产生的报酬和接受劳务一方提供的保障，一定程度上能够体现特定自然人主体从事劳动过程中产生的社会关系、创造的社会价值等内容，属于“从个人到信息”。

二、四原告有权对李某4的相关个人信息主张权利

（一）四原告有权对死者的相关个人信息行使查阅权

四原告作为死者李某4的近亲属，要求四被告提供李某4在使用“某驾到”App时所产生的考勤签到记录、薪资账单、保险记录，属于对死者相关个人信息行使查阅的权利。

（二）四原告作为死者近亲属主张权利系维护自身的合法、正当利益要求

一方面，该利益属于死者近亲属的，而非死者的或者其他人的；另一方面，死者近亲属要维护的是符合法律规定的且不违反公序良俗、诚信原则的利益。四原告要求四被告提供李某4在使用“某驾到”App中所产生的涉案个人信息，其认为上述信息能够反映李某4的工作情况，基于上述信息可查明用工主体是否存在侵犯李某4劳动权益致李某4死亡的情况，四原告亦因李某4死亡在另案中向北京某公司、上海某人力公司主张生命权等侵权损害赔偿，故可

以认定四原告系为了维护其自身的合法、正当利益向四被告主张权利。

（三）死者生前未另有安排

现无证据显示死者李某4生前对其死后如何行使其个人信息的权利作出相应安排。

综上，四原告有权主张李某4个人信息权益。

三、停用李某4账号未侵犯四原告对李某4个人信息享有的权利

（一）四原告登录李某4账号行使权利不符合合法、正当、必要的原则

《个人信息保护法》虽赋予死者近亲属对死者相关个人信息主张权利，但该法第五条亦规定，处理个人信息应当遵循合法、正当、必要和诚信原则。因此，死者近亲属行使上述权利的方式应合法、必要、正当，不应不加任何限制地允许近亲属以一切手段对死者的相关个人信息主张权利。

对于死者生前个人网络账号而言，一方面，该账号内除了包含近亲属为维护自身合法权益所必需的信息，还可能存在死者个人不愿为他人所知悉的隐私。如完全不顾及死者生前的意愿，直接允许近亲属登录死者账号查看相关内容，则意味着近亲属可能知晓这些隐私。这不仅可能明显违背死者的意愿，侵犯死者的人格尊严，对于死者的近亲属及家庭的和谐可能同样不利。另一方面，该账号内还可能涉及第三人的隐私、个人信息，直接允许近亲属登录死者账户查看相关内容可能侵犯第三人的相关权利，而这亦与《个人信息保护法》的具体规定和立法宗旨相违背。本案中，李某4的账号还涉及案外第三人的个人信息、商业信息等内容。故四原告以直接登录李某4账号的方式行使权利亦不妥当，不符合合法、正当、必要和诚信原则。

（二）个人信息处理者未排除四原告通过其他合理途径行使权利

经查，深圳某公司确已在“某驾到”App的隐私政策中说明了用户及近亲属就个人信息保护问题行使权利的联系部门及具体联系方式，四原告未提交证据证明其依照政策规定方式向深圳某公司主张过权利，在另案中四原告曾向法院申请调取包括涉案个人信息在内的李某4在“某驾到”App中的个人信

息，北京某公司提供了注册信息等个人信息，深圳某公司不存在拒绝权利人行使权利请求的情况。“某驾到”App 中确不存在四原告所诉的考勤签到记录、薪资账单、保险记录等个人信息，深圳某公司无法提供涉案个人信息。综上，深圳某科技公司未侵犯四原告就李某 4 个人信息享有的权利。另，其余三被告均未参与“某驾到”App 的运营，非该 App 的个人信息处理者，不存在控制上述信息的可能，亦不构成侵权。此外，四被告确未控制四原告主张的个人信息，客观上亦无法向四原告提供。故四原告全部诉讼请求缺乏事实和法律依据，法院不予支持。

裁判结果

北京互联网法院依照《中华人民共和国民法典》第一千零四条、第一千零三十四条、第一千零四十五条，《中华人民共和国个人信息保护法》第四条第一款、第五条、第四十五条、第四十九条、第五十条、第六十九条，《中华人民共和国民事诉讼法》第六十七条第一款之规定，判决如下：驳回原告郭某、李某 1、李某 2、李某 3 的全部诉讼请求。案件受理费 300 元，由原告郭某、李某 1、李某 2、李某 3 负担。

一审判决后，原被告均未上诉，该判决已生效。

法官解读

本案中，死者李某 4 不幸去世后，四原告作为李某 4 的近亲属，为查明用工主体是否存在侵犯李某 4 劳动权益进而导致其死亡的情形，要求四被告提供李某 4 在使用“某驾到”App 中产生的个人信息并主张四被告未经许可停用李某 4 账号的行为构成侵权。因此，本案的争议核心涉及死者个人信息权益保护的问题。在数字经济时代，人们在网络空间中越发活跃，并将大量个人信息留存其中。而当自然人去世后，能否妥善保护和处理死者生前留下的个人信息，亦对死者本人及其近亲属的利益至关重要。因此，有必要对其中涉及的具体问题予以说明。

一、死者个人信息保护的目的与路径

（一）保护死者个人信息的目的

个人信息是一项重要的人格利益，因此，对死者个人信息的保护可纳入对死者人格利益保护的大框架下考察。早在20世纪80年代末期，司法实务中就已经出现了“荷花女案”和“海灯法师案”等涉及死者人格利益保护的案件。[1] 与此同时，学界亦开始对相关问题进行讨论，尝试论证对死者人格利益给予一定方式和程度的保护的合理性，在此过程中提出了多种学说，如死者权利保护说、近亲属利益保护说、家庭利益保护说、死者法益保护说、延伸保护说等。[2]

由于其他观点存在与现行民事权利能力制度不相协调等问题，因此通说观点采纳近亲属利益保护说。该说认为，自然人死亡后，民事权利能力即告终止，死者本人在法律上无法成为享有人格利益的权利主体，亦无法感受到损害的存在。但是，作为与死者有密切关联的近亲属，对死者人格利益的侵害会投射到他们身上，并对他们造成物质或者精神损害。因此，法律保护死者人格利益的目的是保护死者近亲属的人格尊严和人身财产权益，而对死者个人信息的保护自然也不会例外。

（二）我国法律保护死者个人信息的两种路径

《中华人民共和国民法典》（以下简称《民法典》）和《个人信息保护法》分别规定了两种保护死者个人信息的路径。前者为侵权法的路径。《民法典》第九百九十四条规定：“死者的姓名、肖像、名誉、荣誉、隐私、遗体等受到侵害的，其配偶、子女、父母有权依法请求行为人承担民事责任；死者没有配偶、子女且父母已经死亡的，其他近亲属有权依法请求行为人承担民事责任。”值得注意的是，尽管该条并未明确提及个人信息，但一方面，死者的个人信息如涉及姓名、肖像、隐私等具体人格权，当然可以适用该规定；另一方

[1] 参见葛云松：《死者生前人格利益的民法保护》，载《比较法研究》2002年第4期。
[2] 参见张驰：《死者利益的法律保护论》，载《东方法学》2008年第3期。

面，即使死者的个人信息并未涉及上述权利，但由于条文表述时采用“等”字兜底，因此亦可将个人信息纳入其中。后者则为个人信息保护法的路径。《个人信息保护法》第四十九条规定：“自然人死亡的，其近亲属为了自身的合法、正当利益，可以对死者的相关个人信息行使本章规定的查阅、复制、更正、删除等权利；死者生前另有安排的除外。”

不难看出，上述两种路径的共同之处在于请求权主体均为死者的近亲属，与近亲属利益保护说这一关于死者人格利益保护的通说观点相一致。但是，两种路径之间亦存在明显的不同。前者相对较为被动，其适用以死者的个人信息受到侵害为前提，属于事后救济。由于在能够救济时损害已经发生，因此救济对于弥补损害的效果并不确定，保护力度相对不足。后者则更加积极主动，其适用并不以死者或者其近亲属的利益受到侵害为前提，而是允许死者近亲属事前主动行使权利，以维护自身的合法、正当利益。[1]

本案中，四原告为维护自身利益，主动要求四被告提供李某4在工作中产生的个人信息，这一手段显属上述第二种路径。因此，下文将围绕个人信息保护法路径下的死者个人信息保护，对其中的关键问题予以具体说明。

二、个人信息保护法路径下的死者个人信息保护

（一）《个人信息保护法》第四十九条的关键问题阐释

首先，近亲属对死者的个人信息行使权利的目的是维护“自身的合法、正当利益”。一方面，需要维护的利益必须属于近亲属自身，而不是死者或者其他人。另一方面，需要维护的利益必须合法、正当，不能是任何非法利益，亦不能有违公共秩序和善良风俗。

其次，近亲属只能对死者的“相关个人信息”行使权利。“相关”说明该信息必须与近亲属意欲维护的自身利益具有直接、密切关系，而不是任意一种个人信息。在《中华人民共和国个人信息保护法（草案三次审议稿）》中，并无“相关”的字样，这说明立法者在正式通过本法时有意对近亲属能够行使权利的范围进行了限缩。究其原因，一方面，一些个人信息可能涉及极其敏感

[1] 参见程啸：《论死者个人信息的保护》，载《法学评论》2021年第5期。

和隐私的事项，死者并不愿意让包括近亲属在内的任何人知晓。另一方面，一些个人信息还可能涉及第三人的个人信息和隐私，如果不加限制地允许死者的近亲属对这些信息行使权利，则无疑会侵犯第三人的合法权益。

再次，近亲属能够行使的权利仅包括“查阅、复制、更正、删除等权利”。根据《个人信息保护法》第四章的规定，自然人能够对其个人信息享有的权利包括知情、决定、查阅、复制、更正、补充、删除等，而与之相比，《个人信息保护法》第四十九条列举的近亲属能够对死者个人信息行使的权利有所减少，体现出立法者依然有意将其限缩在为维护近亲属自身利益所必要的范围内。当然，尽管有“等权利”这一兜底表述，但主要原因在于并不确定将来是否有赋予死者的近亲属其他权利以维护自身利益的必要性，因此有必要通过不完全列举的形式保留一定的解释空间。此外，在对这一表述进行解释时，也只能将与查阅、复制、更正、删除相似的权利纳入其中，决定权等与上述权利并不相同的权利自然不能由死者的近亲属行使。

最后，若“死者生前另有安排”，则会排除死者近亲属的上述权利。作为真正享有自身个人信息相关权益的主体，死者本人生前基于意思自治对自己个人信息的安排无疑具有更为优先的效力。具体而言，死者的这一安排可以通过遗嘱或者其他方式实现，但必须具有证明其意思表示的证据存在。当然，尽管在这种情况下，如果有他人侵害死者的个人信息，其近亲属仍可通过侵权法的路径，根据《民法典》第九百九十四条的规定要求行为人承担责任。

本案中，首先，四原告要求四被告提供李某4个人信息的目的在于查明用工主体是否存在侵犯李某4劳动权益致其死亡的情况，属于维护自身的合法、正当利益。其次，四原告要求四被告提供的考勤签到记录、薪资账单、保险记录等个人信息均与查明是否存在侵犯李某4劳动权益的目的相关。再次，四原告意图行使的权利为查阅权。最后，并无证据显示李某4生前对其个人信息作出过任何特殊安排。因此，法院最终认定四原告有权对李某4的个人信息行使相关权利。但考虑到对第三人合法权益的保护，法院亦指出李某4的“某驾到”App账号还涉及订单消费者住址信息、“某驾到”商业信息等内容，若直接允许四原告查看即可能存在侵犯他方权益的风险，故通过直接登录李某4账号的方式查阅个人信息的行为并非必要、正当。

（二）死者近亲属对死者个人信息行使权利的救济

权利的存在和得到保护的程度，只有诉诸民法和刑法的一般规则才能得到保障。《个人信息保护法》为保护自然人的个人信息，建立了多元化的救济机制。[1] 其中，第五十条即对个人在个人信息处理活动中的权利救济方式进行了规定。该条规定："个人信息处理者应当建立便捷的个人行使权利的申请受理和处理机制。拒绝个人行使权利的请求的，应当说明理由。个人信息处理者拒绝个人行使权利的请求的，个人可以依法向人民法院提起诉讼。"当死者近亲属依法对死者的个人信息行使权利时，同样能够受到该条规定的保护。

根据上述规定，首先，个人信息处理者应当建立便捷的申请受理机制和处理机制，为权利主体（包括死者近亲属）积极行使查阅、复制等权利提供便利。其次，为确保个人信息处理者的处理活动公开透明，当个人信息处理者拒绝权利主体行使权利的请求时，应当说明理由。当然，这并不意味着只要说明理由，个人信息处理者即可随意拒绝权利主体行使权利，如果理由不合理、不正当，则其拒绝行为仍属违法，应当承担相应的责任。最后，权利主体可在行使权利的请求遭到拒绝后向法院提起诉讼。司法是解决社会纠纷、维护社会公平正义的最后一道防线，明确权利主体的诉权能够有效救济其权利。值得注意的是，本条的表述方式仅在于倡导权利主体在向法院提起诉讼之前先向个人信息处理者提出请求，从而能够更加高效地利用有限的司法资源，并从源头解决纠纷。但是，向个人信息处理者提出请求并非向法院提起诉讼的强制性前置条件，权利主体亦可直接诉诸司法途径救济自己的权利。

本案中，四原告作为死者的近亲属，根据上述规定享有个人信息权利请求权，且其在向四被告提出提供李某4个人信息的请求遭到拒绝后诉至法院。但是，由于四原告已经获得李某4的相关个人信息，且四被告客观上无法提供原告主张的涉案个人信息，因此四被告拒绝的理由合理、正当，故法院最终驳回了原告的诉讼请求。

---

[1] 参见王利明，丁晓东：《论〈个人信息保护法〉的亮点、特色与适用》，载《法学家》2021年第6期。

诉讼举证中个人信息使用行为的合法性认定

——许某与深圳市某科技公司个人信息保护纠纷案❶

孙铭溪[*]　张亚光[**]　夏晶晶[***]

典型意义

当事人在诉讼中为证明待证事实，将已经合法收集的包含对方个人信息的证据向人民法院提交，属于履行法定义务所必需的行为，无须征得对方当事人同意。本案横跨《中华人民共和国民法典》（以下简称《民法典》）生效前后，人民法院依照时间效力的司法解释，适用当时的法律、司法解释的规定，但是依据《民法典》及《中华人民共和国个人信息保护法》（以下简称《个人信息保护法》）的具体规定进行裁判说理。本案明确了《民法典》和《个人信息保护法》在个人信息保护民事司法案件中的适用关系，对诉讼中的合法正当举证行为在《个人信息保护法》的合法性基础上进行了论述，丰富了“为履行法定义务所必需”的条款实践。

关键词　举证行为　个人信息收集　履行法定义务

---

❶ 一审裁判文书字号：北京互联网法院（2022）京0491民初19686号民事判决书（2022年12月12日）。

一审审判员：孙铭溪。

* 孙铭溪：北京互联网法院综合审判三庭庭长。

** 张亚光，北京互联网法院综合审判三庭法官助理。

*** 夏晶晶，北京航空航天大学学生。

案情介绍

原告许某在被告深圳市某科技有限公司（以下简称某科技公司）运营的智能快件箱中进行快递收寄服务，后因超时保管，“被迫”向某科技公司支付了超时保管费，许某遂将某科技公司及某快递公司诉诸法院。在诉讼过程中，某科技公司为证明其主张，将涉及许某使用其手机号的取件记录及其对应的快递公司的寄递信息，包括派件时间、快递公司、运单号、取件时间、取件人手机号等信息向公证处申请公证保全后作为关键证据向法院提交。依据上述证据，深圳市某法院作出判决，认为涉案《服务协议》不存在法定的无效事由，驳回许某全部诉求。

许某后在北京互联网法院提起本案诉讼，许某诉称：某科技公司在前述案件中未经其同意，也没有经过相关国家机关和司法机关要求的情况下，从数据库中调阅其寄递信息进行公证并向法院提供属于违法收集和使用许某个人信息的行为，请求法院判令被告停止侵害、赔礼道歉、赔偿精神损害抚慰金。

某科技公司辩称：被告在前述案件中为协助法院查明案件事实，履行法定举证责任和义务，不属于违法收集和使用许某个人信息的行为。第一，被告对许某个人信息进行公证取证，选取具有国家公证资质的公证处，公证处依法行使国家公证职能，证据保全属于公证机构法定公证事项，公证处对上述内容进行证据保全没有超出法定范围。第二，被告申请证据保全的是许某勾选《××服务协议》、使用被告智能快递箱保管服务记录等信息，上述信息与查明案件事实具有重要关系，某科技公司为了依法维护自身权益，进行证据保全具有必要性。第三，某科技公司进行证据保全行为没有侵犯许某的个人隐私。某科技公司申请公证而向公证机构提供许某的取件记录是履行法定义务，是征得个人信息主体授权同意的例外情形。

裁判内容

北京互联网法院经审理认为：

一、本案可以依据《民法典》和《个人信息保护法》进行裁判说理

根据《最高人民法院关于适用〈中华人民共和国民法典〉时间效力的若干规定》第四条的规定，被告进行公证和向法庭提交证据时，当时实施的法律仅明确了收集、使用个人信息的基本原则，但是对于个人信息的具体处理规则等尚无明确规范，因此本案可以依据《民法典》具体规定进行裁判说理。此外，《个人信息保护法》是规范个人信息处理活动的综合性、专门性法律。《个人信息保护法》中的私法规范与《民法典》可以构成特别法和一般法的关系，两部法律相关规定结合起来，形成完备的私法领域个人信息保护的原则、规则体系。结合《最高人民法院关于适用〈中华人民共和国民法典〉时间效力的若干规定》第四条的释法原则和精神，以及《民法典》和《个人信息保护法》之间的规范领域和一般特殊关系，为完整、准确评价涉案个人信息处理行为，本案亦可依据《个人信息保护法》的具体规定进行裁判说理。

二、被告的行为符合合法、正当、必要原则

第一，被告未经原告同意处理涉案个人信息的行为具有合法性。参考涉案行为发生时已经施行的《信息安全技术　个人信息安全规范》（GB/T 35273—2020），其中第5.6条列举的“征得授权同意的例外”情形中，规定了与刑事侦查、起诉、审判和判决执行等直接相关的，个人信息控制者收集、使用个人信息不必征得个人信息主体的授权同意。《个人信息保护法》第十三条第（三）项规定，为履行法定职责或法定义务所必需而处理个人信息，不需取得个人同意。本案中，被告已经通过合法手段取得了包含原告个人信息的证据，被起诉后，调阅该证据进行公证并向法院提交，是《中华人民共和国民事诉讼法》规定的举证行为，属于履行法定义务的行为。综上，无论是参考当时的国家标准，还是根据现在的法律规定，在诉讼中合法、正当、必要履行举证责任而处理个人信息的，具有无须征得当事人同意的合法事由，符合合法性原则。

第二，被告处理原告个人信息的行为具有正当性。本案中，被告处理原告个人信息是用于诉讼中举证，无证据证明该行为是出于侵害原告个人信息权益的目的。如果严格限制个人信息处理者只有在征得对方当事人同意的情形下，

才能将其合法收集的个人信息作为证据提交，必然会对当事人依法通过举证维护自己的权利造成妨碍。被告为证明其主张、查明案件事实而处理原告的个人信息具有正当性。

第三，被告处理原告个人信息的行为符合必要原则。本案中，被告处理的原告个人信息包括，原告勾选《××服务协议》的相关记录以及原告使用被告智能快件箱保管服务的记录等信息。被告为证明其主张，在其证明目的的合理范围内进行保全和举证符合必要原则。

裁判结果

北京互联网法院依照《最高人民法院关于适用〈中华人民共和国民法典〉时间效力的若干规定》第四条、《中华人民共和国民法总则》第一百一十一条、《中华人民共和国网络安全法》第四十一条、《中华人民共和国民事诉讼法》（2017年修正）第六十四条、《中华人民共和国民事诉讼法》第六十七条之规定，判决如下：驳回原告许某的全部诉讼请求。

一审判决作出后，双方均未上诉，判决已发生法律效力。

法官解读

一、关于本案的法律适用

本案明确了《民法典》和《个人信息保护法》在个人信息保护民事司法案件中的适用关系。本案原告所主张的调阅信息、公证证据保全及向法庭提交的行为发生在《民法典》实施以前，上述行为一次性作出后并未持续发生。根据《最高人民法院关于适用〈中华人民共和国民法典〉时间效力的若干规定》第四条的规定，应适用当时的法律、司法解释的规定，但是可以依据《民法典》具体规定进行裁判说理。此外，本案更进一步论述了《民法典》作为民事领域的基本性、综合性法律，调整的是平等主体的自然人、法人和非法人组织之间的人身关系和财产关系，《个人信息保护法》是规范个人信息处理活动的综合性、专门性法律。《个人信息保护法》中的私法规范与《民法典》

可以构成特别法和一般法的关系，两部法律相关规定结合起来，形成完备的私法领域个人信息保护的原则、规则体系。为完整、准确评价涉案个人信息处理行为，本案明确了《个人信息保护法》的部分私法条款与《民法典》构成特殊法和一般法的关系，可以依据《个人信息保护法》进行裁判说理，为在类案中正确适用《民法典》和《个人信息保护法》厘清了思路。

二、关于在诉讼中合法正当举证行为在《个人信息保护法》中对应的合法性基础

个人信息载体所呈现的事实，对法庭查明案件事实、明确当事人责任具有关键作用，但诉讼行为中涉及个人信息处理的合法性依据，《个人信息保护法》中并未有明确规定。本案从合法性、正当性、必要性三个方面出发，论述了在诉讼中合法、正当举证行为认定以及应遵循的原则。

关于合法性基础，本案结合《中华人民共和国民事诉讼法》相关规定，明确了当事人和人民法院在诉讼中有依法提供、调取证据的责任，当事人依法提供证据，既属于维护自身权益的自助行为，也属于履行诉讼中举证责任、诚信诉讼的法定义务。同时参考《信息安全技术　个人信息安全规范》（GB/T 35273—2020）中第 5.6 条有关规定，与刑事侦查、起诉、审判和判决执行等直接相关的，个人信息控制者收集、使用个人信息不必征得个人信息主体的授权同意。进一步明确了，当事人在诉讼中为证明待证事实，将已经合法收集的包含个人信息的证据向人民法院提交，属于《个人信息保护法》中规定的“为履行法定义务所必需”，不需征得个人同意。

为防止在诉讼中个人信息被滥用，本案还明确了诉讼中处理个人信息应坚持正当和必要原则。在正当性方面，法院明确了处理个人信息应当是出于查明案件事实目的，通过举证维护自己的权利，而不能是出于侵害原告个人信息权益的目的。在必要性方面，法院提出使用的过程应坚持必要原则，在证明目的的合理范围内进行保全和举证。在必要性的判断方面，考虑到不同当事人的举证能力不一，对关键证据的理解不一致，必要性的判断不应以人民法院最终是否将该证据作为关键定案证据为限。只要当事人合法获得相关证据，该证据与案件争议焦点具有合理关联性，举证行为无侵害他人个人信息权益之故意或重大过失，即应认定为符合必要性原则。

第四编

其他网络侵权

权利人虚假投诉侵害网络服务提供者合法权益，应承担侵权责任

——浙江某公司与北京某公司网络侵权责任纠纷案[1]

李　珂[*]　冷冠润[**]

典型意义

权利人利用电子商务平台建立的知识产权保护机制、治理措施，通过提交伪证等方式投诉平台内商家，导致电子商务平台错误采取删除链接等措施，属于虚假投诉行为。虚假投诉行为除了造成被投诉的商家经营活动无法正常开展外，也客观上对电子商务平台正常的经营管理活动造成影响，导致平台竞争力下降，侵害其合法权益，电子商务平台可主张恶意投诉人赔偿相应损失。本案审理结果和裁判理念，与《中华人民共和国民法典》（以下简称《民法典》）"错误通知"条款的立法精神保持一致，充分体现司法在保护知识产权、优化营商环境、促进网络空间治理法治化等方面的积极意义。

关键词　知识产权保护　恶意投诉　侵权

---

[1] 一审裁判文书字号：北京互联网法院（2019）京0491民初1601号民事判决书（2020年3月31日）。

一审合议庭组成人员：审判长卢正新、审判员郭晟、审判员龚嫂。

* 李珂，北京互联网法院综合审判一庭法官助理。

** 冷冠润，北京航空航天大学法学院学生。

案情介绍

原告浙江某公司系某电子商务平台的经营者，其创设了一套知识产权投诉体系，建立了线上知识产权保护平台，用于及时受理处置知识产权投诉申请。被告北京某公司于2018年5月23日在该平台进行注册，2018年6月4日以“某睛”商标权利人身份通过该平台投诉涉案网店销售的两款商品为假冒产品，并上传了北京市朝阳区人民法院（2017）京0105民初62312号民事判决书的照片，该判决书载明被告向朝阳区法院起诉主张涉案网店销售上述两款产品为假冒，法院判决认定该两款产品侵犯其商标权。基于投诉和判决书，原告删除了涉案网店销售上述两款商品的链接。其后，涉案网店发现被告投诉时提交的民事判决书系伪造，并于2018年8月15日向知识产权保护平台提交了申诉，并附带真实的判决书。经原告核实，认定涉案网店申诉成立，随即恢复了上述两款商品的链接。

原告诉称：根据原告与被告签订的《××平台服务协议》及《知识产权保护平台使用协议》，被告恶意投诉正常经营商家的行为，不仅严重扰乱了涉案商务平台的经营秩序，使平台内经营者的利益受损，同时也增加了原告的管理成本，构成侵权，根据《民法典》侵权责任编有关规定，请求法院判令被告向原告赔偿经济损失，并承担本案的诉讼费用。

被告辩称：其并未在涉案电子商务平台上注册过，没有进行投诉等行为，且被告作为涉案商标的权利人和该产品的实际生产者，任何商家出售涉案商品均会获益，没有理由投诉自己的销售商。被告是一家电子商务公司，营业执照和商标均在网上公示，照片中的公章也容易被伪造，所以不能以注册认定投诉为被告所为。另外，原告没有对投诉事件进行任何核查就删除涉案网店的商品链接，其行为给被告也带来了经济损失。由于被告无任何过错，也未实施过任何侵权行为，因此原告主张的侵权事实于法无据，不应支持。请求法院驳回原告的全部诉讼请求。

裁判内容

北京互联网法院经审理认为，本案主要的争议焦点包括：一是原告是否为适格主体；二是被告是否为适格主体；三是原告主张的投诉行为是否构成侵权。

一、原告是否为本案适格主体

从事电子商务活动的经营者，一般包括电子商务平台经营者、平台内经营者以及通过自建网站、其他网络服务销售商品或者提供服务的电子商务经营者。《中华人民共和国电子商务法》（以下简称《电子商务法》）第九条规定，电子商务平台经营者是指在电子商务中为交易双方或多方提供网络经营场所、交易撮合、信息发布等服务，供交易双方或多方独立开展交易活动的法人或者非法人组织。原告系某电子商务平台网站的所有者与经营者，取得了相应的经营资质，应认定为电子商务平台经营者。该公司在不违反法律、法规规定的情况下，基于经营策略制定了相应的服务协议和交易规则，并对平台内经营者及经营活动进行管理，其合法权益应予保护。故原告有权在其正常的经营活动受到损害时，提起民事诉讼，系本案的适格原告。

二、被告是否为本案适格被告

本案中，原告主张被告恶意投诉涉案电子商务平台的相关商家，扰乱了平台经营秩序，增加了原告管理成本，还降低了平台的信誉和披露的数据价值，侵犯了原告的合法权益。根据现有证据，上述投诉行为确有发生，但被告否认实施了涉案的投诉行为，故法院首先对投诉实施者进行审查。

（1）被告未提交反证。原告提交了涉案投诉主体在注册时提交的资料，包括营业执照、银行账号、法定代表人身份证等经营信息并加盖了公章；被告声称上述信息在经营活动中可能被他人获知、公章无法分辨真假，但未提交相应的证据予以佐证。

（2）被告账号验证正常。根据法院调取的证据，原告委托案外人进行了验证，被告的银行完成了支付相关款项的验证操作，且被告未主张相关账户存在被他人非法控制等情形。

（3）被告表述前后矛盾。本案审理中，被告对自身经营模式及与关联公司之间的协作模式前后表述不一，前面称被投诉商户为其客户不合常理，后又称不是涉案的“某睛”黄金视力眼贴的生产商或经销商，该公司对大经销商的经营行为无权干涉。

（4）被告未采取必要措施。本案审理过程中，原告曾要求被告就其身份被他人冒用一事向公安机关报案，法院亦予以提醒，但被告一直未采取必要的措施。

综上，法院根据现有证据认定被告系涉案投诉账户的所有者，掌握该账号的用户名、密码等信息，能够独立进行相应的投诉，系涉案投诉的实施者。法院认为，被告通过原告建立的知识产权保护体系，投诉原告经营的电子商务平台上的经营者存在违法行为，原告认为上述投诉行为系恶意投诉，侵害了其合法的经营权益。即使上述投诉行为并非其实施，但根据查明的事实，该公司也存在着出借银行账号等经营资质给他人的可能，亦应对他人的侵权行为承担相应责任，故法院认定被告是涉案投诉的主体，系本案的适格被告。

三、原告主张的投诉行为是否构成侵权

原告作为电子商务平台的经营者，一方面，根据合同向平台内经营者、消费者提供交易撮合、信息发布等服务；另一方面，也要通过制定实施必要的管理措施维护平台内的经营秩序，以维护全体电子商务参与者的合法权益。本案中，原告作为管理电子商务平台的经营者，在接到知识产权权利人的通知后，有义务及时采取删除、屏蔽、断开链接、终止交易和服务等必要措施，否则将承担相应的民事责任。根据查明的事实，被告的上述投诉行为所依据的司法文书系伪造，被告亦未提交证据证明被投诉人存在侵害其知识产权的行为，故其投诉行为应认定为虚假投诉的行为。因本案并非上述被投诉人提起的诉讼，故法院对被告的投诉行为是否侵害相关商户的合法权益不再阐述。

北京互联网法院认为，被告利用原告基于电子商务平台应承担的保护知识产权的法定义务建立的保护机制、治理措施，通过提交的伪造司法文书等证据，主张相关商户实施了侵权行为，诱使平台采取删除相关网店商品销售的链接等措施。除了造成被投诉的商家经营活动无法正常开展，也使原告正常的经营管理活动受到影响，客观上造成了原告管理费用等经营成本的增加。原告依据被告虚假投诉作出的删除链接等处罚措施，可能导致相关商户向有关管理机构投诉或向人民法院起诉，存在原告商誉受到损害的风险。

同时，被告的虚假投诉行为导致原告基于法律规定、经营策略建立并维护

的网络购物生态环境、维权体系受到质疑，无法有效运转。平台面临提高相应的投诉门槛以保障平台商家经营的诉求，但如果采取提高投诉门槛的措施不合理，又会使合法权利人、消费者合法权益受到侵害时无法得到及时有效的维护，与平台应当加强保护知识产权的宗旨不符。上述潜在的风险也给原告带来经营的困难，进而导致竞争力下降。

综上，法院认定被告的恶意投诉行为侵害了原告的合法权益，应承担相应的民事责任。原告要求被告赔偿经济损失1元，虽然未提交相应证据，但其损失显然超过上述诉讼请求，故法院对其主张予以支持。原告因被告的侵权行为聘请了律师进行维权，并提交了相应的票据证明已支付了律师费用，律师亦出庭参加了诉讼，本案根据被告的主观过错、侵权的性质及情节等因素，认定上述费用系原告合理的诉讼支出，法院对此予以支持。

需要指出的是，随着大数据应用、人工智能等技术的进步以及国家行政、司法公开进一步的推进，原告作为电子商务平台的经营者，亦应当提高监督管理能力，完善审核、甄别制度，更好地维护电子商务交易平台的良好秩序和竞争生态，引导和培育诚实守信的商业伦理观念，不宜因存在恶意投诉现象而放弃自身的职责。

裁判结果

北京互联网法院依照《中华人民共和国侵权责任法》第二条、第六条、第十五条之规定，判决如下：一、本判决生效之日起七日内，被告北京某公司赔偿原告浙江某公司经济损失1元；二、本判决生效之日起七日内，被告北京某公司赔偿原告浙江某公司诉讼合理支出1万元。

一审宣判后，双方当事人均未上诉，一审判决已生效。

法官解读

《民法典》第一千一百九十五条第三款规定，权利人因错误通知造成网络用户或者网络服务提供者损害的，应当承担侵权责任。法律另有规定的，依照其规定。该条款进一步保护了网络服务提供者的合法权益，而本案例同样涉及网络服务提供者权益保护、错误通知受偿主体等问题，与我国上述条款的立法精神及宗旨相一致，具有一定典型意义。

一、“错误通知”条款的立法精神和法理分析

《中华人民共和国侵权责任法》（以下简称《侵权责任法》，已废止）第三十六条规定了“通知－删除”规则：网络用户利用网络服务实施侵权行为的，被侵权人有权通知网络服务提供者采取删除、屏蔽、断开链接等必要措施。网络服务提供者接到通知后未及时采取必要措施的，对损害的扩大部分与该网络用户承担连带责任。随着互联网的迅速发展和普及，网络侵权行为日趋复杂，其客体涵盖了知识产权、隐私权、名誉权等类型，权利范围和侵权行为的界定难度较大，“通知－删除”规则也存在滥用的可能性，特别是在电子商务领域，权利人通过恶意虚假通知来达成商业竞争目的的问题越来越突出。之所以“通知－删除”规则会被恶意乱用，一方面是因为该规则对网络服务提供者针对被侵权人投诉须采取必要措施提出了严苛要求，以“承担连带责任”为后果倒逼网络服务提供者及时有效加以处置；另一方面是因为面对网络上的海量信息和投诉申请，网络服务提供者确实没有能力也没有精力逐一甄别作出判断，“先删除后甄别”或“只删除不甄别”是常态。尽管“通知－删除”规则的适用也有后续补救措施，即经营者可以利用“反通知”规则恢复经营，但网络环境下的停止经营会导致市场流量和商业信誉的重大损失。因此，《电子商务法》知识产权保护制度中专门涉及一条“错误通知”条款，即因通知错误造成平台内经营者损失的，加倍承担赔偿责任。可以说，该条款是对《侵权责任法》的“通知－删除”规则的完善，有利于约束权利人审慎行使通知权。

如何界定“通知－删除”规则是否被“恶意”乱用，最高人民法院有明确规定。人民法院认定通知人是否具有《电子商务法》第四十二条第三款所称的“恶意”，可以考量下列因素：提交伪造、变造的权利证明；提交虚假侵权对比的鉴定意见、专家意见；明知权利状态不稳定仍发出通知；明知通知错误仍不及时撤回或者更正；反复提交错误通知等。[1] 本案中，被告提供的民事

---

[1] 参见《最高人民法院关于审理涉电子商务平台知识产权民事案件的指导意见》第六条。

判决书是伪造的虚假判决书，而且未提交其他有力证据证明存在网络用户侵害其知识产权的行为，在原告告知其可以就所谓的“身份被他人冒用”一事向公安机关报案时，被告迟迟未采取任何必要措施。因此，可以断定被告的投诉行为为虚假投诉行为，提交的伪造权利证明也使得其完全符合“恶意”的判定。

随着平台经济的发展和互联网产业的升级，网络环境中权利人滥用“通知－删除”规则，损害的不只是网络用户的权益，还有网络服务提供者的流量损失和竞争利益损害。换句话说，网络服务提供者一方面要承担“通知－删除”的义务和相应责任，另一方面还需要为权利人的错误通知“买单”。而网络服务提供者因此而产生的利益损失却缺少明确的救济途径，此种规定明显失之偏颇。以电子商务平台的经营者为例，一方面需要根据合同提供网络服务，另一方面还承担着管理性职能。本案中，从表面来看，被告的投诉行为并没有给原告带来直接利益损失，但综合考虑虚假投诉导致原告的正常经营管理活动受到影响、商业信誉和竞争力下降、构建的平台规则受到挑战，法院最终认定被告的虚假投诉行为侵害了原告的合法权益，而这些合法权益，本质上应属于与电子商务平台管理职能相对应的权益。

《民法典》在网络侵权规则中借鉴了《电子商务法》的“错误通知”条款，并予以优化。在网络侵权规则中规定了错误通知责任，将受偿主体从网络用户延伸到因错误通知导致利益受损的网络服务提供者，进一步明确了网络服务提供者的权益范围。本案在审理裁判时，《民法典》尚未颁布，法院充分考虑《电子商务法》的指导思想和宗旨是促进发展、规范秩序、保障权益，其基本原则包括公平诚信原则、社会共治原则等。在电子商务领域，鼓励诚信、共治应该是多层次的，不仅针对电子商务平台经营者、平台内经营者和消费者，也包括投诉行为实施者。向电子商务平台提起投诉时，不能损害他人的合法权益、增加平台管理经营成本，也不能扰乱电子商务诚信秩序。因此，本案虽然没有适用《民法典》“错误通知”条款，但与其立法精神亦保持一致，即将网络侵权责任规则统一于互联网治理框架内[1]，有效维护和平衡各方利益，防止对某一方主体的权利歧视。

---

[1] 参见薛军：《中华人民共和国电子商务法解读》，中国法制出版社2018年版，第208页。

二、“错误通知”条款的适用规则与衔接处理

《民法典》侵权责任编以第一千一百九十五条、第一千一百九十六条、第一千一百九十七条3个条款梳理了网络侵权责任规则，并对相关规定进行了优化，使其更具有合理性和可操作性。与“错误通知”条款相配套的规则包括：第一千一百九十五条规定，通知应当包括侵权的初步证据及权利人的真实身份信息；网络服务提供者接到通知后，应当及时将通知转达至相关网络用户，并根据初步证据和服务类型采取必要措施。第一千一百九十六条规定，网络服务提供者接到声明（具体指网络用户提交的不存在侵权行为的声明）后，应当将该声明转送发出通知的权利人，并告知其可以向有关部门投诉或者向人民法院提起诉讼。第一千一百九十七条规定，未采取必要措施的，与该网络用户承担连带责任。

（一）从适用规则看，首先需要明确何为侵权的初步证据及权利人的真实身份信息，才能判断是否为有效通知

实践中，网络服务提供者判断投诉通知是否合理有效，一般会重点参考两个因素：一是权属证据，二是侵权证据。本案中，被告提交了包括商标权证书、司法文书等在内的一系列证据，原告接到投诉后履行了相应的“通知－删除”义务，但在审核证据时未尽到审慎义务，由此收到相关司法机关建议，此种情形引发我们思考：

首先，一般来说，如果投诉方提起诉讼或者持有生效的司法、仲裁文书，应认为其更接近于真实有效的投诉。在投诉方提交相关司法文书的情况下，电子商务平台的审核义务应如何履行、达到何种程度，是否应该对司法文书的真实性得出确切结论后才可以采取相应措施？《电子商务法》第四十二条第二款规定，电子商务平台经营者接到通知后，应当及时采取必要措施，并将该通知转送平台内经营者。根据该条款，平台经营者不能以缺乏实质审查的资源或者侵权判断的能力为借口，拒绝依照通知及时采取措施。如果发出通知的知识产权人存在虚假通知、错误通知或者其他滥用知识产权的行为，应当自行承担相应法律责任，平台经营者也不能以此为借口拒绝采取相应措施。由此看来，平台经营者对投诉人提供的初步证据，只能是形式审查，而非实质判断。从目前

的制度背景和技术水平看，如果赋予电子商务平台过重的审核义务，既不符合实际可能，也违背“通知－删除”制度的初衷。

其次，随着网络技术的发展，我国司法文书公开全面落地生根。《中华人民共和国民事诉讼法》（2021 年修订）也规定，公众可以查阅发生效力的判决书、裁定书。与此同时，伴随着大数据、云计算、人工智能等先进技术的进步以及国家行政、司法公开的进一步推进，原告作为电子商务平台的管理者，应当提高监督管理能力，完善审核、甄别制度，更好维护电子商务交易平台的良好秩序和竞争生态，引导和培育诚实守信的商业伦理观念，不宜因存在恶意投诉现象而放弃自身的职责。

（二）从衔接处理看，需要厘清《民法典》与《电子商务法》相关规定的法律适用关系

首先，法律适用范围不同。《电子商务法》由全国人大常委会制定，其“错误通知”条款既适用于电子商务平台发生的知识产权侵权行为，也适用于网络媒介平台发生的知识产权侵权行为。而《民法典》由全国人大通过，其“错误通知”条款适用于一般网络侵权行为。二者既是特别法与普通法的关系，也是旧法与新法、下位法与上位法的关系。

其次，“错误通知”的主观要件不同。《电子商务法》中区分两种情形，一是“通知错误”；二是“恶意发出错误通知”，按照文义解释，“通知错误”的主观要件可理解为“过失”，而“恶意发出错误通知”的主观要件显然是“故意”。《民法典》中规定的“错误通知”也包含“故意”和“过失”两种情形，但未明确区分责任承担方式的不同。

最后，“错误通知”的受偿主体不同。《电子商务法》仅规定了平台内经营者的受偿主体身份，《民法典》则将网络服务提供者也涵盖在内，这里的网络服务提供者理应包括电子商务平台经营者。

基于上述理解，我们就可以进一步理顺二者之间的关系：《电子商务法》对于电子商务知识产权侵权责任规则的特殊规定，就只能适用于电子商务平台发生的知识产权侵权行为，而不能适用于《民法典》侵权责任编规定的一般网络侵权责任。例如，《电子商务法》中对“恶意发出错误通知”采取的惩罚性赔偿规定，对应《民法典》条款中的“法律另有规定的，依照其规定”，不

能当然地适用所有网络侵权责任；而对于无法通过电子商务知识产权侵权责任规则进行救济的，则可以适用《民法典》的一般规则予以保护，最典型的情形是当知识产权权利人的错误通知导致电子商务平台利益损害时，根据《电子商务法》的规定电子商务平台无法成为受偿主体，此时《民法典》中的特殊规定就应该“走到台前”，充分保障其权益不受非法侵害。

《民法典》侵权责任规则中的“错误通知”条款，将受偿主体从网络用户延伸到因错误通知导致利益受损的网络服务提供者，是立法对规制网络侵权、净化网络营商环境需求的鲜明回应，也符合当前对互联网经济各方参与主体相关权益的保障导向。本案审理结果和裁判理念，与《民法典》“错误通知”条款的立法精神保持一致，对电子商务领域恶意投诉行为亮明了司法态度，体现了司法适应和参与网络治理、鼓励公平诚信、倡导社会共治的法治理念。

最有利于未成年人原则与动态系统论的适用

——李某某与魏某等侵犯肖像权、名誉权、隐私权网络侵权案[1]

朱　阁[*]　冀晓青[**]

典型意义

本案是“最有利于未成年人原则”和《中华人民共和国民法典》（以下简称《民法典》）规定的“动态系统论”在司法实践中的运用，入选2020年度中国十大传媒法事例和“2020年度中国法治实施十大事件”，获得2021年北京法院优秀裁判文书二等奖，2022年北京法院优秀未成年人案件裁判文书，体现了社会主义核心价值观中“和谐、自由”的内容，对类似案件的审理具有示范意义。

关键词　舆论监督　肖像权　公共场所隐私权　最有利于未成年人原则　动态系统论

案情介绍

原告李某某诉称，某个早上，其因不愿上学而哭闹，父母将其绑在树上进

---

[1] 一审裁判文书字号：北京互联网法院（2019）京0491民初33767号民事判决书（2020年9月23日）。

一审合议庭组成人员：审判长朱阁、审判员封瑜、审判员赵聚丰。

* 朱阁，北京互联网法院综合审判一庭副庭长。

** 冀晓青，北京航空航天大学法学院学生。

行教育。路人魏某使用手机拍摄了上述过程，并将视频在某微博上进行传播。魏某未经允许私自将未经处理的高清视频上传其微博，侵犯李某某肖像权、名誉权和隐私权，同时李某某父亲于2019年6月11日通过两个渠道通知某梦公司删除涉案视频，某梦公司未能及时采取必要措施，导致侵权损失的进一步扩大，应与魏某承担连带责任。

被告魏某辩称，其主观上并无过错，视频是如实拍摄，其目的是保护未成年人，其行为也并非违法行为，并未侵害李某某的权利。被告某梦公司辩称，公司仅是提供空间储存服务的网络服务提供者，无任何主观过错，公司并未找到涉案的微博内容，李某某也从未就涉案内容对某梦公司进行有效通知，涉案视频拍摄来源正当，李某某主张的损失源于其父母的教育行为，与某梦公司无关，公司不应承担任何责任。

法院经审理查明，某个早上，小女孩李某某因不愿上学而哭闹，父母将其绑在树上进行教育。路人魏某未经允许使用手机拍摄了上述过程，并将未经处理的高清视频私信给某微博“大V”进行传播。视频中，李某某的面部特征清晰，还露出了内裤。当天，魏某通过其微博账号共发布了4篇相关博文，第1篇因涉案视频未通过审核致使该视频没有发布，而第2、3篇均是转发的包含涉案视频的博文。后魏某将前三篇博文进行了删除处理，并在微博上发布第4篇文章向李某某道歉。李某某父亲虽通过微博私信联系微博客服和手机App“问题反馈”栏目这两种途径通知了某梦公司删除涉案视频，但某梦公司未收到该内容。

裁判内容

北京互联网法院经审理认为，本案主要的争议焦点包括：魏某原发或转发涉案博文是否侵犯李某某的肖像权、名誉权、隐私权，是否应当承担责任。

一、魏某行为构成侵犯李某某的肖像权

本案中，第一，涉案视频包含李某某可以被识别的外部形象即肖像，魏某拍摄涉案视频的行为属于制作肖像权人李某某的肖像，其网络传播行为属于公开李某某的肖像。第二，未经李某某监护人的同意，魏某传播了涉案视频即公

开了李某某的肖像。从涉案视频中可以看出，魏某在拍摄涉案视频时，李某某的父亲当即进行了制止，已经明确作出不同意拍摄的意思表示。然而，魏某依然继续拍摄涉案视频，并通过微博私信的方式发送给微博用户“@北京××”，随后转发“@北京××”发布的包含有涉案视频的博文，该转发行为构成对于涉案视频的网络传播行为，即公开了李某某的肖像。另外，在案证据显示，魏某发布的第1篇涉案博文中不包括涉案视频。虽然李某某主张魏某发布的第1篇涉案博文中包括涉案视频即魏某的原发博文中包含有涉案视频，但其对此未举证证明，法院对其主张不予支持。第三，魏某主观过错明显。涉案视频虽然是包含在魏某转发的博文中，但是与一般转发者不同，涉案视频是由魏某提供给原发者，其又进行转发。在这种情况下，魏某系明知网络传播行为未经肖像权人（未成年人监护人）同意，更何况肖像权人是需要特殊保护的未成年人。更有甚者，魏某使用自己的微博账号发布涉案视频没有成功，在收到微博平台向其发送的“未通过审核”的通知后，仍旧继续进行传播。第四，即便魏某为了保护未成年人的利益，在微博上发布涉案视频时，也没有公开未成年人肖像的必要性。综合事发当日魏某4条涉案微博的评论及警方的微博通报中魏某向警方说明的发帖目的，可以认定魏某拍摄并传播涉案视频的目的是出于保护未成年人合法权益及对李某某父母教育孩子的方式不认同。虽然其目的是良善的，但其采取的方式却在客观上给李某某造成了次生伤害。而事实上，魏某可以选择更为合理的方式，比如，拍摄视频后可以选择报警等渠道进行检举或控告。再比如，即便魏某认为有舆论监督的必要，也应当使用打马赛克等技术对于涉案视频进行遮掩处理，使未成年人不被辨识。因此，魏某采取的方式超出了舆论监督的限度，已经背离了其保护未成年人利益的初衷。第五，魏某虽然在当天即删除其微博上的涉案视频，但是相关事件已经在网上发酵，事发当天警方亦通过网上得知相关线索，从侧面可以看出事件在网上已经产生一定影响。综合考量上述因素，魏某未经李某某监护人同意，公开李某某肖像的行为侵犯了李某某的肖像权。虽然魏某主观动机是为了维护未成年人合法权益，但其公开李某某的肖像，缺乏必要性，给李某某造成了损害。

需要指出的是，教育未成年人应当尊重未成年人的人格尊严并适应未成年人身心发展的规律和特点，以健康的思想、良好的品行和适当的方法教育和影响未成年人。望李某某的父母今后加以注意。

二、魏某行为构成侵犯李某某的隐私权

隐私是自然人的私人生活安宁和不愿为他人知晓的私密空间、私密活动、私密信息。《中华人民共和国未成年人保护法》第三十九条规定:“任何组织或者个人不得披露未成年人的个人隐私。”

虽然隐私强调私密性，但并不意味着在公开场所进行的活动就一定不构成隐私。如果在特定公开场所进行的是仅为一部分人所知悉的活动，一旦被大范围公开即会给权利人的人格利益造成重大损害，亦应当作为隐私予以保护。因此，认定隐私是否存在及其范围，应当从权利人本身的意愿和社会一般合理认知两个视角共同去界定。当涉及权利主体是未成年人的情形时，行为人应当施以更高的注意义务，使未成年人的合法权益得到最大程度的保护。

本案中，第一，从涉案视频中可以看出，魏某在拍摄涉案视频时，李某某的监护人是予以制止的，其已经通过行为明确表示了不愿意通过录制视频扩大知晓范围的主观意愿。第二，虽然李某某被其父母当街管教，但知悉范围限于当地当时的过路人群，对李某某造成的影响有限。因李某某父母系采取当街将其绑在树上进行管教的方式，一旦扩大传播，不仅可能会让李某某的同学等相关人士知晓，也可能会带来社会热议的后果，将对李某某造成人格利益和人格尊严的重大损害。并且，涉案视频中还有李某某在挣扎时露出内裤的镜头，涉及李某某的私密部位，也不适宜进行传播。故按照社会一般合理认知，无论是李某某本人，还是李某某的父母，均不愿意此事超过现有范围进行传播。综上，从权利人的主观意愿和社会一般合理认知两方面来看，在当时的情境下，李某某被父母管教系在一定范围内的私密活动，而李某某露出内裤的镜头涉及其私密部位，都属于隐私权保护的范围。关于魏某的主观过错和行为的目的、方式、后果等因素的考量，与前面肖像权部分一致，不再重复。法院在综合考量上述因素的情况下，可以认定魏某传播涉案视频的行为披露了未成年人李某某不愿意为他人知晓的私密活动和隐私部位，侵犯了李某某的隐私权。

裁判结果

北京互联网法院判决如下：依照《中华人民共和国民法通则》（2009 修正）第一百条、第一百零一条，《中华人民共和国未成年人保护法》（2012 修正）第六条、第三十九条，《中华人民共和国侵权责任法》第二条第二款、第六条第一款、第十五条、第三十六条第二款，判决如下：一、本判决生效之日起十日内，被告魏某向原告李某某当面赔礼道歉；二、本判决生效之日起十日内，被告魏某赔偿原告李某某精神损害抚慰金 3000 元；三、本判决生效之日起十日内，被告魏某赔偿原告李某某律师费 3000 元、公证费 200 元；四、驳回原告李某某的其他诉讼请求。

宣判后当事人均未上诉，一审判决已经生效。

法官解读

本案由街拍“女童受虐”上网传播引发。2020 年，以“女童受虐”为关键词的网络热点事件有若干起，一些事件属爆炸性新闻，极大地刺激人类感官和怜悯弱小的同情心。“街拍”是近年来公众自我表达和舆论监督的常用方式。法治对表达自由实行最小限制原则，对未成年人权益保护实行最大化原则。诉讼中，当“最小”与“最大”相对时，裁判者将如何做出回应？

公众对于社会上发生的不当行为均有权发表言论进行批评，但这种批评应当有一定限度，特别是涉及未成年人时，应当把未成年人权益放在首位。在认定行为人的行为是否侵犯未成年人人格权时，需要以“最有利于未成年人”原则作为解决相关矛盾冲突的基准，综合考虑行为人的职业、影响范围、过错程度，以及行为的目的、方式、后果等因素进行判定。

虽然隐私强调私密性，但并不意味着在公开场所进行的活动就一定不构成隐私。认定隐私是否存在及其范围，应当从权利人本身的意愿和社会一般合理认知两个视角共同去界定。当涉及权利主体是未成年人的情形时，行为人应当施以更高的注意义务，使未成年人的合法权益得到最大限度的保护。

一、本案适用“动态系统论”的合理性

本案判词首先明确“本案的审理涉及未成年人人格权保护与舆论监督两者的平衡，需要以‘未成年人利益最大化’原则作为解决相关矛盾冲突的基准”，司法者态度鲜明。

《民法典》第九百九十八条引入了动态系统论的思想作为法院认定侵害人格权的民事责任的基本路径：认定行为人承担侵害除生命权、身体权和健康权外的人格权的民事责任，应当考虑行为人和受害人的职业、影响范围、过错程度，以及行为的目的、方式、后果等因素。《中华人民共和国侵权责任法》（已废止）虽规定了侵权责任的四个构成要件：过错、损害、行为的违法性、因果关系，只有在这些构成要件全部满足时，责任才能成立。但现实中所面临的问题是复杂多样的，如果完全地按照这四个构成要件给案件“下定义”，不免显得过于死板，缺乏灵活性，还有可能造成不公正的裁判结果，特别是在权益冲突的场景下，因此，在判断肖像权、隐私权等人格权是否遭受侵犯时就需要借助“动态系统论”。“动态系统论”强调各因素的作用，在判断责任时，应当对所有的构成要件发挥的不同作用进行评价，针对影响因素的不同程度，来综合考量认定责任；强调各因素排列上的位阶，并不要求每一个因素满足到特定程度，甚至不要求一定具备全部因素，而是要求考量不同的因素，确定这些因素满足到什么程度，根据案件的具体情况对各个因素进行综合考量。[1] 因素与效果之间的关系不再是“全有全无”，而是“或多或少”，强调各因素之间的“互补”。“动态体系论”的“动态”特征，是指法律规范或者法律效果由“与因素的数量和强度相对应的协动作用”来确定[2]。

在本案中，涉及家庭教育与社会介入的边界，儿童的人格权益和舆论监督的自由等多重价值冲突。家庭教育的方式是否得当？社会是否可以以“街拍”方式介入？舆论监督是否可以以牺牲未成年人肖像权和隐私权的方式进行？以“最有利于未成年人”为原则并不是仅仅保护未成年人肖像权与隐私权，更不是完全排斥舆论监督保护未成年人的方式，而是在平衡二者的前提下实现未成

---

[1] 参见［日］山本敬三：《民法中的动态系统论：有关法律评价及方法的绪论性考察》，解亘译，载《民商法论丛》（第23卷），法律出版社2002年版，第207—208页。

[2] 参见解亘，班天可：《被误解和被高估的动态体系论》，载《法学研究》2017年第2期。

年人利益最大化，在个案中具体分析各个要素的影响。这与“动态系统论”利益衡量、避免极端的内在要求相契合。在多重价值的冲突下，采用“最有利于未成年人原则”与“动态系统论”结合的方式，综合考量行为人的职业、影响范围、过错程度，以及行为的目的、方式、后果等因素进行判定是很有必要的。“动态系统论”为调和多重价值冲突提供技术支持，以达到保护“最有利于未成年人”的目标。[1]

二、“动态系统论”的具体运用

接下来，判词重点在肖像权、隐私权的侵权构成中展开分析。在肖像权部分，判词首先确定视频包含有李某某可以被识别的外部形象即肖像，魏某拍摄涉案视频的行为属于制作肖像权人李某某的肖像，其网络传播行为属于公开李某某的肖像。其次，魏某的传播行为未经同意且主观过错明显。拍摄视频时，魏某的拍摄行为曾被李某某父亲制止，为明确不同意拍摄的意思表示。在传播时，魏某系明知网络传播行为未经肖像权人同意，更何况肖像权人是需要特殊保护的未成年人。甚至，魏某使用自己的微博账号发布涉案视频收到微博平台向其发送的“未通过审核”的通知后，仍旧继续进行传播。另外，值得注意的是判词提出了“没有必要公开肖像”的核心主张，认为被告即使出发点是善良的，完全可以在拍摄后以此为证报警，而不必公开传播；即使为舆论监督有必要公布影像，也应当打马赛克，使未成年人不被辨识。但魏某并未采取上述任何措施。最后，判词说明此举给未成年人造成伤害：视频传播达到一定程度，相关事件已经发酵，给李某某造成损害。

在隐私权部分，判词重点说明了当涉及权利主体是未成年人的情形时，行为人应当如何施以“更高的注意义务”。判词分为三层，层层递进，提醒行为人应当注意到：首先，父亲明确反对被告拍摄；其次，被告对视频的传播扩大了原告隐私被人知晓的范围，将对李某某造成人格利益和人格尊严的重大损害；最后，影像中拍摄到了女童的内裤，不适宜进行传播。综合考量上述因素的情况下，可以认定传播涉案视频的行为披露了未成年人不愿意为他人知晓的

---

[1] 参见罗师：《动态系统论视角下“儿童利益最大化原则”的适用——以离婚后未成年子女抚养权归属问题为例》，载《大连海事大学学报（社会科学版）》2022 年第 2 期。

私密活动和隐私部位，侵犯了李某某的隐私权。

此外，本案在认定隐私是否存在及其范围时，是按照隐私权的一般规则去判断的，并不认为公共场所隐私权的认定需要特殊规则。传统隐私权观认为隐私权仅存在于隐私场所，一旦置身公共场所，就相当于参与公共生活，就不再享有隐私权❶，但随着技术、网络的发展，公共场所的范围被扩展，传统的理论并不能适用当下时代环境下的隐私权界定❷。本案明确提出应当从权利人本身的意愿和社会一般合理认知两个视角共同去界定。即一个人在主观上期待保护的某种隐私，必须是合理的，是符合社会上一般合理认知的，这样才能受到保护。从意愿上来讲，李某某的父亲明确拒绝拍摄，尽管选择街边管教，但在不借助社交媒体传播的情况下，知悉范围有限。正如“当公民身处于某一特定场所时，即使该场所名义上是公共场所，但是如果该场所足够偏僻，别人在不借助科技设备的情况下，无法看到或者听到公民实施的行为，那么公民则有权主张合理隐私期待”。❸ 从社会一般合理认知来讲，李某某被采取管教的方式和隐私部位的传播会给李某某带来社会热议，更何况涉及未成年人为权利主体的情况下，魏某应当负有更高的注意义务，未经处理的视频会带来人格权益的受损，均不适宜传播。因此，从多个要素分析，魏某的行为构成侵犯李某某隐私权。

上述这些分析集中体现了司法中的“最有利于未成年人原则”和《民法典》规定的“动态系统论”的实施理念。

三、公众监督与个人权益的冲突调和

公众监督是社会权利，但是不得侵害被监督者的合法权益；更重要的是，不得侵害被监督者之外的其他人的合法权益。本案中，被告魏某想监督、批评的是实施不当教育行为的受害人之家长，但是传播的视频却侵害到受害人即本案原告李某某的人格权，使得这个受体罚的孩子雪上加霜受到进一步的侵害。

---

❶ 参见李延舜：《公共场所隐私权研究——法理、要素及类型》，载《法学论坛》2018 年第 6 期。

❷ 参见王四新，周净泓：《网络空间隐私权的保护研究——基于公共场所隐私权理论》，载《四川理工学院学报（社会科学版）》2018 年第 6 期。

❸ 参见王利明：《中国民法典学者建议稿及立法理由·人格权编、婚姻家庭编、继承编》，法律出版社 2005 年版，第 168 页。

在此类案件中，“公共利益”通常会被被告作为抗辩理由加以援引。公共利益确实是侵害人格权案件的抗辩理由，但是需要考量的是：（1）是否存在一个合格的公共利益；（2）公共利益所限制的到底是哪一主体的人格权；（3）特定的公共利益是否重要到需要限制某个自然人的人格权。本案涉及的对未成年人的保护不仅是家庭教育的适当尺度，更是对未成年人肖像权、隐私权的保护，多方要素权衡之下，本可以以不伤害未成年人的方式制止其父母或者采取打马赛克等去标识化的方式保护未成年人后予以舆论监督，但其行为事实上给未成年人其他合法权益造成损害。本案中，对未成年人的保护既是“私益”也是公共利益，可以用来限制实施不当体罚者的人格权，但是却不能用来限制作为受害人的本案原告的人格权，该公共利益并未重要到需要限制未成年人的人格权益。

网络游戏运营商因过错造成用户游戏道具灭失，应承担侵权责任

——成某某与云某公司网络侵权责任纠纷案[1]

朱　阁[*]　刘融菠[**]

典型意义

本案明确网络游戏道具具有财产利益的属性，可作为网络虚拟财产，依法予以保护。本案对因网络游戏停止运营产生的侵权纠纷，怎样依法保护属于网络虚拟财产的游戏道具，以及如何计算损害赔偿数额，提供了审判指引，有助于明晰虚拟财产的法律保护边界，保障游戏产业和数字经济的良好发展。本案入选 2022 年度中国网络治理十大司法案件。

关键词　游戏道具　网络虚拟财产　侵权责任　损害赔偿

案情介绍

云某公司为某网络游戏（以下简称《黑某某士》）网络游戏的运营商，成某某为该网络游戏玩家，拥有《黑某某士》两个游戏账号，即 TT 玩 + 平台游戏账号和某应用市场账号。成某某分别给两个游戏账号累计充值 294888 元和 132977.43 元。云某公司宣称《黑某某士》为国内唯一正版授权手游，但未公

---

[1] 一审裁判文书字号：北京互联网法院（2020）京 0491 民初 5335 号民事判决书（2022 年 8 月 4 日）。一审审判员朱阁。

* 朱阁，北京互联网法院综合审判一庭副庭长。

** 刘融菠，北京航空航天大学法学院学生。

告该游戏授权期限，误使玩家认为该游戏会一直持续运营，然而 2019 年 10 月 31 日却发布《停运公告说明》，并公布补偿方案：提供云某公司旗下其他网络游戏以供游戏转移，并给予《黑某某士》网络游戏玩家历史充值总额的 5% 绑定元宝作为补偿。成某某作为《黑某某士》网络游戏的玩家，在该款游戏中达到一定的成就和“身份地位”，得到相应的钻石、饰品、装备等。现云某公司终止运营游戏，并且公布的补偿方案显失公允，致使成某某在该款网络游戏中虚拟人物身份和成就的永久性灭失，造成成某某极大的经济损失和极度的精神痛苦，理应赔偿成某某主张的损失。

云某公司辩称：（1）成某某并非涉案 TT 玩 + 平台游戏账号的实名注册人，无权提起本诉，法院应依法裁定驳回起诉；（2）即使成某某主体适格，但成某某不存在任何尚未使用的游戏虚拟货币，云某公司无需返还；（3）对于升级造成的损失，云某公司已经实际补偿完毕；（4）对于成某某所主张的游戏道具并非尚未失效的服务，价值计算无合理依据，云某公司无需赔偿；（5）成某某主张的精神损害赔偿仅限于人身权和人格权的侵权赔偿，在本案中并不适用。（6）云某公司终止网络服务运营并无过错，无需承担侵权责任。根据 2010 年发布实施的《网络游戏管理暂行办法》第二十二条规定，网络游戏运营企业终止运营网络游戏，或者网络游戏运营权发生转移的，应当提前 60 日予以公告，并且已经形成行业惯例。另外，云某公司确实为涉案游戏所属 IP 在中国境内的唯一正版被授权方，云某公司不存在任何欺诈行为。综上，云某公司作为游戏运营商，在按照法律规定的情况下，对涉案游戏停止运营，并不构成侵权。

裁判内容

北京互联网法院经审理认为，本案主要的争议焦点包括：第一，成某某是否有权对 TT 玩 + 平台游戏账号主张权利；第二，云某公司将涉案游戏停止运营是否构成侵权行为；第三，如果侵权行为成立，云某公司应承担的法律责任。

一、成某某有权对 TT 玩 + 平台游戏账号主张权利

虽然 TT 玩 + 平台游戏账号的实名注册人不是成某某本人，但是该账号绑

定的手机号码为成某某本人的手机号码，考虑到在现实生活中确实存在游戏用户使用亲朋好友的身份证信息注册的可能性，但是成某某是该账号的实际使用人，两平台账号绑定的手机号均为成某某本人的手机号，足以证明成某某是该账号的实际使用人，其有权对 TT 玩 + 平台游戏账号主张权利。案外人周某出具了相关情况说明，确认成某某为该账号的实际使用人。法院认定，TT 玩 + 平台游戏账号的实际使用人为成某某本人，成某某有权对该游戏账号主张相应的权利。

二、云某公司将涉案游戏停止运营构成侵权行为

（一）成某某主张的游戏财产可作为网络虚拟财产，依法予以保护

本案中，成某某主张涉案账号内的财产由两部分构成，第一部分为剩余的游戏货币，该游戏货币由法定货币购买，可以用于兑换其他游戏道具；第二部分为剩余的游戏道具，并非通过法定货币购买。

《中华人民共和国民法典》（以下简称《民法典》）第一百二十七条规定，网络虚拟财产依法受到保护。网络游戏中具有财产利益属性的游戏道具，属于网络虚拟财产，应当获得法律的保护。在游戏中，虚拟财产可以根据获取来源的不同分为充值类虚拟财产和非充值类虚拟财产。充值类虚拟财产是玩家充值后直接获取或兑换的尚未使用的游戏道具。对于充值类虚拟财产，若玩家在受到损失时，尚未享受该财产所带来的回报，则网络游戏运营商有义务将玩家充值的该部分金额予以返还。非充值类虚拟财产是指玩家在游戏的过程中获得的虚拟财产，如任务奖励、关卡掉落等。对于非充值类虚拟财产，在判断玩家的虚拟财产损失时，应当结合该财产的获取来源、难度，玩家在消费中产生的乐趣、享受服务的时间长短等因素综合考虑，合理确定虚拟财产的数额。因此，本案中，成某某主张的游戏财产，具有财产利益的属性，可作为网络虚拟财产，依法予以保护。

（二）云某公司具有过错

云某公司将涉案游戏停止运营的行为侵害了成某某对涉案游戏内财产享有的权利。

在网络虚拟财产权利纠纷中，权利人有证明自己遭受损失的具体大小的义务，但是基于相关数据主要储存于网络游戏运营商服务器中的客观情况，权利人承担举证责任往往依赖于游戏运营商的配合。因此，在权利人已经完成初步举证，网络游戏运营商又不提供新证据的情况下，应当支持权利人所主张的虚拟财产的种类与具体数量。云某公司作为《黑某某士》游戏的运营开发商于2019年12月31日停止网络游戏运营，造成了成某某涉案游戏账户内相关网络虚拟财产的灭失。根据本案查明的事实，云某公司处分上述财产时，既没有法定的权利，也没有成某某约定的同意，因此主观上存在过错，应当承担赔偿损失等侵权责任。关于云某公司辩称，该公司已经根据《网络游戏管理暂行办法》（已废止）第二十二条之规定，在终止运营网络游戏前60日予以公告。但该办法在云某公司发布停止运营公告前已经废止，且云某公司并未举证证明终止运营网络游戏前60日予以公告已经成为行业惯例，故法院对其辩称不予支持。

三、云某公司应承担的法律责任

（一）对于涉案游戏停止运营时剩余的游戏货币

涉案游戏《黑某某士》中“钻石”由法定货币直接购买获得，在其没有兑换成其他游戏道具之时，成某某并没有获得对应的服务，云某公司应当赔偿剩余钻石对应的人民币金额。

（二）对于涉案游戏停止运营时剩余的游戏道具

涉案游戏账号中剩余的游戏道具，系成某某在游戏游玩过程中取得的，即便游戏继续运营，亦无法将该部分游戏道具直接兑换成人民币。鉴于该部分道具具有的财产属性，涉案游戏停止运营损害了成某某的合法权益，云某公司依法应予以赔偿。

（三）涉案游戏正常运营过程中因游戏升级所造成的损失

根据云某公司提供的《精练石消耗补偿后台数据》和《系统后台查询升级补偿》，云某公司已于2019年4月16日17点22分为成某某补发320000个饰品精炼石，该损失已得到了全部补偿，故该主张缺乏依据，法院不予支持。

（四）精神损害赔偿

对于成某某要求云某公司进行精神损害赔偿的主张，首先，云某公司并未侵害成某某的人身权益造成其严重精神损害；其次，涉案网络游戏虚拟财产不属于成某某具有人身意义的特定物，故该主张缺乏依据，法院不予支持。

裁判结果

北京互联网法院依照《中华人民共和国民法典》第一百二十七条，《中华人民共和国侵权责任法》第六条，《中华人民共和国民事诉讼法》第六十四条第一款之规定，判决如下：一、于本判决生效之日起七日内，被告云某公司赔偿原告成某某 36257 元及利息（以本金 36257 元为基数，按同期全国银行间同业拆借中心公布的贷款市场报价利率支付自 2019 年 12 月 31 日至实际偿清之日止的利息）；二、驳回原告成某某的其他诉讼请求。

一审判决已生效。

法官解读

本案中，成某某作为手游的玩家，在玩游戏期间不仅付出了时间和智慧，还向该款手游充值约几十万元。2019 年 10 月，该手游运营商发布停止游戏运营的公告，并表示会将游戏玩家历史充值总额的 5% 转移到其他游戏作为补偿。随后，成某某将涉案手游运营商告上法庭，主张涉案手游运营商停止游戏运营侵害其合法权益，要求赔偿。

手游公司停服后，对玩家的影响体现在：首先，玩家将无法继续进行游戏。其次，如果玩家已经投入了大量时间和金钱，但游戏停服导致无法进行游戏，这些投入将会浪费。再次，停服可能会导致玩家在游戏中拥有的虚拟财产或装备丧失。最后，许多玩家通过游戏建立社交关系，停服可能会导致这些社交关系受到影响。

随着网络在生活中的比重增加，越来越多的经济活动选择在网络上进行，虚拟财产的表现形式也不仅仅只有游戏道具这一种。通过对游戏道具损失的界定和其保护边界的阐明，触类旁通、以微知著，能够更好地规范社会预期，指引社会公众的行为。只有夯实了虚拟财产的财产属性，明晰虚拟财产的法律保护边界，才能更好地发挥法律的社会功能，保障数字经济的良好发展。

一、虚拟财产

我国《民法典》第二百六十六条规定，私人财产的范围是私人对其合法的收入、房屋、生活用品、生产工具、原材料等不动产和动产享有所有权。但并没有对虚拟财产进行定义。一般而言，虚拟财产是指大型多人在线网络游戏中的物品，如特定网络游戏中的游戏币、武器、装备、土地或其他具有价值的物品。❶

（一）虚拟财产及网络游戏道具的定义、范围及性质

对于虚拟财产的范围，广义上，只要是虚拟形式存在的财产都可称为虚拟财产，不仅包括虚拟账号、游戏装备、虚拟货币这类缺乏实体的纯粹虚拟财产，还包括其他一切可以人为拥有和支配的具有财产价值的网络虚拟物和财产性权利。❷ 狭义上，虚拟财产仅指网络游戏中存在的虚拟财产，包括游戏账号的等级、游戏货币、游戏人物等。❸ 例如，通过个人劳动（刷怪、攻略副本）或者购买增值服务（充值游戏货币、购买付费道具）取得人物等级、装备强度上的提高，玩家可以通过市场交易对前述财产实现游戏内流转或借助第三方平台变现。❹

在游戏服务器关停时，用户账户中还可能存在的财产类型可以划分为游戏外充值部分以及游戏内增值部分。游戏外充值部分包括未消耗的虚拟货币、未到期的游戏服务、已消耗的虚拟货币、已到期的游戏服务。游戏内增值部分包

---

❶ 参见任跃进，童伟华：《盗窃网络虚拟财产行为的法益厘清》，载《新疆社会科学》2021 年第 5 期。

❷ 参见陈罗兰：《虚拟财产的刑法意义》，载《法学》2021 年第 11 期。

❸ 参见黄薇：《中华人民共和国民法典释义及适用指南》（上），中国民主法制出版社 2020 年版，第 200 页。

❹ 参见周全：《网络游戏停服，玩家虚拟财产如何处置?》，载微信公众号新则，2023 年 2 月 14 日。

括账号增值收益以及现实交易收入。（1）未消耗的虚拟货币：通过现实货币购买的、尚未消耗的游戏内货币，例如，在部分游戏中虚拟货币被命名为点券、符文石、创世结晶等。（2）未到期的游戏服务：通过现实货币购买游戏时长或者游戏本体才提供游玩服务，由于服务器关停，剩余游戏时长无法消耗或游戏无法运行。例如，部分点卡制、月卡制网游、买断制网游等。（3）已消耗的虚拟货币、已到期的游戏服务：与前述概念对应，不再赘述。（4）账号增值收益：通过游戏玩法付出劳动与时间成本获取的具备效用性、稀缺性及可支配性和可流通性的虚拟财产。例如，账号中的人物等级、游戏成就、角色外观、稀有装备等。（5）现实交易收入：通过游戏玩法取得相应虚拟道具作为收入来源或进行现实交易，因服务器关停受到损失。例如，部分大型网游中普遍存在的“搬砖党”“商人”角色，可能因合同履行不能承担违约责任等。[1]

对于虚拟财产的性质，是将其作为物权适用《民法典》中关于物权的规定进行保护，还是将其作为债权适用《民法典》中关于债权的规定进行保护存在争议。将其作为物权的学者以杨立新教授为代表，他创设“物格”概念，将物格分为三种，即一般物格、抽象物格和生命物格，而网络虚拟财产应归属于抽象物格，并基于此构建了网络虚拟财产的一系列权属规则。“物格”概念的提出无疑是具有开创性的，当虚拟财产被界定为物权客体后，直接在物权理论框架内进行具体的划分。债权论者认为，网络虚拟财产权利人在行使权利时必须得到游戏运营商的技术配合，受到服务器状态的限制，即网络虚拟财产权人不管是基于自己的网络游戏劳动获取的网络虚拟财产，还是基于与游戏运营商或者其他网络用户之间的网络虚拟财产买卖合同而获取的网络虚拟财产，其在行使相关网络虚拟财产权利时必须通过与网络服务合同和软件授权使用合同的配合方能实现。[2] 无论虚拟财产是物权还是债权，不可否认的是其具有价值且能够作为财产，应当按照相关的法律法规进行保护。

（二）司法实践中网络游戏道具的法律性质

在以往的司法实践中，关于网络游戏道具的性质，大致有四种观点：（1）无

---

[1] 参见周全：《网络游戏停服，玩家虚拟财产如何处置?》，载微信公众号新则，2023 年 2 月 14 日。

[2] 参见陈全真，徐棣枫：《再论网络虚拟财产权：范式转换、逻辑生成及保护路径》，载《贵州师范大学学报（社会科学版）》2022 年第 2 期。

形财产或财产利益。例如，法院判决认为，关于丢失装备的价值，虽然虚拟装备是无形的，且存在于特殊的网络游戏环境中，但并不影响虚拟物品作为无形财产的一种而获得法律上的适当评价和救济。例如，网络游戏中的虚拟财产，虽然以数据形式存在于特定空间，但由于其具有一定价值，满足人们的需求，具有合法性，能够为人所掌控，属于在一定条件下可以进行交易的特殊财产，故而其具有财产利益的属性。❶（2）用户享有有限的使用权。例如，网络游戏内的虚拟财产依托于网络游戏平台提供的网络服务而存在，游戏用户只能在登录账号进入该游戏内使用该财产，不能独立地对此类虚拟财产进行占有、使用、收益和处分——综合考量网络虚拟财产的来源、受支配程度、有关合同约定等因素，遵循诚实信用原则和不得损害社会公共利益的原则，网络游戏虚拟财产权益并非绝对化。例如，元宝、店铺等虚拟数据的所有权属于某公司，用户对虚拟数据仅享有有限的使用权，从所有权归属的角度，玩家亦无权主张返还其拥有的元宝及虚拟店铺❷。（3）债权。例如，游戏运营商在服务协议中约定“交易”仅指游戏虚拟物品使用权的转让行为，同一网络游戏内用户交易虚拟角色，实质是受让方受让出让方对游戏运营商所享有的债权，属债权的转让行为。（4）操作账户权限的利益。例如，根据游戏的特性，网络游戏玩家与游戏运营商自服务协议签订之日起即形成了网络游戏空间的服务合同关系。玩家在此过程中向游戏运营商支付法定货币所获得的对价为有限的操作其位于游戏中的账户权限的行为利益，以及其在游戏游玩过程中的愉悦感。当游戏停止运营时，游戏运营商停用服务器接入权限，玩家就丧失了有限的操作其位于游戏中的账户权限的行为利益，而其游戏体验的愉悦感已经在其游戏过程中获得。

本案中成某某主张涉案账号内的财产均为网络游戏道具，不涉及游戏账号、游戏虚拟货币等。上述四种观点出现在《民法典》颁布之前，彼时关于网络虚拟财产没有法律规定。时至今日，《民法典》第一百二十七条中已经明确规定了对网络虚拟财产的保护。游戏中具有财产利益的属性的游戏财产，应

---

❶ 参见完美世界控股集团有限公司与完美世界（重庆）互动科技有限公司等网络侵权责任纠纷案，北京市第三中级人民法院（2019）京03民终10897号民事判决书。

❷ 雷波与北京畅游时代数码技术有限公司网络服务合同纠纷案，北京市第四中级人民法院（2022）京04民辖终8号民事裁定书。

属于网络虚拟财产，获得法律的保护，玩家的权利受到侵害后，可以得到法律的救济。因此，本案依据《民法典》第一百二十七条的规定，认定原告主张的网络游戏道具是网络虚拟财产，依法受到保护。

二、网络虚拟财产侵权类型

（一）侵权责任归责原则

侵权适用的原则主要包括过错责任原则、无过错原则、过错推定原则与公平责任原则。过错责任原则是指当事人的主观过错是构成侵权行为的必备要件的归责原则。无过错原则是指当事人实施了加害行为，虽然其主观上无过错，但根据法律规定仍应承担责任的归责原则。过错推定原则是指一旦行为人的行为致人损害就推定其主观上有过错，除非其能证明自己没有过错，否则应承担民事责任。无过错原则和过错推定原则的适用只能由法律明文规定。公平责任原则是指损害双方的当事人对损害结果的发生都没有过错，但如果受害人的损失得不到补偿又显失公平的情况下，由人民法院根据具体情况和公平的观念，要求当事人分担损害后果。本案中，首先，云某公司已经停止了游戏的运行。其次，云某公司在处分成某某的虚拟财产时，既没有法定的权利，也没有成某某约定的同意，因此主观上存在过错。其次，游戏停服致使成某某丧失了游戏账户中的游戏币、装备等，给成某某带来了一定的经济损失。最后，成某某的损失与云某公司停服行为具有因果关系。故云某公司应当承担赔偿损失等侵权责任。

我国《民法典》规定的承担民事责任的方式主要有：停止侵害；排除妨碍；消除危险；返还财产；恢复原状；修理、重作、更换；继续履行；赔偿损失等。网络虚拟财产侵权责任包括以返还网络虚拟财产为内容的侵权责任、以恢复原状为内容的侵权责任以及侵权损害赔偿三种类型。[1]

（二）返还虚拟财产

返还虚拟财产的适用前提是网络平台运营商能够继续提供服务，当用户的

[1] 参见谢潇：《网络虚拟财产的物债利益属性及其保护规则构造》，载《南京社会科学》2022 年第 9 期。

虚拟财产因网络技术原因消失或者受到他人非法入侵被侵占后，用户可以请求网络平台运营商或者侵占人返还虚拟财产。此时的法律依据为《民法典》侵权责任编第一千一百六十七条与《民法典》总则编第一百七十九条之规定。[1]例如，在韩某诉李某某返还原物纠纷案中[2]，韩某将四个游戏账号借由李某某使用，而李某某在未经过韩某的同意之下将游戏中的角色和装备以明显不合理的低价出售给自己，明显侵害了韩某的网络虚拟财产权利。人民法院依法支持韩某请求李某某返还原物的请求。

（三）恢复原状

恢复原状主要针对的是动产和不动产，最典型的恢复原状即房东要求租客将房屋恢复到出租时的样子。随着网络技术的发展，虚拟财产所有人也可以要求恢复原状的救济。例如，甲乃某款网络游戏的玩家，其向网络游戏公司购买了特定的网络游戏角色装备，事后，该网络游戏装备为另一玩家乙借由黑客技术所窃取，并且卖给了他人，甲可以向乙主张恢复原状请求权，而使乙负担恢复原状的侵权责任，具体而言，乙应当自行向网络游戏公司再次购买完全相同的游戏装备，并将之交付于甲，从而恢复甲对该类型游戏装备予以管领之状态。[3] 又如，在 2008 年 3 月，江西省南昌市的张某在游戏中拥有一把价值 987 元的游戏装备突然被游戏公司收缴，收缴理由是怀疑这把刀是赃物。张某将游戏公司诉至法庭，要求游戏公司返还游戏装备，最终得到了法院的支持。[4]

（四）侵权损害赔偿

对于网络虚拟财产侵权损害赔偿责任而言，侵权人通常只需对用户所受到

---

[1] 参见谢潇：《网络虚拟财产的物债利益属性及其保护规则构造》，载《南京社会科学》2022 年第 9 期。

[2] 参见韩某诉李某某返还原物纠纷案，河北省石家庄市中级人民法院（2018）冀 01 民终 13196 号民事判决书。

[3] 参见谢潇：《网络虚拟财产的物债利益属性及其保护规则构造》，载《南京社会科学》2022 年第 9 期。

[4] 参见《从“虚拟财产”谈〈民法总则〉的继承与创新》，载东方律师网，https：//www. lawyers. org. cn/info/1286f2f65f934270a7bd822892e7ba73？from = groupmessage，最后访问日期 2023 年 3 月 15 日。

的客观意义上的直接损失，即网络虚拟财产的客观价值予以赔偿。[1] 此时，因为游戏运营商具有过错而导致用户账户中未消耗的虚拟货币、未到期的游戏服务丧失的，游戏运营商应当承担侵权责任，而针对用户账户的增值收益，应当从两方面进行认定。首先，需要确定账号增值收益是否属于财产范畴，其次，需要明确增值收益的部分是否得到相应赔偿。在本案中，成某某还未消耗的货币，法院按照相应价值判决云某公司予以赔偿，但是对成某某主张的账号升级损失，云某公司已经用钻石补偿，故法院驳回成某某要求赔偿账号升级损失的主张。

三、具体的损害赔偿数额如何确定

关于虚拟财物价值认定，目前主要有五种方式。[2] 第一种，按照实际交易价格认定，即按照被害人购买的金额进行认定。无论是在游戏开发运营商处购买还是从玩家手中或其他中介处购买，均以实际购买价格予以认定数额。第二种，根据游戏开发运营商对虚拟财物的官方定价计算。上述两种方式的好处在于数额具有确定性，劣势在于缺乏个性，未充分考虑玩家的时间、精力、情感投入及市场行情的变化。第三种，根据玩家投入的成本计算，如购买价格、所耗费的时间、精力等。这种标准具有一定合理性，但是证明难度高。第四种，根据销赃金额认定。第五种，按照评估机构的价值评估计算，优势在于相对公平合理，但时间周期长、流程复杂、缺乏效率。

实践中，除非法律特别规定，损害赔偿数额应以“填平”损失为原则。游戏中的虚拟财产往往具有单向性，难以直接换取人民币，因此在判断玩家的财产损失时，应当综合考虑该财产的获取来源、难度，玩家在消费中产生的乐趣、享受服务的时间长短等因素。因充值所获取的虚拟财产受到损失时，玩家尚未享受该财产所带来的回报，则网络游戏运营服务企业有义务将玩家充值的该部分金额予以返还。

在审理赔偿游戏中的虚拟财产案件的时候，同时也应该考虑网络游戏运营商在开发运营维护游戏的过程中需要支出的场地、人员、技术研发、美术设

---

[1] 参见谢潇：《网络虚拟财产的物债利益属性及其保护规则构造》，载《南京社会科学》2022 年第 9 期。

[2] 参见陈罗兰：《虚拟财产的刑法意义》，载《法学》2021 年第 11 期。

计、设备维护甚至知识产权的授权费等必要成本，综合考虑双方损失，使得判决结果既能有效保护网络游戏运营商的创新积极性，也能恰当地保护玩家的虚拟财产权利。

游戏玩家向游戏内充值购买虚拟财产的目的是获得稳定持续的游戏服务，也是对于游戏运营服务商的信任的体现。在处理游戏虚拟财产纠纷的时候，如果玩家对游戏运营商的信任无法得到法律的保护，那么玩家在充值时将会有所顾忌，造成玩家只敢向大型游戏内投入时间和精力，使得小型游戏厂商无法得到玩家充足的支持，这种赢者通吃的“马太效应”反而不利于游戏产业的良好发展。因此，一方面要保护玩家合法的虚拟财产权益，另一方面要综合考虑游戏厂商在维护游戏、提供服务时所支出的成本，合理平衡双方利益，促进游戏产业良好向上发展。